领导者必须掌握的
激励艺术
ART OF INSPIRATION

童良煊 童晓梅／编著

中国致公出版社

图书在版编目（CIP）数据

领导者必须掌握的激励艺术／童良煊，童晓梅编著．—北京：中国致公出版社，2011.6

ISBN 978-7-5145-0086-8

Ⅰ.①领… Ⅱ.①童… ②童… Ⅲ.①企业管理：人事管理—激励—方法 Ⅳ.①F272.92

中国版本图书馆 CIP 数据核字（2011）第 113180 号

领导者必须掌握的激励艺术

编 著 者： 童良煊　童晓梅
责任编辑： 维　民

出版发行： 中国致公出版社
（北京市西城区德胜门东滨河路 11 号西门　电话 66168543　邮编 100120）
经　　销： 全国新华书店
印　　刷： 香河宏润印刷有限公司

开　　本： 710mm×1000mm　1/16 开
印　　张： 20
字　　数： 300 千字
印　　数： 1—6000 册
版　　次： 2012 年 1 月第 1 版　2012 年 1 月第 1 次印刷

ISBN 978-7-5145-0086-8　　**定　　价：** 38.00 元

前言

PREFACE

海尔执行总裁张瑞敏曾说："盘活企业，首先盘活人。如果每个人的潜能发挥出来，每个人都是一个太平洋，都是一座喜马拉雅山，要多大有多大，要多深有多深，要多高有多高。"此番话道出了员工激励的真谛和精髓，也是企业领导者所必须研究和掌握的。

世界著名管理学家哈洛德·孔茨在《管理学》一书中提到，"激励是一个通用名词，应用于动力、愿望、需要、祝愿以及类似力量的整个类别"，这是对激励最普遍的解释；心理学家阿特金森和瓦格纳一致认为激励是对行为的触发、方向、强度和行为持久性的直接影响；琼斯也说激励涉及"行为怎样发端，怎样被赋予活力，怎样延续，怎样导向，怎样终止，以及在所有这一切进行的过程中，该有机体是呈现出何种主观反应的"。这些定义都是对激励与行为发生及行为走向相互关联的认同和阐释。

有人说："十个失败的领导者，九个不懂得激励下属；十个失败的企业，九个忽视激励员工。"这句话或许具有一定的道理。企业的成败主要靠员工，而员工的成败主要靠激励，得不到激励的员工就会成为"死人"，而得不到激励的企业也就会成为"一潭死水"。员工激励是企业领导者长久以来一直要面对的课题和挑战，也是企业得以持续发展、基业长青的利器和法宝。企业领导者只有突破了这一课题和挑战，企业才能持续发展、基业长青。

员工激励的关键和核心在于能否调动其工作积极性和主动性，能否激发其工作热情，能否挖掘其最大潜能，能否让其保持高昂的士气和战斗力，能否使其具有强烈的责任心和使命感，能否使其将工作当成是自己的事业，能否使其自发、自动、自觉地工作。

作为领导者，要想达到上述目的，最重要的是要彻底了解员工，了解员工的思想性格，了解员工的实际需求，了解员工的特长技能，了解员工的心里所想，了解员工的优点和缺点……总之，要了解员工的方方面面。只有对员工有了彻底的了解，才能根据企业的实际情况采取具有针对性的措施和方法，对不同的员工进行有的放矢的激励。

没有一位员工情愿做一个平庸的人，每位员工都具有上进心，都希望力争上游，在工作中有出色的表现，并希望获得成功，取得一定的成就。而对企业领导者而言，如果能够采取科学、恰当的方式和方法对他们进行激励，那么他们每个人都会兢兢业业、勤勤恳恳，对工作充满信心和激情，对工作充满责任心和使命感，并释放出最大的潜能，发挥出最高的水平，创造出最大的价值，最终成为不凡的人！

对于领导者而言，激励是一种方法和手段，更是一门艺术和学问。掌握激励员工的方法和艺术，根据不同的情况，面对不同的员工，选择合适的激励方法，并运用行之有效的手段对员工进行激励，无疑是领导者实现成功管理的法宝。本书总共分为十九章、一百多个小节，对中外著名企业多年成功激励实践经验加以总结和提炼，形成了不同的激励案例，从最基本的物质和金钱激励到高层次的精神激励，其中包括薪酬激励、情感激励、榜样激励、信任激励、团结激励、竞争激励、授权激励、荣誉激励、压力激励、创新激励、沟通激励、参与激励、意见激励、奖赏激励、惩罚激励、培训激励、宽容激励等，各种各样、不同角度的激励方式和激励手段都将一一呈现，并进行了详细的阐释和分析，说明了企业领导者在什么样的情况下，采取什么样的激励方式，才能取得最好的激励效果。本书所介绍的各种激励方法和激励技巧具有较强的实战性和可操作性，能够让领导者掌握具体可行的激励艺术和激励技巧，对企业领导者来讲具有较大的实用价值，是领导者激励员工所必不可少的工具书。

目录

CONTENTS

第一章　目标激励
——确立目标，激励员工勇往直前

目标，在组织理论中称为“诱因”，它是组织对个体的一种心理引力。只有不断地启发一个人对高目标的追求，才能激发其奋发向上的内在动力。目标激励，即确定适当的目标，诱发人的动机和行为，达到调动人的积极性和主动性的目的。一旦员工明白了自己的人生目标和发展方向，则必定会燃起工作的热情，对工作充满坚定的信心，全身心地投入工作中，加倍努力工作。

第二章　薪酬激励
——以薪留人，良好的待遇才能激发更大的干劲

薪酬激励可以说是一种永恒的、最基本的员工激励方式，企业与员工双方关系的核心在于分配体系的建立。一个公平公正的分配制度体系不但能够不断地造就人才，使优秀的人才脱颖而出，而且还能够吸纳到更多的外部人才，使人才产生出高绩效。一个科学合理的薪酬激励制度，可以最大限度地激发员工内心深处的潜能，激活整个团队组织的生机与活力，促进企业与员工共同发展。

第三章　榜样激励
——树立榜样，带动更多员工从平凡走向优秀

“夫子步亦步，夫子趋亦趋”。中国人在两千年前就懂得榜样的重要性。榜样，作为一种精神价值的载体，是理想人性模式的个性张扬；榜样激励，是员工价值实现的直接路径。榜样有如此巨大的

感召力，关键在于人是最富于模仿性的生物，而领导者既是激励的主体，又是激励的客体，既在激励下属的同时自身也要受到激励。领导者是一个组织成败的关键因素，只有自身得到了充分的激励，为下属作出榜样，才能有效激励下属。

第四章　压力激励
——适度施压，变压力为动力

俗话说：“响鼓还须重锤敲。”如果企业内部的员工长期处于一种缺乏奋斗目标的工作环境中，整天无所事事，没有一整套行之有效的绩效考核标准对其加以约束和鞭策，那么，这些员工必然会在庸庸碌碌的日常工作中变得懒散，缺乏进取心，甚至对工作产生抵触情绪。因此，管理者可通过施加一定的压力，激励员工将这种压力变为动力，调动其工作积极性，最大限度地发挥出自己的潜能。

第五章 信任激励
——相信员工，让其充分发挥自身的特长

信任可以说是一种无形的、强大的激励力量。一个人要想做成功一件事情，最需要的就是信心和信任，即除了自身的自信心之外，最重要的就是别人，尤其是来自下达命令和交付任务的上级领导的信任，有了这样的信任，身为下属的员工就会产生无形的、巨大的力量，并充满热情、以强烈的责任心和使命感去面对工作任务，全身心地投入到工作中，从而高效地完成工作使命和任务。

第六章 宽容激励
——宽容错误，重新点燃员工的信心之火

宽容是激励员工的一种重要方式，管理者的宽容品质能给予员工良好的心理影响，使员工感到亲切、温暖和友好，获得心理上的安全感，从而充满工作热情、增强责任感。“壁立千仞，有容乃大”。企业领导者只有具备了包容和大度的胸怀，才能够把广大员工团结在自己的周围，集合众人的力量，最大限度地发挥团队成员的潜能，增强组织的凝聚力和向心力，提高团队的战斗力和竞争力。

第七章 团结激励
——团结协作，才能增强团队的战斗力

现代企业更注重团队整体的利益，而不是个人的利益。而要实现团队的利益，就必须依靠整个团队的力量。因此，领导者要花大力气培养团队成员的集体意识和团队精神。在公司越来越重视群体组织发展的今天，英雄式人物已落伍了，必须培养员工具有团结合作的精神。任何一家企业都是一个集体，只有依靠全体成员的团结

和协作，才能完成共同的任务，实现共同的目标。

第八章　授权激励
——充分授权，提高员工的责任心和使命感

领导者要给员工创造一个能发挥个人才智的空间，让员工拥有一定的自主权，充分利用所掌握的信息，有效地把工作做好。领导者如给下属提供挑战性的工作，并授予责任和权力，则可有效地激励员工促进工作目标的实现。领导者可以通过充分授权、不充分授权、弹性授权和制约授权来实现授权激励。

第九章　意见激励
——尊重个性，激发员工的潜能

智慧的源泉总是来自群众，一个好的点子和创意、一项好的建议和意见，可以为企业带来很大的益处，小则可以为企业创造可观的利润和效益，大则可以为企业带来革命性的变化，或者挽救一个濒临破产的企业，使企业起死回生，或者使一个企业实现跨越式的发展，实现质的飞跃。因此，领导者要善于挖掘和利用广大员工的智慧，激励员工不断提出有价值、有建设性的点子和建议。

第十章　兴趣激励
——满足兴趣，让员工对工作充满激情

孔子说：“知之者不如好之者，好之者不如乐之者。”惟有兴趣，才能保证一个人始终充满饱满的热情和专注的精神。如果强迫一个人去做他并不喜欢、并不情愿的工作或事情，那么这个人在对待这个工作或事情的态度上肯定是被动的、消极的，而若让一个人去做

他非常喜欢、非常情愿去做的工作或事情，那么，不用给予硬性的命令和指示，他自己就会充满热情、积极主动地去做。

第十一章　奖赏激励
——适当表扬，使员工不断追求卓越

肯定与赞美是最强有力的激励方式，而且不花钱。科学研究表明：人的本性中最深层的渴望就是得到赏识，但许多领导者却总是板着脸，以一种生硬的态度对待员工，对员工更多的是批评、责备、数落、呵斥，而很少给予适当的、真诚的赞美。适时、恰当的表扬和奖赏，会使一个人的潜能得到最大程度的发挥。领导者在看到下属的每一个进步和出色的表现时，应及时予以表扬和肯定，以激励他们再接再厉，作出更好的表现。

第十二章　惩罚激励
——适度惩罚，激励后进成为先进

领导者在对先进员工进行奖赏的同时也要对落后者进行相应的惩罚，这样才能做到既鼓励先进又激励后进。惩罚激励是运用批评和处分等手段，防止或抑制人的不良行为，促使犯错误者认识其危害性，并觉悟过来努力改进的一种激励方法。这种方法在激励理论中称为“负强化”。惩罚激励运用得当，可化消极因素为积极因素，有利于提高员工的自尊心和责任感。惩罚必须以事实为依据，与教育相结合，适时、适度才能起到激励作用。

第十三章　沟通激励
——以理服人，激发员工的工作热情

作为企业的领导者，与各个部门、各个层次的员工进行及时、充分的相互沟通也是一种重要的、有效的员工激励方式，领导者必须不断寻找部属的需求，了解员工的思想、情感、心理、想法，使部属知道企业正在进行哪些活动，他们将如何执行命令、开展工作。只有领导者准确地了解下属的心声，同时下属准确地了解领导的意图，才能实现信息对称、政令畅通，从而有效地激励下属高效工作。

第十四章　参与激励
——鼓励参与，增强员工的主人翁精神

要充分发挥组织中每一个人的作用，就要鼓励员工参与决策，发现并利用组织成员的智慧和特长，集合每一位成员的力量，最终作出正确而高效的决策。如果员工能够积极主动、自发自觉地工作，他就会把企业的事情当成是自己的事情来做，他就是企业的主人，如此就能够大大增强企业的向心力和凝聚力，增强员工的责任心和使命感，使得每一位员工都能够尽职尽责，把工作做得尽善尽美。

第十五章　竞争激励
——促进竞争，鼓舞员工的斗志和士气

心理科学实验表明，竞争可以增加一个人50%或更多的创造力。每个人都有上进心、自尊心，耻于落后，竞争是刺激他们上进的最有效的方法，自然也是激励员工的最佳手段。有竞争才有压力，有压力才会有动力，有动力才会有活力。企业引入竞争机制，培养员工的竞争意识，能有效地激发他们的工作热情，激励员工不断进取，而企业上下也将生机勃勃、充满活力。

第十六章　精神激励
——重视创新，激发员工的创造力

激励功能是一门领导艺术。领导者要想使自己的员工发展更好，

就应该给他传递积极的期望。上司对下级给予赞美，是对其工作成绩的肯定，能鼓励下级充分发挥主观能动性和聪明才智，再接再厉地取得更大成果。赞美员工的同时也是领导者与员工沟通情感、表示理解支持的最好方式，更是一种有效的推动力量。领导者只要常常巧妙地运用激励，就可以带领一支常战常胜的团队，达到任何想达到的彼岸。

第十七章　情感激励
——给予关怀，使员工得到无形的精神力量

一家企业成功的关键在于能否得到员工的支持。因此，企业一定要爱护自己的员工，并帮助他们。领导者对待员工一定要诚实，政策要有一致性，不能朝令夕改，只有在这种情况下，他们才会跟着你走。领导者在激励员工时，不要把目光只盯在员工本人身上，更要把目光放在员工的家庭和家人身上。只有家人平安幸福了，员工才没有了后顾之忧；只有得到了家人的支持，员工才会卖力地工作。

第十八章　培训激励
——加强培训，员工只有在学习中才能不断成长

在崇尚学习型组织的今天，只有对员工进行不断的培训，让员工不断地学习，才能激励员工不断进步，才能实现人才价值的最大化。海尔认为：没有培训过的员工，是负债；惟有培训过的员工，才是资产。为此，海尔为员工创造各种学习机会，进行以市场拓展为目标的各种形式的培训，以提高员工的能力和素质。通过培训，能够使员工在思想上和行为上与公司的战略发展高度统一；通过培训，能够让员工认同企业文化，处处以企业的核心价值观为导向。

第十九章　荣誉激励
——赋予荣誉，使员工不断追求卓越

荣誉是激励员工奋进的一个重要手段，是社会或组织为表彰个人或单位作出的优异成绩而授予的各种光荣称号，它表明一个人的社会存在价值在人的精神生活中占有非常重要的地位。荣誉激励是一种终极的激励手段，它主要是把工作成绩与晋级、提升、选模范、评先进联系起来，以一定的形式或名义确定下来，主要的方法是表扬、奖励、经验介绍等。荣誉可以成为不断鞭策荣誉获得者保持和发扬成绩的力量，还可以对其他人产生感召力，激发比、学、赶、超的动力，从而产生较好的激励效果。

第一章

目标激励——确立目标，激励员工勇往直前

目标，在组织理论中称为“诱因”，它是组织对个体的一种心理引力。只有不断地启发一个人对高目标的追求，才能激发其奋发向上的内在动力。目标激励，即确定适当的目标，诱发人的动机和行为，达到调动人的积极性和主动性的目的。一旦员工明白了自己的人生目标和发展方向，则必定会燃起工作的热情，对工作充满坚定的信心，全身心地投入工作中，加倍努力工作。

1. 目标让员工有了努力的方向

曾经有这样一个故事：

白龙马随唐僧西天取经归来，名满天下，被誉为“天下第一名马”，引得众马羡慕不已。于是，很多想要成功的马都来找白龙马，询问为什么自己同样努力却一无所获。

白龙马说：“其实我去西天取经时，大家也没闲着，甚至比我还累，我走一步，你们也走一步，只不过我有明确的目标，并脚踏实地、一步一个脚印地向前走，这样，我十万八千里走了个来回，而你们却依然在磨坊里原地踏步。”

众马愕然！它们终于明白了成功的道理，于是，纷纷开始去寻找自己的方向。

看完这个故事，大家就明白，道理其实很简单，路就在脚下，关键是要定好目标、找准方向，之后所做的工作和努力才是有效的。

如果目标和方向错了，即使历尽千辛万苦，努力拼搏，也只会得到事倍功半甚至是失败的结果。

对于管理者而言，只有设立了明确的目标，自己的工作才有了明确的方向，才会根据目标制定详细的实施计划，才会明白如何带领团队一步一步朝着这个方向去实现目标，使得接下来的日常工作按部就班、有条不紊地进行，而不至于临时抱佛脚，遇到问题时手足无措，乱了阵脚。

对于员工而言，如果没有目标，所有员工所做的一切工作都是盲目的和无用的。管理者要带领团队、激励团队成员努力工作，提高工作效率，产生理想的绩效，首先要设立一个明确的、清晰的目标，这样，员工心中才会产生方向感，知道自己工作的目的和意义是什么，才会聚精会神、一心一意地投入工作中，并不断努力、加倍工作，朝着既定的目标前进。

一个真正有吸引力的、宏伟的目标应该符合组织和员工的核心价值观，这样的目标能够把所有组织成员的努力汇聚到一点，从而形成强大的集体主义精神和团队精神，并全力以赴地为之奋斗。例如，1961 年，肯尼迪提出在 10 年内将人类送上月球的登月计划时，根本用不着解释这项计划的作用和伟大意义，每个人都知道它的意义所在，因此愿意投入足够的热情，并迸发出空前的潜力和创造力，团队成员的积极性、主动性也被极大地激发出来。

世界著名企业管理大师德鲁克认为，企业的管理者要思考三个问题：(1) 我们的企业是什么？(2) 我们的企业将是什么？(3) 我们的企业应该是什么？其实，这三个问题集中起来就是企业的愿景，即企业愿景需要回答以下三个问题：(1) 我们要到哪里去？(2) 我们的未来是什么样的？(3) 目标是什么？也就是说，所有的企业都应该要有自己长期的奋斗目标和战略规划，而不只是着眼和满足于眼前。

在松下电器公司，中层经理一旦进入松下，就会被告知企业未来 20 年的愿景是什么。松下公司的创始人松下幸之助曾经讲到：首先告诉他松下是一个有愿景的企业；其次，给这些人以信心；第三，使他们能够根据整个企业未来的发展，制定自己的职业生涯规划，使个人的职业生涯规划立足于企业的发展愿景。

一个企业有了愿景，也就是发展的目标，员工就会长期追随它，而且不会迷失方向。“选择了一个企业，就是选择一种人生。”如果企业领导者可以树立长远的发展目标，就会赢得员工的信赖和认可。

许多伟大和杰出的企业都有自己的发展目标和企业愿景，比如：

沃尔玛公司的愿景是：给普通百姓提供机会，使他们能与富人一样买到同样的东西。

索尼公司的愿景是：为包括我们的股东、顾客、员工，乃至商业伙伴在内的所有人提供创造和实现他们美好梦想的机会。

日本最大的玩具公司万代玩具公司的愿景是：我们公司存在的目的就是要实现全世界小孩的梦想。

海尔的企业愿景是：创中国的世界名牌，为民族争光。

美国已故总统罗斯福说：“应该勇于尝试不同凡响的、富有挑战性的事情，获得成功与荣耀，哪怕时而会遇到失败与挫折；这样活着比与那些既没经历过大风大浪也没享受过成功的喜悦，终日浑浑噩噩生活的平庸之辈为伍强得多。”

2. 掌握制定目标的要领

管理者通常都要制定中长期发展目标和规划，由于在未来的时间里，组织的经营和发展会受到来自组织内部和外部各种因素的影响，而这些因素存在着很大的不确定性，因此，管理者在制定和设立目标的时候，不能只考虑理想中的、预期的结果，而要根据企业自身的实际情况和外部环境的各种客观现实条件，在调查研究的基础上，充分发挥管理者自己的预测力、前瞻力和判断力，作出一个科学合理、可靠性高、可行性强的针对员工个人、团队以及整个组织的发展目标。

在制定和设立目标时，管理者应掌握以下几个方面的要点。

要点一：要考虑目标的风险性和可行性。

管理者在设立目标的时候，首先要考虑到这个目标的可行性和风险性。可行性即一方面要考虑国家法律法规和市场需求等外部条件的约束，另一方面要从本组织的实际出发，充分考虑本组织的人力、物力、财力等内部条件的限制，使目标建立于扎实的主客观条件的基础之上。

尽管所有组织都有自己的经营和发展目标，但目光远大的公司与普通公司的区别就在于它敢于迎接巨大的、令人望而生畏的挑战——就像攀登一座雪山一样。目光远大的团队经常把宏伟的、大胆的目标作为促进团队进步的一种有力手段。

要点二：要让组织的目标和员工的目标保持一致。

组织的目标是整体的目标，是大目标，而员工的目标是个体的目标，是小目标，组织整体的大目标是由若干个员工的小目标所组成的，只有组织的目标和员工的目标保持高度的一致，组织内的所有成员才能拧成一股绳，形成强大的合力和战斗力，朝着同一个方向和目标前进，这样，员工所进行的工作才是有效的、高效的，整个团队和组织也会是高绩效的。

要点三：要考虑目标的必要性和合理性。

所谓的必要性，是指管理者所确立的目标对于组织来讲确实是必要的、必需的，且能够满足解决问题、获得效果的需要，能够使组织获得进一步的发展。所谓的合理性，是指目标既要有一定的高度和难度，至少要高于现有水平，使本组织实现它有一定难度，同时又必须是经过员工和团队努力可以实现和达到的。

要点四：要让目标具体化、系统化。

管理者应对各种即将制定的目标进行细致、全面的区别和考察，合并类似的目标，同时将各目标的重要性加以权衡，分清主次，把它们按重要程度加以排列，并尽可能使目标数量化，有明确的数量指标，即使存在一些非数量目标，也应经过变通后尽可能做到数量化，让目标变得具体、清晰。另外，管理者还应给将要制定的目标建立分层管理系统，主要是通过目的链的分析和综合。所谓目的链，就是说下一层次的目标是实现上一层次目标的手段，上一层次的目标又是实现更上一层次目标的手段，如此层层上升，形成一连串环环相扣、相互衔接的手段和目标。

要点五：要制定实现目标的详细执行方案。

好的目标，有了详细、具体、切实可行的执行方案，才有可能变成现实，因此，执行方案的制定也是必不可少的，其中包括实现目标的方式方法、实施步骤、进度控制、监督考核、所需人力物力财力、实现期限等。另外，还应制定特殊的应变方案和临时方案。应变方案是指在既定方案的执行过程中发生突然变化、危机事件等意外情况时应对这种变化的各种办法和措施。临时方案是指当组织内问题已经出现，但原因尚未查明时所制定的各项临时性措施，目的是暂时控制、缓解问题，以争取一定的时间，使管理者能够进一步调查、分析问题的原因，寻求最终解决问题的方案。

3. 设立目标的两大禁忌

对于管理者来讲，设立目标是为了获得理想的结果，使组织产生良好的绩效。但有些管理者过于看重绩效，过于追求结果，为此而忽视了很多客观、现实的因素，单凭一腔热情或心血来潮，随心所欲地设定目标，这样做不但很难实现既定的目标，而且还会偏离，甚至背离既定的目标；不但未能获得预期的理想的绩效，而且还导致了意想不到的糟糕的结果。

急功近利和好高骛远是很多管理者在设立目标时容易犯的错误，而这对于一个优秀的管理者恰恰是两大禁忌。

在企业里，领导者每天要用80%的时间和精力考虑企业目标的设立和制定，而只用20%的时间和精力处理眼前的事务。领导者要着眼于企业未来的发展，把主要精力和时间用于考虑企业的战略规划和长远目标，这本来无可厚非，但这并不意味着领导者整日苦思冥想，沉溺和陶醉于不切实际的宏伟蓝图和美好愿景中。

有些领导确实有自己的雄心抱负和远大志向，但由于对实际情况了解不够，对未来的发展趋势把握不准，或者低估了实际情况而高估了自身的能力，往往就会犯诸如纸上谈兵、贪大求洋、盲目扩张、脱离实际等一系列错误。

另外，管理者也不能急于求成，俗话说，“欲速则不达”，不顾客观现实情况而一味地追求速度、追求结果，往往难以保证工作质量，也很难实现既定的目标，达到预期的效果。

1993 年，郑州亚细亚集团推出了一个庞大的连锁经营体系构想：准备在几年中跨出“河南 18 地市——全国省会城市——世界”三大步。按此思路，就要在河南全境 18 个地方、全国省会以上城市和世界上举办过奥运会的城市，建“亚细亚”连锁店。

1993—1996 年，亚细亚集团以中国百货业前所未有的速度在全国各地建立了 20 多家连锁店，而这仅仅是个开头！急速的扩张需要巨额资金的支持，但大规模的“扩军备战”使得集团资金供应链变得异常紧张，不久，资金供应链就开始断裂了，立马引起了连锁反应，庞大的连锁体系便出现了“多米诺骨牌效应”，不幸接踵而来：南阳亚细亚一开业就出现亏损；广州仟村百货停业；西安仟村开业受阻；成都、福建和天津的亚细亚、仟村百货……一个个被迫关门。

“心急吃不了热豆腐”。过于追求速度、急于求成、急功近利的亚细亚最终没能吃上香喷喷的“热豆腐”，没能实现既定的宏伟目标，没能达到预期的目的。

亚细亚失败的教训表明：急功近利和好高骛远是所有管理者都应该摈弃的，这样的设立目标的态度和理念不可能引领员工朝着正确的方向前进，不可能对员工产生有效、有力的激励，也无利于员工和组织绩效的提升。

4. 有了“正确的事”，才能“正确地做事”

在你的企业里也许正上演着这样的情境：员工们正机械、快速地在各自的工作岗位上忙碌着并等待着监督和检查。但结果是否正确，他们并不清楚。

试想，如果方向错了，就算拼命干又有什么用呢？到头来，只会产生这样的结果：员工所做的工作都将成为无用功，这对企业来讲是多么大的损失和浪费，更何谈绩效。

对管理者来讲，要想得到正确的结果，首先要有正确的方向，如果方向错了，结果肯定也是错的。这里所谓的方向，包括员工和组织绩效目标的方向、对员工激励的方向以及制定和实施计划的方向。

作为领导者，首先是要做正确的事，其次，才可以要求员工正确地做事。那么，什么才是“正确的事”？

首先，“正确的事”是一种行动前的计划和思想意识，用以指导具体的行动；

其次，“正确的事”用以确定组织使命、价值观、未来发展方向，具有长远性；

第三，“正确的事”是一种定位，这种定位是为了让组织处于一个更加有力的竞争地位；

第四，“正确的事”不应是漂移不定或是朝令夕改的，而应具有相对的稳定性。

下列法则也许正在你的企业中得到印证：10%的人正在做正确的事且正确地做事；55%的人正在做正确的事但没有正确地做事；25%的人正在正确地做事但没有做正确的事；10%的人既没有做正确的事也没有正确地做事，他们在为别人制造工作，在负效劳动。

管理学大师彼得·德鲁克曾经说过："即使是最为健康的企业，即效能最佳的企业，也会由于效率低下而衰败。然而，如果一家企业拥有最高的效率，但却运用在完全错误的方向上，那么它也注定无法生存，更遑论成功。"大师的这段话中说到了企业的"效能"与"效率"之间的关系。德鲁克对"效能"和"效率"作出了区分，那就是"效能"意味着"做正确的事"，而"效率"则意味着"正确地做事"。

做正确的事情是指决策和方向的正确性，而正确地做事是指方法和执行的有效性。前说战略后说战术。他们之间的关系是先选择正确的事情来做，再选择正确的方法做事。即使目标方向很明确，若是由一些能力平庸之人来实施，那么结果往往可能也是平庸的。反之——即使正确地做事，若是不能做正确的事情，那么就好比苍蝇飞进透明的玻璃钟罩——前途是光明的，但是毫无出路。此时的效率越高，效果就越小。

管理工作需要通过综合运用组织中的各种资源来实现组织的绩效目标，这涉及效率和效果两个方面。如果说效率涉及组织是否"正确地做事"，那么，是否选择"正确的事"去做就是与效果相关的问题。我们崇尚的理念应该是：不仅要正确地做事，更重要的是懂得去做正确的事。做正确的事的出发点是企业利益最大化，而不是站在个人的立场去做事。正确地做事，是驱动具体做事的人员按照领导的意见去做事，而不去考虑是否符合企业利益最大化的原则。

戴尔电脑公司从1000美元起家，经过20年的努力，发展为年营业额达410多亿美元的全球性大企业。这个商业奇迹的创造者——戴尔电脑公司的创始人迈克尔·戴尔在谈到戴尔成功的秘诀时说："我们取胜主要是因为我们拥有一个更好的商业模式。"而这个模式就是著名的"戴尔模式"，或曰"直销"模式。正是依靠这种模式辅以高效率的生产流程和科学化的成本控制管理，戴尔公司过去20年在个人电脑市场取得了成功。也就是说，正是因为有了正确的方向，戴尔做了正确的事，才取得了正确的结果。

由于戴尔做了"正确的事"，即采取直销模式，使得戴尔最终获得了如下竞争优势：

首先，能够按单生产，实现零库存，从而节约资金、降低风险。戴尔根据顾客通过网站和电话所下的订单来组装产品，这使顾客有充分的自由来选择自己喜欢的产品配置。公司则根据订单订购配件，无需囤积大量配件，占用资金。

第二，直接与终端消费者建立联系，从而减少中间环节。戴尔通过直销与终端消费者建立了直接联系，不仅节省了产品通过中间环节销售所浪费的时间和成本，还可以更直接、更好地了解顾客的需求，并培养一个稳定的顾客群体。

第三，高效的生产和管理流程在提高效率的同时大大降低了成本。低成本一直是戴尔的生存法则，也是"戴尔模式"的核心，而低成本必须通过高效率来实现。戴尔的生产和销售流程以其精确管理、流水般顺畅和超高效率而著称，有效地将成本控制在最低水平。

第四，注重树立产品品牌和提高服务质量是戴尔的另一个法宝。戴尔不仅拥有一个严格的质量保证体系，而且还建立了一个强大的售后服务网络。

在确定这样一个标准后，戴尔开始正确地做事。在全体员工的共同努力下，通过低成本、高效率以及优质服务这三大法宝来保证其战略目标的完美实施。

做正确的事，追求效益；正确地做事，追求效率。两者都有益于提升企业的竞争力。在“做正确的事”的前提条件下，二者结合，才能相得益彰，使企业永远立于不败之地。

5. 让目标指引员工勇往直前

每个人在自己人生前行的道路上都会有迷惑、迷茫、彷徨的时候，在每一个人生的十字路口，不知道应该向哪个方向前行，是向左还是向右，如果有人能够告诉答案，所有在自己人生道路上感到彷徨和迷茫的人都会对他感激不尽的。

前苏联著名教育实践家和教育理论家苏霍姆林斯基曾说：“我们应该在每个人的心里树立起美好的理想，这种理想将成为每个人的指路明灯，成为召唤他前进的灯火。”

在企业里，同样有许多员工还不能够清楚地认识和了解自己，不知道自己的价值，不知道自己未来发展的方向和目标，不知道如何规划自己的职业生涯。作为企业的管理者，如果能够帮助员工找到这些问题的答案，员工必定会对领导心存感激，而领导者则可以把这样的帮助视为一种奖励赋予员工。

不言而喻，理想确实有催人奋进的作用。一旦员工明白了自己的定位，明白了自己的价值，明白了自己的人生目标，清楚了未来的发展方向，则必定会燃起工作的热情，对工作充满坚定的信心，从而加倍努力工作，以实现自己最终的目标和理想。

中国有一家民营企业，在短短的时间内，从名不见经传的小企业迅速发展成为行业的领军企业，从十几个人、集资1000万元，用了不到5年时间，打造出一个产值50亿、企业价值超过百亿的企业，从而创造了中国商业经营的奇迹。其获得巨大成功的最重要的原因之一，就是在这家企业的领导者心中，有一个非常清晰和明确的目标和使命。这家企业就是蒙牛，这家企业的领导人就是牛根生。牛根生曾经这样说："没有使命的企业走不远。以我办企业的体会，使命是企业的灵魂。没有使命的企业是生存不下去的，更别说做大了。蒙牛的成功从宏观上讲，是得益于我们所处的这个伟大的时代；从蒙牛本身讲，我们这些人是怀着'强乳兴农'的使命意识来做企业的。正是有了这个使命，才凝聚了管理团队，凝聚了员工。大家朝着一个共同目标，克服了企业创立之初难以想象的困难，在超速成长的同时成为西部最大的造饭碗工程。"

许多企业之所以导致失败，其重要原因之一就是奋斗目标和发展方向模糊不清，目标的不确定、方向感的缺失使公司高层与中层之间、中层与基层之间出现了严重的信息不对称以及沟通的障碍、断裂，并由此引发了价值观的分歧，造成了一系列决策的失误、执行的错误，最终导致整个团队分崩离析，瘫痪死亡。

管理者在给员工设定工作目标时，一定要注意所设定的工作目标并不是没有根据的随意指示或命令，因为给员工设定毫无意义的，或者是无法完成的目标只能使目标成为虚幻、变为梦想。曾经有人说过："梦想比较虚幻，理想比较现实，而目标则更强调实践。"所以，一个真正的目标是具体的、清晰的、客观的、可操作的、可执行的、可量化的、可实现的，它应该具有实践指导作用。

管理者亲自为员工设立工作目标是在表达对员工的关注和重视，同时也是对原来工作的肯定和认可，说明员工之前的工作就十分出色。它更是对员工潜在能力的一种肯定，因为工作目标的设定，其中蕴含着管理者的期望，说明企业非常看重这些能够为企业创造利润和价值的员工。

管理者在为员工设立目标的时候，可以从实现目标的条件、过程和结果三个方面入手，以保证目标实现的可能性。首先，从条件入手，直接从目标所需的时间、金钱、体力、智力、环境等方面考虑；其次，从过程入手，从过程中可能出现的各种困难和意外等方面考虑；最后，从结果入手，从目标的作用、功能、价值、意义等方面进行考虑。

管理者应当明白：没有目标和理想的企业，就像是一群盲人骑着一群瞎马，在漫无目的地往前走，谁也不知道最终会走到哪时。

6. 帮助员工设计职业生涯规划

对于员工而言，一个良好的职业规划关系到他的命运前途和事业成就，是一个人一辈子的大事情，而许多员工并没有一个清晰的职业规划，对自己未来的发展方向和理想追求并不是很清楚，也不知道自己的优势、特长和价值到底在哪里，对自己没有一个清晰的认识、评估和定位，对自己的人生轨迹、发展道路，以后将要从事以及适合从事什么样的工作和职业并没有一个明确的目标和确切的答案。

为此，许多员工感到苦闷、迷茫，甚至是失意、失落，对工作心灰意冷、失去信心，显然，这样很不利于工作的继续顺利进行和工作效率的提高，不利于员工个人的长期发展，也不利于企业生产经营活动的正常开展和健康、持续的发展。

因此，企业管理者应想方设法解决这样的问题，帮助员工进行科学、合理的职业规划，这既是管理者的职责所在，对员工而言，也是一种激励，代表着管理者对员工之前工作的高度认可和肯定，同时也向员工表明，管理层始终关注着每一位员工，也为每位员工获得更高的职位和更广阔的发展空间提供力所能及的帮助。

作为领导者，帮助员工进行职业生涯规划时，首先要了解每一位员工的具体情况，包括其特长优势、爱好兴趣、理想抱负、人生目标，等等。

其次，根据员工本人的客观情况和企业的实际情况，帮助员工制定相应的职业规划，使员工在本企业拥有广阔的发展空间。

第三，如果管理者自己并不擅长为员工设计恰当、准确的职业规划，则可以通过企业外部专门提供职业规划服务的资质深厚、信誉良好的机构协助或代理执行。

第四，也可以找一些专业的职业规划师、心理辅导医生以及各个方面的专家分别帮助和指导你的员工进行职业规划设计。

管理者要搞清楚的是，职业规划所带给员工的并不是精神上的慰藉和理想上的虚幻，而是看得见、摸得着的实实在在的东西，是在企业提供必要的前提条件和帮助、支持下，员工通过自身的努力可以得到和实现的，而不是虚无缥缈的海市蜃楼和空中楼阁。

管理者要明白：帮助员工设计职业规划，为员工指引一条更加宽广的道路，让员工看到奋斗的方向和目标，才能让员工在这个方向上加倍努力、奋勇向前。

7. 设立目标谨防陷入“理想化”的陷阱

描绘蓝图、点燃希望是企业领导者必须做的功课。不管是国家领导人还是企业领导人，一个成功的团队或组织领袖，首先就必须是一个伟大的造梦者，依靠梦想来引导大家前进。如果大家看不到希望，人心就散了，队伍就不好带了。企业的高层领导就是要给大家描绘一幅美好愿景，让大家朝着这个方向迈进。如果你不能给人带来希望和愿景，你就不是一个好的领导者，队伍迟早要垮掉。

但作为企业的领导者，在描绘蓝图和制造希望的时候，也要遵循客观规律、依据客观事实，既要善于描绘美好的蓝图，又要能够实现这样的蓝图，而不是只能让下属看到美好的希望，却不能够实现这样的希望，因此，领导者所描绘的蓝图和希望既是可望的又是可及的。如果目标是“可望而不可即”，就会失去应有的激励意义，也无法达到预期的激励效果。

一个沿街流浪的乞丐每天总在想：假如我手头有两万元钱就好了。一天，这个乞丐无意中发现了一只跑丢的很可爱的小狗，便把小狗抱回了他住的窑洞里，拴了起来。

这只狗的主人是本市有名的大富翁。这位富翁丢狗后十分着急，因为这是一只纯正的进口名犬。于是，他就在当地电视台发了一则寻狗启事：如有拾到者请速还，付酬金两万元。第二天，乞丐沿街行乞时，看到这则启事，便迫不及待地抱着小狗准备去领那两万元酬金。可当他匆匆忙忙抱着狗去富翁家时，发现酬金已变成了三万元。原来，大富翁找不到狗，又电话通知电视台把酬金提高到了三万元。

乞丐不相信自己的眼睛，向前走的脚步突然间停了下来，他想了想，又转身将狗抱回了窑洞，重新拴了起来。第三天，酬金果然又涨了，第四天又涨了……直到第七天，酬金涨到了让市民都感到惊讶时，乞丐才跑回窑洞去抱狗。可想不到的是，那只可爱的小狗已被饿死了，乞丐还是乞丐。

通过这个故事，我们明白了一个道理：最大化、最理想的目标并不就是最好的，最可行、最可能实现的目标才是最好的目标。在企业的管理工作中，最优的目标通常是理想化的，很难达到，而我们只要能达到一个次优或者满意的目标，就已经成功了，因此，在设立目标时要避免落入“理想化”的陷阱。

企业的领导者可以帮助员工定位，明确绩效标准，建立活动规范，决定组织结构。如果对员工业绩没有明确的期望值，将阻碍员工实现自我激励。管理者通过目标对下级进行管理，当组织最高层管理者确定了组织目标以后，必须对其进行有效分解，转变成各个部门以及各个人的分目标，管理者根据分目标的完成情况对下级进行考核、评价和奖惩，这是目标激励的思想渊源。对于目标设置，领导者应注意以下几点：

第一，目标设置要具体、明确；

第二，目标设置要与组织协调；

第三，目标设置要具有接受的可能性；

第四，目标设置要有时间性；

第五，目标设置要具有可调整性。

另外，领导者在目标设立的过程中，应掌握以下几个步骤：

步骤一：目标的设置可以先由上级提出，再同下级讨论；也可以先由下级提出，再经上级批准，但无论是哪种形式，都必须共同商量决定。

步骤二：重新审议组织各个机构的职能和职责分工；

步骤三：要求下属制定一套非常详细的执行计划来实现目标；

步骤四：与下属进行充分沟通，讨论他们这个计划到底哪里可以更进步。

步骤五：定期监督和指导下属的工作计划执行情况和实施情况。

8. 实现目标需要强有力的执行

在一些企业里，管理者往往只注重绩效目标的制定，过度看重结果和对结果的考核，而轻视或忽视了对执行力的激励和考核。这样，往往容易导致错误的结果，不但没有提升员工和组织的绩效，反而造成了负面的影响，偏离了既定的绩效目标。

毋庸置疑，战略规划和绩效目标是非常重要的，它指明了企业发展的方向和奋斗的目标，但要想把理想中的绩效变为现实中的绩效，就必须依靠执行，必须依靠强大有效的执行力。没有执行力，再宏伟的目标、再卓越的方案都只是空谈，再完美的计划都只是幻想。

企业失败，有 20% 是领导者错了，因为他的战略和决策错了，而另外的 80% 是执行者错了。一个企业如果没有一支有力、高效的执行层，就只能眼睁睁地看着好的战略规划、好的绩效目标变形走样，最后失败。杰克·韦尔奇说："即使是错误的决策，我们也可以通过执行来把它做对，而不是再回来讨论。"摩托罗拉总裁高尔文则说："执行是一门战胜对手的学问。"

在全球化的今天，企业将面临着越来越严峻的挑战，要想在竞争中保持优势，就必须重视执行，提高企业的执行力。作为一名管理者，如果不知道如何去执行，或者轻视执行的力量和作用，那么，他所有的工作都将无法取得预期的效果，他取得的全部成就也不过是整个企业和部门业绩的集合；作为一个企业，如果不能够建立起具有执行力的管理层，将会对公司的能量、人力和资源造成巨大的浪费，更无法真正适应不断变化的环境。

企业想要成就卓越，不仅需要卓越的战略规划，而且还需要有力地落实和实施计划的执行力。正如欧莱雅（中国）有限公司总裁盖·保罗先生所说，一个企业要想取得成功，就必须既要像诗人一样有激情，又要像农民一样实干，只有诗人加农民才能站稳脚跟，无往不胜。

执行，是目标和结果之间最重要的一环。原康柏公司总裁埃克哈德·法伊弗被解雇时，康柏的创始人和主席本·罗森也不得不承认，法伊弗之所以失败，原因并不是他所制定的战略有问题——在六年时间内将康柏公司由一家高价位办公室 PC 制造商转变为世界第二大计算机公司，仅次于 IBM。这个战略并没有问题，一切都十分完美，法伊弗的战略计划环环相扣，而且看上去天衣无缝。但他失败了，并最终被迫离开康柏，为什么呢？

本·罗森说，问题出在了执行，即目标计划并没有得到充分的落实。尽管法伊弗的战略完美无缺，但他忘了一个重要的问题，那就是如何使康柏真正进入服务市场。仅兼并一些开展计算机服务的公司还远远不够，还必须采取措施，整合资源，使康柏公司具备提供计算机服务的能力。法伊弗没有对这些具体的工作给予足够的重视和关注，也没有投入相应的精力和时间，结果，由于没有实现资源的有效整合，最终失去了大好的市场机会。

在海尔公司里，张瑞敏以严格管理著称，但他清楚地知道，不是被动控制，而是主动进取，才意味着更高的管理境界。海尔可能仍需要推行“日清日毕”的管理，以便将工作中的偏差减至最小，达到持续效果，但企业将来必须更多地唤起那些非常基本而又通常未得到满足的需求、价值取向和情感追求，激励员工尽心尽力投入，帮助解决重大的成本、质量和技术问题。海尔的合理化建议明星、自主管理班组活动就是为了促使员工发自内心地把事情做好。仅仅帮助普通人用普通方式成功地完成日常工作是不够的，还要帮助普通人创造出非凡的结果。

结果好比“上层建筑”，执行好比“经济基础”，离开了执行这个坚实、稳固的“经济基础”，结果这个“上层建筑”就会成为“空中楼阁”。对企业来讲，结果是衡量员工和组织工作的最重要的指标，结果固然重要，但执行绝不能忽视。

第二章

薪酬激励——以薪留人，良好的待遇才能激发更大的干劲

薪酬激励可以说是一种永恒的、最基本的员工激励方式，企业与员工双方关系的核心在于分配体系的建立。一个公平公正的分配制度体系不但能够不断地造就人才，使优秀的人才脱颖而出，而且还能够吸纳到更多的外部人才，使人才产生出高绩效。一个科学合理的薪酬激励制度，可以最大限度地激发员工内心深处的潜能，激活整个团队组织的生机与活力，促进企业与员工共同发展。

1. 科学地对员工进行绩效考核

企业管理中常常遇到薪酬激励的困惑。当市场竞争越来越激烈，人才吸引和保留越来越重要的时候，薪酬激励的效率和效能的问题成为人才管理的首要问题。薪酬问题在公司内引发出很多矛盾，成为人力资源管理的主要困惑。

首先，新老员工激励的困惑。老员工延续以前国有企业薪酬管理的办法，尽管每年都有提升，但仍然无法实现与市场水平完全接轨。新员工大部分通过招聘和猎头渠道进入公司，他们的薪酬与市场水平相近，这就造成了新老员工薪酬之间的不平衡。

其次，岗位评估和市场价值差异的困惑。为了平衡各方关系，公司不管什么职能，比如生产、研发、市场、财务、行政等，部门经理的工资一律统一，但实际上，每个部门所发挥的作用和所创造的价值是不一样的，甚至存在着很大的差异。因此，不同部门、相同职位的薪酬也应该是有所区别的。

通过制定和实施科学、合理的绩效考核制度，上述这些困惑就可以得到有效解除。尽管绩效管理在不同性质的企业实施的效果不一，关于绩效管理的评价也是各种声音都有，但毋庸置疑，支持也好，反对也罢，绩效管理依然广泛地被许多企业采用。

企业管理的实际需要以及未来发展的总体趋势表明，企业在未来将对绩效管理投入更大的人力、物力、财力和精力，绩效管理将成为企业最重要的管理工具之一。

首先，绩效考核是企业确定员工劳动报酬的客观依据和前提条件。按劳分配是企业的分配原则，不言而喻，客观、准确地衡量“劳”的数量和质量是实行按劳分配的前提，没有考核，报酬就没有事实依据。

其次，绩效考核是企业对员工进行激励的手段，而奖励和惩罚是激励的主要内容，奖罚分明是人力资源管理的基本原则。要做到奖罚分明，就必须科学地、严格地进行考核，以考核结果为依据，决定奖或罚的对象以及奖或罚的标准。

管理者要想建立一套科学合理、行之有效的绩效考核制度，就必须把握以下几大要点：

要点一：要全面正确理解绩效考核的内容。在管理实践过程中，有不少管理者错误地认为，绩效考核就是对员工的工作结果进行考查评定，这是从字面上理解“绩效考核”所引致的偏颇。实际上，绩效考核是指企业在一定时期内，针对每个员工所承担的工作和任务，应用各种科学的定性与定量方法，对员工的工作结果及影响员工工作结果的行为、表现和素质特征所进行的考察评估的过程。

要点二：绩效考核指标要清晰明确、具有可操作性。在企业管理中，使用最普遍的绩效考核指标是指包括“德”、“能”、“勤”、“绩”在内的一级指标，在一些业务结构比较复杂、规模比较大的企业里，针对特殊的岗位和特殊的员工，还会划分出五花八门的二级指标、三级指标，等等。也就是说，设计考核指标时，管理者应根据企业自身的实际情况，既要注意科学性，又要兼顾操作性。

要点三：要合理地确定绩效考核周期。所谓考核周期，就是指多长时间进行一次考核。这与考核的目的、考核对象和被考核职位有关系。如果考核目的主要是为了奖惩，自然就应该使考核的周期与奖惩的周期保持一致；而如果考核是为了续签聘用协议，则考核周期与企业制定的员工聘用周期一致；等等。

要点四：要将绩效考核过程和结果公开。在对员工进行绩效考核时，首先要将员工的期望和要求公开；其次，要将考核活动和考核过程公开；最后，考核的结果也应该公开。这样做，一方面可以使被考核者了解自己的优点和缺点、长处和短处，从而使考核结果好的员工能够正确、客观地认识和了解自己，并能够再接再厉，继续保持先进；另一方面也可以使考核结果不好的员工心悦诚服，没有不满和不平衡心理，从而奋起上进。除此之外，还有助于防止和避免考核过程中可能出现的种种人为的、主观上的偏见和误差，以保证考核的公平、公正性。

2. 合理的奖金必不可少

在员工获得分内固定的工资报酬之外，对表现突出的、优秀的，或者作出了重要贡献的员工应该给予额外的奖金，这是管理者对额外劳动给予的额外酬劳，这既体现了多劳多得的原则，同时也是对付出额外劳动的一种奖励，势必会激励员工更加努力工作，为企业作出更多的贡献。

对表现突出的员工设定合理的奖金标准，会对员工产生准确、恰当而有效的激励。激励最忌讳墨守成规。优秀的管理者应从实践中逐步探索、制定出合理的奖励标准，以激发员工的潜在能力，调动员工的积极性、主动性和创造力。

在为表现突出的员工设定并发放合理的奖金方面，台塑总裁王永庆可谓是这方面的典范。

王永庆认为，所有事情都是人做出来的，如果要实现事情的合理化，首先要做到人的合理化。所谓人的合理化，就是要创造一个合理而且能够使员工充分、有效发挥个人潜能的工作条件和工作环境。当时，由于管理的合理化程度还不够，员工的绩效考核普遍都很不精确，以致工作多做一点并没有什么奖励，少做一点也没有什么影响。

在这种环境下，员工的潜力至少有一半发挥不出来。但是，如果改善工作环境，员工的潜力至少可以发挥到九成以上。

有一天，王永庆到下面的工厂视察工作，看到三个员工在铺草皮，他们停停做做，十分懈怠。经过了解得知，原来这些员工嫌工资太低，一天只有 60 元，还不够维持基本的生活。王永庆说："假如给你们加一倍的工资，你们能不能铺更多的草皮？"三个人立即答应，并非常高兴地说："如果那样我们可以做三倍的工作。"结果，这几名员工竟然做了比原来三倍还多的工作。

于是，王永庆想，若每人每天铺一坪，付 60 元钱，而后来工作成果是原来的 3.5 倍，生产出 210 元的价值，付工资 120 元，双方各有所获，何乐而不为呢？

1967 年，台塑总管理处选定几个事业单位试行绩效奖金制度。几个月后，每个试点单位产量倍增，员工的潜能得到了充分、有效的发挥。

为了鼓励员工的积极参加，台塑还实行了提案制度，制定了"改善提案管理办法"。其中第六条规定：改善提案若有效益，可依"改善提案审查小组"核算的预期改善月效益的 1% 计奖，奖金从新台币 100 元到 2 万元不等。成果奖的核定，则以改善后三个月的平均净效益的5%计奖。

王永庆在鼓励员工多劳多得的同时，也鼓励员工节约成本，并对节约行为所产生的效益也进行奖励，给予合理的奖金。

比如，台塑下属一家公司的国际部1983年的月平均营业额是2.53亿元，费用成本为169万元，约等于营业额的0.67%。为了使工作人员提高效率，并有效拓展外销市场，台塑将国际部设定为一个成本中心，并把1983年度的营业额与费用成本比率设为标准，凡是营业额增加或费用节省，或两者兼而有之，其因此所产生的利润，将提出其中的30%作为奖金奖励给国际部的工作人员。这一制度实施之后，很快就产生了明显的效果。以1984年8月的情形为例，营业额为3.23亿元，按0.67%的比率计算，其标准费用成本应为216万元，而实际用了140万元，差额为76万元，其中的30%，即13万元，由该公司国际部的工作人员分享。

台塑在设定绩效奖金制度的同时，还采取了改善管理、更新设备等配套措施，比如，为避免少数人的懈怠行为影响组织的整体绩效，又特别设立了团体基金，凡是懈怠者，其绩效奖金要扣除一部分作为该单位的公共基金，以示公平。通过这些措施，使员工觉得劲有处使，工作比以前更加积极主动了，责任感也大大增强了，工作效率也比以前大大提高了。

由于自上而下地贯彻一种公平奖励、能者多劳、多劳多得的精神，台塑公司人尽其能，物尽其用，最大限度地创造了企业效益。在企业里，管理要追求合理化、科学化，而要实现事的合理化，首先就要实现人的合理化。设立一套科学、合理的绩效奖金制度，为员工付出的合理劳动发放合理的奖金，这无疑是激励员工重要的、有效的方法和措施之一。

3. “走钢丝”的员工要给予重奖

每一家企业都会面临严峻的挑战和考验，而每当遇到这种情况时，总要有人去解决，总要有人去做，而谁会去做呢？习惯了做自己力所能及的和分内的事情和工作的员工，习惯了拿着固定工资的员工，如果没有额外的报酬或奖励，几乎没有人愿意或者说勇于接受非同寻常的挑战和考验，也就是说，没有人愿意在没有任何报酬和没有任何把握的情况下去冒“走钢丝”这一风险。

而如果管理者采取了激励措施，就会涌现出一批积极的、勇于冒“走钢丝”这一风险的员工。俗话说，“重赏之下必有勇夫”，哪怕是失败了，哪怕是自己没有接受挑战的能力，员工也会冒这样的风险，至少有这样的勇气。

对于企业来讲，在种种挑战和考验面前，有人愿意去做，或许不一定会成功，取得预期的效果，但如果没有人去做，则一定不会成功，一点效果也得不到。因此，如果你是一个明智的管理者，就应该设立这样的奖项，并奖励哪些勇于“走钢丝”的员工，对“走钢丝”获得成功的员工，更要进行重重的奖励。

给那些“走钢丝”的员工大奖、重奖，就是因为他们完成了高难度的工作，完成了常人无法完成的任务，为企业创造了普通员工无法创造的价值，作出了普通员工无法作出的贡献。

通用电气公司就有奖励勇于“走钢丝”的员工的习惯和传统，并对那些完成了高难度工作的员工予以重奖。通用电气公司让管理人员把公司崇高的宗旨贯彻落实到具体的管理实际中。管理人员被告知，如果自己所管辖的部门圆满地完成了一个大型项目，则需准确地描述上级、同事和下属为了完成这个任务是如何改变各自的行为的。通用电气公司有一系列的准则去衡量管理人员的工作，即使是很难以量化的事情，都可以通过一个360级的评估方法来进行科学的考核和评测。比如：一位经理如何使客户感到满意，如何放权或者与同事们如何相处等，这样的行为都由该雇员在公司内的上司或下属来打分评级，以及通过单独面谈的方法来衡量。

通常情况下，人们一般不愿意改变自己的行为习惯和行为模式，除非受到特殊的激励。对作出了突出成绩的人，通用公司一般采取发奖金或者授予股权的方法，以示表彰和奖励。奖励的真正目的是激励他们以后更加努力地工作，创造出更加优异的成绩。

4. 把发放消费券作为一种福利

目前，在市场经常会有很多商家搞各种各样的促销活动，不是优惠打折，就是赠送礼品，或提供各式各样的消费和购物优惠券。而在企业里，员工也是一个消费群体，也需要购买一些日常生活用品，如果管理者能够将市场上商家举行的各种促销活动加以利用，把一些商家提供的各种消费和购物优惠券买下来，作为一种福利待遇奖励给工作表现出色和优秀的员工，以表达对员工的肯定和认可，这也是一种非常有效的激励方式。

作为工薪阶层，员工们也不得不经常为柴米油盐、衣食住行精打细算，想方设法减少生活开支，避免铺张浪费，能够节约一点算一点。几乎所有的人都希望在购物中能花最少的钱来买到自己想要的、最称心如意的东西，这是作为消费者的普遍心理特征，当然，企业的员工也不例外，尤其是作为工薪阶层的员工。

当管理者发现有员工在近期工作中表现得十分出色的时候，就可以利用一些商家的消费和购物优惠券，将这些优惠券作为奖品发放给你认为应该奖励的员工，以表达对这些员工辛勤工作的肯定、认可和鼓励。在市场上，像这种可以作为奖品的消费优惠券有很多种，管理者可以选择一些有实用价值的、贴近员工生活的优惠券奖励给目标员工，比如：餐饮消费的优惠券、服装的优惠券、游乐园的优惠券、电影院的优惠券、商场超市的优惠券，等等。

不管是什么样的优惠券，管理者选择和奖励员工的时候，所遵循的原则就是，要让员工得到实惠，让员工在购物和消费的时候尽量少花钱。比如：当你得知某一餐厅打折让利时，就可以给你的员工发放这家餐厅的优惠券；当你得知某一服装店打折促销时，你也可以发给员工这家服装店的优惠券……总之，只要是能够满足员工日常生活需要的优惠券，都可以奖励给你的员工。

作为企业的管理者，应当明白：当员工获得了你奖励给他们的这种实用性很强的优惠券的时候，在感受到管理者对自己的工作肯定、认可、重视的同时，更能够体会到领导对自己生活的关心和照顾，感受到来自企业的温暖，从而必定会对今后的工作更加充满了热情，更加信心十足、积极主动地面对未来的工作，为企业创造更大的价值。

5. 员工持股可增强其主人翁意识

目前，有许多企业已经是上市公司，已经发行了自己的股票，还有很多企业正在筹备上市。对于这样的企业，让员工持有公司的股票，也是对员工的一种非常有效的激励方式。通过这种方式，可以大大增强员工的主人翁意识，增强员工当家做主的责任心和使命感。

让员工持有公司的股票，一方面会给员工带来巨大的收益，尤其是原始股，更能让员工获得价值不菲的、意想不到的财富收益；另一方面，还能够增加员工对企业的归属感。通过这两方面的激励，势必会大大增强员工对企业的责任心和使命感，从而大大调动员工的工作积极性和主动性，提高工作效率，为企业创造更大的效益。

让员工持有公司的股票，在员工激励管理中，用比较专业的话语讲，就是“股票期权激励”，这是很多企业最常用的一种激励方式。这种方式的目的就在于利用一种长期潜在收益激励企业员工，其中也包括管理者，促使企业员工的目标与企业发展的目标最大限度地保持一致，以保证企业经营的持续发展和企业价值的持续增长。

世界500强企业之一的美国杜邦公司在很早以前就开始实行股票期权激励了。杜邦公司的股票期权计划开始于1991年。在那一年，杜邦公司在世界各地的每个员工都得到了100股股票期权的奖励。股票期权的价值和增值幅度取决于公司的成长、盈利能力和在市场上的表现。每个员工都对这些结果的实现负有责任。员工们在得到股票期权的同时，公司还对他们进行大量的教育，向他们解释股票期权是怎么一回事以及单个员工的表现将如何影响公司的股票价值。

杜邦公司将这项股票期权奖励措施纳入了整个人力资源管理体系，使公司和每个员工结成利益共同体。有些国家的法律禁止个人拥有美国证券，公司就为来自这些国家的员工以他们的名字设立专门代理账户，用这些账户记录公司股票的市场表现，落实各项规定。

在这项股票期权奖励措施中，有几个重要的规定：

（1）员工在行使期权之前，至少要持有一年的时间；

（2）员工在长达10年的时间内，可以随时行使权力，把期权换成股票，也就是说，期权在10年后才到期失效；

（3）个人在行使期权时，既能够用现金按期权的执行价格购买股票，也可以不用现金，直接用期权换股票；

（4）股票期权并不是每年都提供，而必须由董事会主席办公室根据公司绩效来决定是否提供期权，因为决策层不想让这种奖励被员工们看成是自己应得的一项权利。

期权的价值取决于股票价格的增长，期权的价格则取决于提供期权当年的市场利率。如果杜邦公司的市场绩效一直很优秀，而且股票市场支持这种增长，那么股票的价值就会增加。公司给员工10年的时间让他们行使期权，此后，他们可以自己决定是继续持有股票，还是卖掉股票获得现金。另外，在业绩不佳的时候，公司也不会保证一定要给员工提供期权激励。这种灵活的调节和激励机制使得员工们心里很清楚：不仅要争取留下来，更要争取干好。

杜邦公司的这种“股票期权计划”，在员工和企业之间建立了一种必然的、密切的联系，创造了一个共同的利益纽带。这样，雇佣双方就有了一个共同目标，即把杜邦公司建设成一个世界级的一流企业并分享这一成就所带来的收益。这个收益虽然没有100%的保证，但是，如果所有员工都采取能够把公司导向成功的行动，它就能够变成现实了。

6. 科学合理的薪酬制度很重要

企业与员工双方关系的核心在于分配体系的建立。一个公平公正的分配制度体系不但能够不断地造就人才，使优秀的人才脱颖而出，而且能够吸纳更多的外部人才，使人才产生出高绩效。一个合理的薪酬管理制度，可以最大限度地激发员工内心深处的潜能，激活整个团队组织的生机与活力，促进企业与员工共同发展，从而建立和谐共赢的劳动关系。

薪酬是否合理，关键在于薪酬制度的制定是否合理。在进行薪酬制度的设计时，管理者应考虑到这样几个问题：

（1）薪酬的制定是否依据职位分析进行；

（2）薪酬的制定是否与员工的绩效挂钩；

（3）薪酬的制定是否与员工的能力挂钩；

（4）薪酬是否做到公平公正。

管理者如果充分考虑到以上几个问题，就会在设计制定薪酬制度的时候知道应该遵循和把握什么样的原则。以下几个原则需要管理者注意：

原则之一：根据职位高低来考量和设计薪酬制度。职位是薪酬管理的基本单位。以职位为基本单位制定薪酬制度的核心是，根据“职位价值”确定职位的薪酬水平。通过职位评价确定职位价值，然后提出职位的任职资格并据此来决定任职者。职位薪酬制度是以“职位价值”而不是以“人”来确定薪酬水平。由于职位设计往往来自组织的战略，所以，这种薪酬制度有非常明确的战略导向。在一些组织里，不是根据职位确定工资，而是根据行政级别或职务高低确定薪酬，结果导致员工为了提高自己的行政级别，争先恐后地挤在独木桥上，最终削弱了组织的竞争力。

原则之二：根据绩效大小来考量和设计薪酬制度。在薪酬制度设计中，关注绩效的实质是关注任职者的贡献度。有些人虽然在非常重要的职位上任职，但是其绩效产生达不到该职位的要求，也不能得到该职位所对应的薪酬。在薪酬管理中强调绩效的作用，是分配制度的重要转变，即由给“人”发工资变为给“事”发工资。给“人”发工资，是依据人的自然要素来决定薪酬水平。人的自然要素包括工龄、学历、职称、性别等，它们的最大一个特点就是不可激励。所以企业需要给“事”发工资，也就是给产生“绩效”的员工以回报，从而激励员工产生更高的绩效。

原则之三：根据薪酬差别的高低程度来设计薪酬制度。研究发现，从企业内部来讲，员工关心薪酬差别的程度高于关心薪酬水平，然而员工个人能力及其工作职务、工作态度的区别必然带来个人薪酬的差别，如何使这种“差别”既能鼓励先进又能被大多数员工所接受，而且又体现公平，这对薪酬管理来说越来越重要。在现实的薪酬管理中，这一点往往被忽视。

原则之四：根据公平公正性来考量和设计薪酬制度。每个部门因岗位和职责的不同，对绩效的考核标准也不同，企业应该制定绩效考核标准；另外，员工的能力很难量化成一个具体的数值，如何保证员工对自己能力的评估和企业对其能力的评估保持一致，这才是真正的关键。俗话说，每个人心里都有一杆秤，只有企业和员工的衡量标准达成一致，才能维持平衡。

原则之五：遵循透明性和公开性的原则。很多企业在薪酬政策上采取保密行为，不让员工知道薪酬到底是依据什么制定的，员工无从了解企业在激励什么、鼓励什么、回报什么，薪酬政策对员工的激励作用就会大大减弱。在实际工作中，应该宣传薪酬政策，让薪酬政策透明化，从而让员工看到企业对自己的期望，并据此调整自己的行为。薪酬政策的透明化不仅可以正确地引导员工的行为，而且还可以减少诉讼和纠纷的发生，以利于劳动者和用人单位双方建立互信的机制。

原则之六：遵循竞争性的原则。在人才市场中，企业的薪酬标准要有一定的竞争力，才能够吸引所需的优秀人才。究竟应将本企业摆在市场价格范围的哪一段，当然要视本企业财力、所需人才可获得性的高低等具体条件而定，但一定要有竞争力，薪酬至少不应低于市场平均水平。

7. 支付薪酬的几个技巧

曾经有句名言说过：“你可以买到一个人的时间，你可以雇一个人到固定的工作岗位，你可以买到按时或按日计算的技术操作，但你买不到热情，你买不到创造性，你买不到全身心的投入，你不得不设法争取这些。”那么，怎样才能让员工百分之百地投入工作，以创造更大的人力价值？其中薪酬激励是人才吸引、保留与激励的最直接手段。薪酬有高有低，员工才有往高处走的欲望和激情。

对不同的员工要用不同的激励措施和手段。众所周知的马斯洛需求五层次理论说明，人的需求是分层次的，只有满足了低层次的需求之后，才能考虑高层次的需求。工资作为满足低层次需求的保障条件，对绝大多数人来说，仍是个硬道理。工资低的公司，即使企业文化搞得很好，也难留住人。对高层次人才，工资较高但如果缺少培训和发展机会，仍然缺乏吸引力。如果将现金性薪酬和非现金性薪酬结合起来运用，有时能取得意想不到的效果。

以下几点值得企业领导者参考和借鉴：

第一，计酬方式要具有激励性。计酬方式通常包括按时计酬、按件计酬、按绩计酬等。最缺乏激励效果的是按时计酬，其激励作用只是体现在每年调薪前后的一段时间，很难持久。但它也有明显的优点：收入稳定，给员工以安全感，便于留人和招聘；实施方便；劳动力成本易于预测；不会因为强调产出数量而忽视质量等。计件薪酬对员工的激励作用十分明显，但它仅适用于产出数量容易计量、质量标准明晰的工作，对知识白领的工作很难计件。薪酬与可量化的业绩挂钩，则更具激励性和公平性，但这种方法需要有合理的目标设定方法和良好的绩效考评系统做支持。

第二，重视对团队业绩的奖励。尽管从激励效果来看，奖励团队比奖励个人的效果要弱，但为了促使团队成员之间相互合作，同时防止上下级之间由于工资差距过大导致出现低层人员心态不平衡的现象，所以有必要建立团队奖励计划。一些成功企业用在奖励团队方面的资金往往占到员工收入的很大比重。对优秀团队的考核标准和奖励标准，要事先定义清楚并保证团队成员都能理解。

第三，充分利用股票激励员工。在高科技行业，股票期权是个非常诱人的字眼儿。很多员工特别是高层员工认为工资的高低倒不是主要的吸引力，最重要的是有没有实行“员工持股”制度。不仅那些在海外上市的公司纷纷实行了股票期权，即使非上市公司，也在探索不同形式的员工持股办法。

第四，在员工薪酬期望和激励效果之间做好平衡。有的公司在员工薪酬、福利待遇上破费不少，但员工却无动于衷。作为主管，建议将你在福利方面的开支做个支出明细说明，让员工明白公司为他们所付出的代价。要告诉员工你的分配哲学。如果你确信公司的薪酬具有竞争力，为了让员工信服，不妨将你在薪酬方面的调查结果公开，甚至让员工参与薪酬方案的设计与推动。即使因为公司遇到暂时困难而不得不减薪，只要你坦诚相见，公平对待，同时再把薪酬以外的优势尽可能展现出来，相信员工也会理解并能同舟共济。

第五，厚待核心和骨干员工。在薪酬有限的情况下，企业为了发展，不得不有重点地保留住重点员工和业务骨干。一般来讲，80%的业绩是由20%的精英来完成的，少数骨干决定了公司的发展。对于一些新兴的创业型公司，或者实力不是很强的公司，这种方法尤其有效。

第三章

榜样激励——树立榜样，带动更多员工从平凡走向优秀

“夫子步亦步，夫子趋亦趋”。中国人在两千年前就懂得榜样的重要性。榜样，作为一种精神价值的载体，是理想人性模式的个性张扬；榜样激励，是员工价值实现的直接路径。榜样有如此巨大的感召力，关键在于人是最富于模仿性的生物，而领导者既是激励的主体，又是激励的客体，既在激励下属的同时自身也要受到激励。领导者是一个组织成败的关键因素，只有自身得到了充分的激励，为下属作出榜样，才能有效激励下属。

1. 榜样激励的三大机制

“激励”一般指一个有机体在追求某些既定目标时的意愿程度。它含有激发动机、鼓励行为、形成动力的意义。著名美国管理学家哈洛德·孔茨在《管理学》一书中提到，激励“是一个通用名词，应用于动力、愿望、需要、祝愿以及类似力量的整个类别”，这是对激励最普遍的解释；心理学家阿特金森和瓦格纳一致认为激励是对行为的触发、方向、强度和行为持久性的直接影响；管理学家琼斯也说激励涉及“行为怎样发端，怎样被赋予活力，怎样延续，怎样导向，怎样终止，以及在所有这一切进行的过程中，该有机体是呈现出何种主观反应的”。这些定义都是对激励与行为发生及行为走向相互关联的认同和阐释。

在激励管理学中，一般认为榜样激励包含以下三大机制。

第一，榜样激励的教育机制。

榜样有如此巨大的感召力，关键在于人是最富于模仿性的生物。心理学研究表明，人类的大部分行为是通过观察学习，借鉴、模仿他人的行为反应来完成的。榜样激励的教育机制就在于榜样具有感染功能、激励功能、号召功能、启迪功能和警醒功能——当人们了解榜样的生平及事迹后，会在思想上受到深刻教育，在精神上受到极大鼓舞，在感情上引起强烈共鸣；一个榜样就是一面镜子，面对榜样，每个人都可以对照、检查自己，做到自警自策，修身养德；通过对榜样的学习和效仿，可以使先进的受到激励、平庸的受到推动、后进的受到震动，从而达到净化心灵、塑造人格、教育自我的目的。

第二，榜样激励的目标机制。

心理学家认为：人的行为往往被其内在的动机和需要所推动。塑造榜样就是为了给行为提供参照，一旦榜样学习者将榜样确定为学习样板，也就明确了未来的行为目标，进而努力使自己的行为与榜样行为保持一致。当人们确定了目标之后，会为了实现自己的目标主动采取行动。榜样激励的前提是学习者的行为与榜样行为之间存在差距，榜样行为具有超越性和突破性，因此，学习者就会把自身与榜样作比较，用榜样与历史相沟通，让榜样成为理解的桥梁，去寻找共性的契合点和闪光点。然而，榜样行为的获得不是轻而易举的，如果榜样行为目标定太高，则会丧失激励力量，这就是“高大全”的榜样少有人问津的原因之一。

第三，榜样激励的强化机制。

管理学者斯金纳认为，人的行为是由外界环境决定的，外界的强化因素可以塑造行为，而榜样行为就可视为一种强化因素。个人的价值评判具有较高的社会一致性与社会依赖性，一个人只有得到了社会的承认与接纳之后，才能形成稳定的自尊感，才有可能获得自信与安全感。所以，对于社会接纳和社会认同的看重以及对于社会偏离和社会抛弃的焦虑，成了人们自觉或不自觉地与社会现状或社会基本倾向保持一致的心理原因。企业倾向于在总体上让员工与企业的基本要求与期望相一致，以组织需要来强化员工的需要、愿望、意志、情感，激发内在的心理动机，让潜在的能量得到充分释放。

2. 榜样激励所要遵循的基本原则

榜样的力量是无穷的，它就像一面旗帜，引导人们的行动。树立先进典型，使广大职工学有榜样，赶有目标，形成你追我赶的良好氛围，有助于高效实现组织的目标。榜样是人们行动的参照系，作为企业的管理者，如果能够建立起科学、合理的“参照系”，就能把人们的行为导向组织目标的实现。

管理者在树立榜样、创建榜样激励机制的时候，应把握以下四项基本原则，才能有效发挥榜样的激励作用。

第一，共性原则：榜样和学习者要有共同的信念理想、价值观。

榜样选择要具有鲜明的时代性、实际性，与学习者有共性特点，具有共同的价值观。选择榜样目标时，应该注意选择切实可行的各种层次、各种类型的先进典型，不能一味追求令人望而生畏的高、大、全的典型。榜样是时代的产物，而他的价值也在于时代的需要，应该跟上时代的步伐，树立新时代、新形势下的榜样。当今社会，衡量英雄模范的标准应该放在对组织与团队的贡献上，应该把业务精英、道德模范当成榜样让普通员工学习。

第二，共融原则：榜样和学习者要互相鼓励、互相帮助。

“金无足赤，人无完人”。要正确处理学榜样与做凡人之间的关系，将榜样融入人们的生活中。榜样并不等于“完人”，“完人”是对榜样的“神化”，也是对榜样精神的扼杀。没有缺点的英雄是不存在的，不要人为地拉大英雄与凡人的差距，让英雄远离了平民百姓。

英雄毕竟不是人人能做的，过分强调这一点就在心理上与大多数人疏远了。榜样激励也应该“以人为本”，榜样教育的现实性在于我们不仅要颂扬成功者，也要赞美平凡者。

第三，共生原则：榜样和学习者要共同进步、共同发展。

榜样激励不能脱离现实根基，不能脱离普通员工，榜样个人与榜样精神要能与普通员工达成长久的共生状态。如果榜样精神广为人知，而榜样却清贫如洗；人人赞扬榜样，但无人将学榜样的思想付诸行动，这将是组织的悲剧。在树立榜样的过程中，应首先立足于立身处世上，从小处着眼，加强“诚、信、廉、耻、勤”的教育，培养员工最基本的工作责任感，侧重于宣传那种“平凡中的伟大”的精神力量，使员工在普通、平凡的工作中一样可以体现出卓越和伟大，从而平凡和伟大、凡人和英雄能够相容共生，共同成长、共同进步、共同发展。

作为企业的管理者，应当明白：榜样既不是僵死的“样板”，也不是十全十美的圣贤，而是从人们的群体行为中孕育、成长起来的，被群体公认为思想进步、品格高尚、工作出色的人。只有这样的榜样，才能受到人们的敬佩、信服，因而也就具有权威性。那种仅凭管理者的好恶，人为硬性地拼凑、拔高的榜样，不仅起不到激励作用，反而会引起人们的反感，挫伤组织成员的积极性。因此，管理者在实施榜样激励时，一是要实事求是地宣传榜样的先进事迹，激发下属学赶榜样的动机；二是要引导下属一分为二地看待榜样，防止机械的、形式主义的模仿；三是要分析榜样形成的条件和成长过程，为下属指明赶超榜样的途径；四是要关心榜样的成长，教育他们戒骄戒躁，发扬成绩，克服不足，使之不断进步；五是要保护榜样，对那些中伤打击榜样的错误言行要进行批评教育，防止狭隘和嫉妒心理的产生。

3. 激励下属之前先激励自己

在商业社会里，企业的惟一使命就是实现利润最大化，而要实现利润最大化的目标，就离不开企业经营管理的高效率，而企业的高效率则离不开高效的团队，而一支高效的团队则离不开一个高效的领导人。因此，企业若要实现利润最大化的终极目标，就离不开一个高效的领导人。换句话讲，若要打造一支高效的团队，首先要打造一个高效的领导人。

俗话说："打铁还要自身硬。"在企业里，如果领导者自身的素质不过硬，自身的修养不够高，就很难激励下属，很难让下属俯首帖耳，也就很难鼓舞整个团队的士气。在三洋公司，公司的经营理念是把人放在产品的前面，也就是说，人比产品更重要，有了人才能有产品，没有了人，其他一切都无从谈起。先塑造人，再塑造产品，而在塑造人的时候，先塑造领导，再塑造员工。平庸的领导者想要"制造"优秀的下属是绝无可能的。

作为一个企业的领导者，如何成功实现对自身的激励呢？下面几点值得参考和借鉴：

首先，付出不亚于任何人的努力。想拥有美好的人生，想成功地激励自己、激励下属，前提条件就是要"付出不亚于任何人的努力"，做不到这一点，企业经营的成功、团队的成功就会是空中楼阁。井植薰作为三洋公司的总经理，言传身教，身体力行着三洋公司"造就他人，塑造自己"的经营理念。他经常出差，无法出席公司的重要会议。但他让人把会议过程全都录下来，回来后听录音。除此之外，他还把公司的各种演讲活动、教育中心的各类讲座都录下来，随时听阅、学习。他一共有6台录音机，2台在家里，公司里有1台，另外2台放在东京和大阪的汽车里，还有1台随身携带，主要用于旅行。这样，他无论走到哪里都有机会听录音。除了各种录音资料外，他还剪报。有一次，一位记者看到他的成堆的剪报资料后说："下次我要查资料，就上您这儿来，这儿比图书馆还要方便齐全。"学习是一个领导者成功的基础条件和重要因素。只有虚心学习、善于学习的领导者才能不断更新观念、与时俱进、目光远大、高瞻远瞩、掌控全局。

其次，严于律己，宽以待人。企业的领导者只有严格要求自己，才有资格、有能力去管理员工，否则你的下属很难对你信服。另外，在对自己严格要求的同时，对下属应该有一颗宽容的心。俗话说："有容乃大。"你的胸怀有多大，你的事业就有多大。

第三，要谦虚，不要骄傲。《论语·述而》中指出：德之不修，学之不讲，闻义不能徙，不善不能改，是吾忧也。意思是说，如果一个人不努力修养品德，做学问不认真讲习，听到仁义的道理却不照它去做，有缺点不去改正，这些正是我的忧虑所在。日本著名的京瓷公司创办者稻盛和夫认为：谦虚是最重要的人格要素。"要谦虚，不要骄傲"并非只针对成功后骄傲自大的人，而是要求经营者在小企业成长为大企业的整个过程中，始终保持谦虚的态度。

第四，要学会控制自己的情绪，忘却种种烦恼。人的情绪不是一成不变的，领导者也不例外。不稳定的、负面的、消极的情绪往往对领导者的工作产生种种不利影响。担心、烦恼、失败等等，是人生的常事。但是，覆水难收，总为已经的失败而悔恨，毫无意义。

老是闷闷不乐会引起心病，接下来会引发身体的毛病，最终给自己的人生带来不幸。不要让已经过去的事再困扰自己，心里要想新的事情，新的想法要转移到新的行动上，这一点很重要。日本著名的京瓷公司创办者稻盛和夫说："要对过去的事进行深刻的反省，但不要因此在感情和感性的层面上伤害自己，加重自己的心理负担。要运用理性来思考问题，迅速地将精力集中到新的思考和新的行动中。这样做就能开创人生的新局面。"

第五，努力实践，大胆创新。企业领导者不仅要有高瞻远瞩的眼光，有战略管理能力，而且还要有实践能力和实干精神，在实践中不断探索，大胆创新，把实干精神与科学态度结合起来。

第六，善于交际，广结人缘。学会和善于与人沟通、交际，这是一个优秀领导者所应具备的基本素质和修养，也是领导能力的具体体现。广交朋友、广结人缘，使各个行业、各个领域、不同层面都有自己的人脉，编织一张足够大的社会人际关系网，这是作为领导者最为受用的重要资源，有了这些资源，领导者就会如虎添翼。

4. 用自身的人格魅力激励员工

作为一个企业的领导者，自身的品德高尚，自身的言行端正，他身上就会自然形成一种无形的魅力和感染力。有了这种无形的力量，领导者无需耀武扬威，就能够感染下属员工，员工就会自觉地遵守和服从领导者的命令。

曾国藩认为：作为统兵的主帅，自己的表率作用是非常强的，只有靠自身的魅力，才能感染和影响部属，才能有效激励部属，才能得到部属的信赖和拥戴。同样的道理，企业领导者的修养和魅力，也关系到员工的工作情绪、工作态度、工作效率以及整个组织和团队的整体效率。把个人价值与企业价值融为一体的团队，首先取决于企业领导者本身的思想品格、才能学识，勤奋、正直、真诚待人、受人尊敬的领导者，本身就是一种驱动力，它能使员工心甘情愿地努力工作。

企业领导者既是激励的主体，又是激励的客体。领导者既要作为组织的主体激励下属，但作为激励的客体，自身也应该不断受到激励。这是因为，领导者在组织中处于重要位置，是组织成败的关键因素。一个优秀的领导者会把组织带向成功，相反，一个不合格的领导者则可以把一个组织引向失败。只有领导者自身得到了充分的激励，领导者的积极性与主动性得到了充分的调动，领导者的工作效率得到了充分的提高，下属员工才会受到相应的感染和激励，下属员工的积极性和主动性才会得到充分的调动，整个组织的效率才会得到提高。

1799 年，法军从叙利亚撤退时，由于鼠疫猖獗，法军患者甚多，其他伤病员也不少。拿破仑在撤退的命令中明确规定，把所有的骡马和车辆全部用来载运伤病员，全体高级将领都必须步行，不准有任何特殊。当时，管理马匹的军官认为总司令应该例外，就请示拿破仑留下一匹马供其使用。拿破仑勃然大怒，吼道：“全体步行，我第一个先走。难道你不知道命令吗?”这个举动迅速传遍全军，形成巨大的影响力。正是拿破仑本人的坚毅果敢和在关键时刻的以身作则，对保持部队高昂的士气、走出当时所处的困境起了巨大的决定性作用。一个优秀的领导者就应该通过自己的示范行为，去激发部属的积极性和荣誉感，给下级信心和力量，自觉地维护和争取荣誉，这是催生部队昂扬之气的重要酵母。

全球著名企业家、松下电器公司的掌门人——松下幸之助，就是一位懂得和善于进行自我激励的领导者。

有一次，松下幸之助迟到了10分钟，为此，他对自己进行了严厉的处罚。

在此之前，松下就在公司全体员工面前立下了规矩，以示对自己的严格管束和要求，他说："新年一开始，我就下定决心以身作则，上班绝不迟到。如果我迟到了，不管什么原因，和其他员工一样，都将受到严厉的处罚。"

结果，在这之后不久，松下幸之助就不幸迟到了。事情发生之后，松下在全体员工面前进行自我检讨，他说："上班的那天，我一大早就赶到梅田车站。原先说好有汽车来接我，但是我等了又等，差不多半个小时过去了，还是不见汽车的踪影。看看时间差不多了，我只好乘上电车，可是电车刚刚开动，又看见汽车来了，于是，我赶快下车换乘汽车。虽然汽车加快速度赶时间，但等汽车到了公司，一看时间：糟糕！还是没有来得及，迟到了10分钟！"

松下幸之助接着说："在这意义非同寻常的第一年，是公司复兴的关键性一年，我原本非常希望能以身作则，偏偏一开始就出现了差错。追究原因，发现并非不可抗拒的因素，而是人为的疏忽所造成。于是我深切地感觉到：对于各位员工以及公司，我必须负起责任。现在我公布有关这件事的人员姓名，每人减薪一个月。而我自己，身为董事长，也难辞监督不严、管理不力之责，因此，现在也将我本人本月的薪水如数奉还公司，以示谢罪和自我处罚！"

松下幸之助这么做，不但没有降低自己的威信，反而赢得了员工的拥戴和信赖。松下幸之助的这种行为，不仅很好地激励了自己，而且也极大地影响和感染了下属员工，从而激励员工更加勤奋敬业、努力工作。从此之后，松下公司上上下下全体员工工作比以前更加积极主动了，工作效率也比以前大大提高了，松下公司的经营业绩也较以前大为改观。

美国西点军校四年大学教育的核心，就是要求所有毕业生在毕业后能够在不同环境下保持一种不断进取、自我激励的精神。通用电气对中、高层经理最重要的要求也是提高他们自我激励的能力，不论组织内部还是外部环境发生多大的变化。中国女排之所以长盛不衰，正是因为多年来能够自我激励，严格要求，刻苦训练。对工作持续的热情源于一种超越物质、金钱和地位的内在的动机，以及坚定不移地追求理想和目标的价值取向。这类人往往具有很强的成就欲望和奉献精神，对生活和工作长期持有积极、乐观的态度，跌倒了，爬起来，永不服输，永不承认失败。

有形的权力虽然看得见、摸得着，但其力量也是有限的，而无形的魅力虽然看不见、摸不着，但它的力量却是无穷的。企业管理者一定要牢记：权力不等于魅力，不能一味地靠手中的权力去激励员工，而是要靠自身的人格魅力去感染员工、激励员工。

5. 关键时刻领导者要作出榜样

当组织遇到困难、挫折、挑战，甚至是危机、危险、灾难的时候，员工的精神可能会很颓废，士气可能会崩溃，军心可能会瓦解，此时，作为一个团队和组织的“领头羊”，领导者千万不能和员工一样消沉、灰心丧气，否则就会导致整个团队一蹶不振，甚至走向灭亡。领导者要挺身而出，身先士卒，作出表率，用自身虽然无形但有着无穷力量的魅力去感染、激励下属员工，如此，才能激发员工的斗志，增加员工的信心，使员工摆脱颓废的精神状态，从低落的情绪中走出来，从而振奋精神、充满信心，斗志昂扬、士气十足地奋勇向前，克服种种困难和挫折，度过重重危机和险阻，最终达到目标、走向胜利、取得成功。

春秋时期，晋国赵简子率军攻打近邻卫国，很快包围了卫国的都城。在晋国的强攻面前，卫国城中百姓顽强抵抗，战斗十分激烈。卫国城中守军不停地向城外晋军射箭和掷石块，赵简子撑着一把巨大的皮盾，自己躲在盾的后面，用战鼓指挥将士攻城。

晋军士兵个个畏缩不前，赵简子很生气，他沮丧地将鼓槌掷在地上，说：“没有想到昔日一往无前的晋国雄兵今天会没落到这种程度。”

看到这种情形，谋士独自过来开导赵简子说：“主公，要说有错，错应在您才对。不能埋怨我们晋国的三军将士。忆往昔，我晋先主献公吞并 17 国，征服 30 国，难道不是靠的这些晋国军队吗？主公今天为何怨我们晋军士气衰微呢？现在的主要问题是您做得不够好，而不是将士们的士气不振。”

赵简子听了心里很惭愧，他立刻扔了大盾，操起兵器，大吼一声，冲锋在前。将士们很受鼓舞，人人奋勇争先，终于攻下了卫国都城。

很多人在遇到困难和挫折的时候，就容易灰心丧气，失去斗志。作为管理者，如果经不起挫折的考验和失败的打击，就不能带领团队克服困难和挫折，走向最终的胜利。

作为领导者，曾国藩是一位“屡败屡战”，但又身先士卒、以身作则，最终取得胜利的典型代表。

曾国藩在遭遇接连吃败仗的打击下，曾拟了一份奏章给咸丰皇帝，自责自己带湘军作战，“屡战屡败”，但最后被属下建议修改成“屡败屡战”，希望咸丰给予湘军更多整军备战的机会。

咸丰看了这一份奏章之后，被曾国藩的越挫越勇的精神所感动，不再责怪曾国藩作战吃败仗的事情。

在与太平军作战的日子里，是曾国藩最艰难的日子，其中有好几次太平军都冲进了湘军的阵地，很多部下都劝他撤出祁门，但他仍坚持留下，因为“帅营一动，军心即摇”。

在曾国藩临危不惧的精神鼓舞之下，最后，湘军攻破安庆，战事瞬间逆转，湘军开始掌握攻击的主动权，并最终取胜。

从赵简子和曾国藩挺身而出、身先士卒的案例可以看出，如果管理者在困难和挑战面前能够一马当先、冲锋在前，给下属作出表率，起到模范带头作用，就一定会极大地鼓舞士气，最大化地激发员工的潜能，员工就能够使出全身的力量来迎接挑战、克服困难，组织就会所向无敌、无往不胜。

6. 领导者应以身作则激励下属

《西游记》的故事是我们从小就听熟了的，它描述了唐僧师徒四人历尽千难万险，终于从西天取回真经的故事。然而，让许多人不明白的是：在这个四人团队中，为什么是唐僧担任这个团队的领导呢？因为在这个团队的四人之中，惟独唐僧是肉眼凡胎，而其他三个都是神通广大的神仙，且四人中数唐僧最迂腐、最固执、最懦弱、最无能，手无缚鸡之力，他不像孙悟空，曾大闹天宫，是天上人间赫赫有名的“齐天大圣”；也不像猪八戒，曾做过天蓬元帅；就是沙和尚也会腾云驾雾，功夫了得。他的这三位弟子都神通广大，选拔团队领导的菩萨难道不知道吗？实际上，不论是孙悟空，还是猪八戒、沙僧，虽然这三个人具有超人的神通，但他们只适合做有力的执行者，而不能成为领导者，因为在漫漫取经路上，师徒四人所要经历的九九八十一难，不仅需要克服困难的手段和方法，更重要的是坚持原则和克服困难的态度，如果在困难面前失去了原则和立场，也没有克服困难的正确态度，就不但克服不了困难，还会被困难所击倒。

在困难面前，唐僧不但能够勇于面对困难，而且能够勇于承担相应的责任，而其他三个则在困难面前不是打退堂鼓，就是推卸责任，根本没有一点领导者的气度和风范。

在去西天取经的四人团队中，从四种不同的性格类型中就可以看出各自适合的职位和角色：

孙悟空是力量型性格的杰出代表，这种性格的人永远充满活力，永远在挑战自我、超越自我的极限。这种性格的人崇尚行动，是典型的个人英雄主义者，但往往也容易忽视人的感情，有时显得霸道、粗鲁，不利于组织的团结和力量的凝聚，这样的人可以作为组织的骨干力量，但不适合做领导。

猪八戒则是活泼型性格的代表，情感外露、热情奔放，懂得在工作中寻找乐趣，是大家的开心果，有他在，团队的气氛就会轻松愉快，但这种性格的人的缺点是语言的巨人、行动的矮子，也就是说得多，干得少，没有组织纪律观念，对团队缺乏责任心，显然，这样的人也不适合当领导。

至于沙和尚则是和平型性格的代表，这样性格的人，能在暴风骤雨中保持稳定，友好平静，能直面一切困难和挑战，原则性强，遵守游戏规则，习惯于避免冲突，但缺点是没有主见、缺乏激情、不求有功但求无过、庸庸碌碌，这样性格的人也不适合做领导。

而唐僧虽然没有其他三位的神通，但具备了成为一个合格和出色的领导者所应具备的素质和修养，那就是：以身作则，在任何困难和挑战面前，都能够勇于面对和接受，绝不寻找任何理由和借口；任何责任都能够承担，绝不推卸，毫不退缩。在唐僧的心目中，有这样一个信念：只要是认准的事情，就尽最大努力去做，而且坚持到底，绝不放弃。他不在意做得有多快，但绝对在意做得有多好。这样性格的人对工作、对事业有着强烈的责任心和使命感，能够承担任何责任，不达目的不罢休。有了这一点，就足够了。这是一个合格的领导者所必须具备的核心的、最重要的、最关键的要素和条件，至于其他方面的不足，则是次要的，由团队的其他成员补充和代替实现就可以了。

从唐僧师徒四人西天取经的这个故事中可以看出，以身作则、勇于承担责任是一个成功的领导者所必须具备的条件，也是一个领导者带领团队迈向成功的关键因素。

作为企业的领导者，在任务、困难、挑战、危机、压力面前，就应该责无旁贷，这就是说，绝不能找借口、找理由逃避责任，或者将责任推卸到下属的头上，让下属承担一切后果。有些领导者为了保全自己，在责任面前，拼命为自己辩护，而不顾下属的感受和利益，这样做势必难以赢得部属的尊敬和信赖。要想成为一个优秀的领导者，要想得到下属员工的支持和拥戴，就要摒弃这种自私狭隘的想法和心理。

7. 树立榜样谨防陷入误区

榜样，作为一种精神价值的载体，是理想人性模式的个性张扬。但是，什么样的榜样激励制度最有效？特别是在今天这样一个价值多元、利益分化的社会，榜样激励的发生机制如何能够达到最大效率？

从人力资源管理的角度来说，人们选择、学习什么样的榜样，一般都是从自己的需要和现实情景出发的。榜样激励的有效性在很大程度上取决于榜样和被激励客体是否存在价值合一性，不同价值观的人，是不可能互为榜样的。有研究表明，同性榜样比异性榜样更有力量，而人们对职业、身份相同的榜样也更容易接纳。姚明、刘翔等体育明星当选为劳模，对于运动员的激励力量自然强，但对于城市务工人员的激励就相对弱一些。可以说，榜样力量与“行为相容度”是成正比例关系的，这也告诉我们，我们在劳模评选、人物宣传、榜样激励时，必须有针对性地选择“榜样”的目标群体，有重点地突破。否则，漫天撒网、一刀切的榜样评选模式，其成本不仅会很高，而且效果往往不好，甚至会使被激励的客体产生拒斥和逆反心态。

一提到劳模，人们总是会不由自主地想到掏粪工人时传祥，所谓“一人脏换来万人净”，那种不怕脏不怕苦的精神，鼓舞了整整几代人。此后的售货员张秉贵，以及修理工人徐虎，那一代人的劳模形象在人们心中根深蒂固。价值多元，是我们这个社会的重要特征之一。因此，我们的劳模也应该是多样化的，劳模的标准也是多维的，否则就失去了真正的、有血有肉的榜样激励样本。

心理学研究表明，人是最富有模仿性的生物，人的大部分行为是模仿行为，而榜样则是模仿行为发生的关键。榜样发挥着重要的示范激励作用。曾几何时，雷锋、焦裕禄等历史人物的形象照亮了一代又一代人的精神世界。

但许多管理者在树立榜样的时候，往往会陷入以下几种误区：

误区一：虚构或夸大榜样形象，对先进典型进行全方位的夸张、拔高，甚至人为“重构”，制造了一个又一个“神”的形象。种种假象的泡沫破裂之后，员工心目中的“偶像”地位被动摇了，自然也使许多人的心理泛起了一种被“蒙骗”、受“愚弄”的激愤之情。于是，逆反心理和随之伴生的消极抵触情绪便在一些员工中弥散开来，严重地影响了榜样激励作用的有效发挥。

误区二：过度注重物质激励。一些员工对榜样的精神激励作用产生了怀疑和迷惘，认为现在已经进入“向钱看”的时代，只有能赚钱的人才是当代英雄，其他统统不屑一顾。精神世界的迷失，使得企业员工对榜样的精神激励作用产生了困惑，甚至是抵触。

误区三：走过场，搞形式主义。榜样教育走入误区，榜样的示范作用体现不明。许多管理者在具体工作中，树立榜样往往走形式，宣传榜样走极端，致使树立起来的榜样影响小、褪色快、夭折多。选树典型是一项细致、复杂、严肃的工作。在一些企业里，由于受到各种社会思潮的感染，在选树榜样时，低标准、走过场、重形式，只求数量，不求质量，这样树立起来的榜样并没有起到应有的作用。

误区四：重表面形象，忽视实际效用。许多管理者在宣传榜样时所采取的方式方法不够科学，而学习榜样也经常流于表面。在保护、发展榜样方面不下工夫，致使许多员工装模作样地学，而榜样叫苦连天地做。宣传榜样的工作经验尤其是其内在的精神力量，是发挥榜样激励作用的目的所在。但一些管理者把向榜样学习的活动当做一种功利主义的“权宜之计”，只图表面应付，不求实际应用。

第四章

压力激励——适度施压，变压力为动力

俗话说："响鼓还须重锤敲。"如果企业内部的员工长期处于一种缺乏奋斗目标的工作环境中，整天无所事事，没有一整套行之有效的绩效考核标准对其加以约束和鞭策，那么，这些员工必然会在庸庸碌碌的日常工作中变得懒散，缺乏进取心，甚至对工作产生抵触情绪。因此，管理者可通过施加一定的压力，激励员工将这种压力变为动力，调动其工作积极性，最大限度地发挥出自己的潜能。

1. 事业心可以将压力化为动力

什么是事业？每个人对事业的定义不一样，如何使员工把他所做的工作都能够当成一种事业去经营，这对于管理者来讲是很重要的。我们知道，一个员工如果把一个事情当事业去做，他一定会用心去做，而且全力以赴地去做。但是，如果把它当工作去做，那就只能是一种打工的心态。

做事和做事业，这是两种不同的工作态度。而在多种决定成败的因素中，态度往往比能力更重要。以做事业的态度去工作，而不只是一份工作，这样，员工对工作就会产生强烈的责任感和使命感，就会以高度的责任心去完成工作任务。

当西点军校的学员大声地回答“长官，没有任何借口”时，它强调的是每一位学员想尽办法去完成一项任务，而不是为没有完成任务去寻找任何借口，哪怕看似合理的借口。

西点学员章程规定：每个学员无论在任何时候，无论在任何地方，无论穿军装与否，也无论是在从事警卫、值勤等公务还是在进行自己的私人活动，都必须履行自己的职责和义务。而这种履行应该是发自内心的责任感，而不是为了获得奖赏或别的什么。

没有责任心和使命感的军官不是合格的军官，同样，没有责任心和使命感的员工也不可能是敬业的、优秀的员工。责任心是简单而无价的，工作本身就意味着责任，责任意识会让员工更加优秀和卓越。

做事在某种程度上是被动的接受，而做事业则意味着积极主动地去做事。态度对了，才可能把工作从“要我做”变成“我要做”。

所谓的主动，指的是随时做好准备，展现出超乎他人要求的工作表现，以及拥有“为完成任务，必要时不惜打破常规”的智慧和判断力。

很多人都认为，只要准时上下班，完成上级下达的任务，就可以心安理得地去领工资了。其实，工作需要一种积极主动的精神。对于自动自发工作的人，生活一定会给予他更好的奖赏。

管理者需要明白的是，那些每天早出晚归的人不一定是认真工作的人，那些每天忙忙碌碌的员工也不一定是尽职尽责的员工。对他们来说，每天的工作可能是一种负担、一种逃避。对每一个企业而言，它需要的绝不是那种仅仅在表面上遵守纪律、循规蹈矩，却对事业缺乏起码的热情和责任感的员工。

是否知道自己工作的意义和责任，并永远保持一种自动自发的工作态度，为自己的行为负责，是那些成就大业之人和得过且过之人的最根本区别。

安德鲁·罗文，一位年轻的美国陆军中尉。当时正值美西战争爆发，美国总统麦金莱急需一名合适的特使去完成一项重要的任务，军事情报局推荐了安德鲁·罗文。在没有任何护卫的情况下，罗文中尉立刻孤身一人出发了。整个过程中自然有许多意想不到的艰难险阻，但正因为这位年轻中尉的心中有着绝对的勇气和不屈不挠的精神，最终他圆满地完成了任务。为了表彰他所做的贡献，美国陆军司令为其颁发了奖章，并且高度称赞道：“我要把这个成绩看做是军事史上最具冒险性和最勇敢的事迹。”

罗文能够成功地完成任务，最重要的并不是因为他杰出的军事才能，而在于他优良的精神品质，也就是所谓的高度的责任心和使命感。

作为企业的管理者，要强调和提倡的正是像罗文那样，面对工作始终保持着一种高度的责任心和使命感，把工作当成是自己的一份事业，以做事业的态度和精神自动自发地完成工作任务。

2. 用权力施压会适得其反

在企业里，很多领导者认为，只要手中有了权力，就可以号令天下、无所不为。有这种思想观念的领导，在实际的员工激励中必然会受到种种阻力，难以得到员工的信赖、支持和拥戴，也很难带领团队高效、成功地实现目标和完成任务。

“权力就是一切”的观念是一种错误的观念，也是一种可怕的观念。作为一名企业的领导者，如果完全凭借自己手里掌握的权力，仰仗自己的权力，再加上强悍的性格，从而形成一种凶神恶煞、气势汹汹的形象，这种形象看起来很威风、很有震慑力，但这种威严并不可靠，也不牢固，很脆弱，而且难以凝聚人心，反而会遭到下属员工的反感、抵触，很容易给领导者个人和组织造成破坏性的影响，甚至带来灾难性的后果。

中国古典名著《三国演义》里的张飞就是这样的一个领导者，他凭借自己手中的权力，再加上强悍的性格，虽然手握大权，但没有合理、恰当地使用权力，最终遭到惨败，不但丢了自己的性命，而且也葬送了整个团队，张飞的惨痛教训不能不引起企业领导者的警戒。

张飞性情暴烈，喝醉酒后动不动打骂士兵，士兵们敢怒而不敢言。在《三国演义》第八十一回里，有这样一个故事：关羽败走麦城之后，被东吴所杀。张飞为替兄长报仇，凭借权力提出了不合理要求，限令军中三天以内置办白旗白甲，挂孝讨伐东吴。负责制造盔甲的两员末将范疆、张达因为期限太急，就向张飞乞求宽限几天，张飞不但不听，竟然把二人打得满口出血，并命令道："一定要按期完成，若超过期限，就杀了你们示众。"二人知道根本不可能按期完成，便商议："与其他杀我们，不如我们杀了他。"于是便趁张飞酒醉卧于帐中之机，持短刀将其刺死，并割了首级投奔东吴去了。

由此可见，作为领导者，如果太仰仗权力，采取强硬手段迫使下属服从，动不动就说"我说这么做就这么做"，不厌其烦地一再向人们显示自己的权力，那么，他不但不能使下属信服，还会引起下属的反对和抵抗。领导下达命令要符合实际情况，指责应该有充分的理由，而不应因为被赋予了某种权力就滥加应用。身为下属，就算不受强制，也会有服从的心理，如果领导用一种以上压下的态度来对待下属，即使性格温顺的人也会暴躁起来。所以，领导不能借助权力压人，靠本身的威信使人信服才是明智之举。权力并不是万能钥匙，你不用多表现，大家也知道你是领导。威信比权力更重要，把精力放在建立威信上，效果会更好一些。

明智的领导很少随心所欲，将世间万物为自己一人所支配。在工作中，他们往往通过展现自己来逐步建立自己的威信。有了威信，大家才信服你、支持你。这样，你就会有无形的影响力、感召力，你所作出的决定、所发出的命令，才会得到下属员工的忠实执行。

作为企业的领导者，应该牢牢记住，权力并不代表能力，也不等于威力，更不能有效激励员工奋勇向前、高效工作。如果认为有了权力，员工就会忠诚、高效地执行你的命令，完成你所交代的工作任务，你就可以实现对员工的激励，你的管理工作就可以万事大吉，你就可以高枕无忧了，那么，你就大错特错了。当你认为一切问题在权力面前都迎刃而解的时候，一大堆的麻烦已经悄然向你袭来了。

3. 命令施压，不同的方式会产生不同的激励效果

在企业里，领导者向员工下达命令、委派任务，既是领导者重要的管理工作内容，也是有效激励员工下属的重要方法和手段。作为管理者，如果不能科学、恰当地下达命令，就会使员工产生负面、消极的情绪和态度，对工作懈怠、抵触、拖沓，在执行命令和完成任务的过程中出现偏差和失误，导致工作的低效、无效，甚至负效。因此，发号施令绝不是简单地下达命令、布置任务，里面有很多方法和技巧需要管理者学习和掌握。

亨利·福特在其自传中这样写道：“任何对员工下命令的行为都是很严肃的行为，要认真对待。管理者选择的话语、表述的方式，甚至说话的音调等诸多因素都会影响工作的完成。”

在一家很有实力的民营企业里，市场部经理黄韬的下属们几乎受不了自己的上司了。在他们眼里，黄韬是那种典型的“一朝权在手，便把令来行”的上司，他总是舒舒服服地靠在办公室那张老板椅里发号施令。更令下属们不能容忍的是，黄在发布命令的时候竟

然连看都不看着他们，这令站在他面前的下属感到非常尴尬，下属觉得这位领导根本不把他们放在眼里，自己没有得到应有的尊重，自尊心受到了极大的伤害。

作为领导者的你，如果也有类似黄韬的一些习惯和毛病，并且想得到纠正的话，那么以下几个下命令的方式和技巧就值得参考和借鉴：

首先，向员工下命令时，要尽量使用平和的语气和客气的态度。领导者向下属下达命令时，不能颐指气使，更不能耀武扬威，而是要平等相待，以一种真诚的态度、平和的语气向下属下达命令和指示，并给予一定的支持、期望和鼓励。指手画脚和粗暴的命令是不成熟的领导者的标志和表现，下属或许只能不情愿地服从，而不是积极主动地、充满信心和热情地去执行命令，这样势必会影响工作效率和工作效果。因此，作为领导者，应该努力在你的部门中创造自愿合作、尊重和理解的气氛，从而让员工们都心情愉快地接受命令，积极主动地完成任务。

其次，向员工下命令时，要注意命令的合理性和可行性。一个正确命令应当是合情合理的、可行的、可以实现的。然而要记住，对某个人来说是合理的命令也许对另一个人就不合理。例如：命令一位只会中文的接待员去接待外宾，这就不合理，但这个命令对一位英语娴熟的接待员来说又很合理。有时，下达一些看似不合理的命令可以挖掘出员工的某种潜能，使他们学到一些新东西。这里说的合理性是一个相对的问题。但是总的来说，向员工下达任何命令都应该考虑员工是否有完成任务的能力，以及实现目标的客观条件是否具备。

第三，向员工下命令时，要明确命令的目标和意义。永远要解释命令中的为什么，哪怕是只有最细微的迹象表明员工们不理解为什么要做某事，也一定要告诉他们为什么。不明白为什么要做某事的员工，以及没有认识到这将有助于实现本部门目标的员工，可能不愿意执行你的建议。当他们做你希望干的事情时，他们可能三心二意，毫无热情，慢慢腾腾。一旦他们理解了你为什么向他们下达命令，他们会比较自愿、主动地投身进去，迅速、高效地完成任务。

4. 向干部施压，激励员工先激励干部

在企业里，领导在对员工进行激励时，虽然不能完全凭借自己手里掌握的权力，但科学、恰当地运用手中的权力是必要的，也是必需的。恰当地运用手中的权力，不仅能够帮助管理者成功地树立起自己的威信，而且也是激励员工的必要工具和手段，更是管理者管理能力和水平的体现。

管理者在激励员工的时候，权力是必要和必需的，但也不能滥用权力。要恰当地运用手中的权力，使下属对你有所敬畏，并感受到权力的威严，从而对你的命令严格遵循，对你交代的任务忠实地执行，以达到激励员工的目的。

要想让下属完完全全地服从你，彻彻底底地信赖你，管理者要勇于向下属干部发威。要不怕得罪人，顶住压力、排除阻力，向下属干部们“开刀”。如果你做到了让下属干部们都对你俯首帖耳，那么其他一般员工就更对你服服帖帖了。

雷·克洛克就是这样一个敢于和善于向下属经理、主管们发威的领导者。雷·克洛克是全球快餐巨头——麦当劳的创始人，他在管理企业的时候有一个习惯，就是不喜欢坐在办公室里办公，大部分工作时间都在企业各部门、生产一线走动，走走、看看、听听、问问，这就是著名的“走动管理”。

麦当劳公司曾有一段时间面临严重亏损的危机。克洛克通过他的“走动管理”发现了一个重要原因，就是公司各职能部门的经理有严重的官僚主义，他们习惯于躺在舒适的椅背上指手画脚，把许多宝贵的时间耗费在抽烟和闲聊上。

克洛克发布命令：将所有经理的椅子靠背锯掉，并立即照办。经理们明白老板的意思，他们纷纷走出办公室，深入基层，到生产一线去调查研究，了解公司的实际情况，而不是坐在办公室里纸上谈兵、指手画脚。这样一来，麦当劳公司内部的官僚主义和夸夸其谈的风气日渐熄灭，管理层的领导干部逐渐养成了注重实践、勤奋踏实、实事求是的工作习惯和管理风格，管理者的决策失误率大幅度下降，管理能力和管理水平也大大提高了，公司的生产和运营效率有了很大的提升，经营状况大为改观，业绩较以前增加了不少，很快，麦当劳公司就实现了“扭亏转赢”。

从克洛克锯掉经理椅子靠背这个案例，我们应该认识到，企业管理者，尤其是高级管理者，不仅要敢于向基层、普通员工发令施威，更要敢于向干部、主管们开刀，因为干部的负面影响要远远大于一般员工对组织所造成的影响，这种影响对组织所造成的损失也远远大于普通员工。如果干部们规矩了，普通员工自然也就规矩了；干部们被激励了，普通员工也就自然受到激励了。

5. 不进则退：台塑的“压力激励法”

台湾塑胶集团董事长王永庆在台湾是一个家喻户晓的传奇式人物。他把台湾塑胶集团推进到世界化工行业的前 50 名。台塑集团取得如此辉煌的成就，与王永庆善于管人管事分不开。多年的经营管理实践令王永庆创造出一套科学的管理之道，其中“压力激励机制”就是最为精辟的管理方法之一。

王永庆在总结台塑集团的发展过程时说：“如果台湾不是幅员如此狭窄，发展经济深为缺乏资源所苦，台塑企业可以不必这样辛苦地致力于谋求合理化经营就能求得生存及发展的话，我们是否能做到今天的 PVC 塑胶粉粒及其他二次加工均达世界第一，不能不说是一个疑问。”

他又说：“研究经济发展的人都知道，为什么工业革命和经济先进国家会发源于温带国家，主要是由于这些国家气候条件较差，生活条件较难，不得不求取一条生路，这就是压力条件之一。日本工业发展得很好，也是在地瘠民困之下产生的，这也是压力所促成的；今日台湾工业的发展，也可说是在‘退此一步即无死所’的压力条件下产生的。”

事实的确如此。台塑集团能发展至年营业额逾千亿元的规模，可以说就是在这种压力逼迫下，一步一步艰苦走出来的。台塑集团如果当初不存在产品滞销、台湾没有市场的问题，便不会想到扩大生产，开辟国际市场；没有台湾塑胶粉粒资源匮乏，也就不会有在美国购下 14 家 PVC 塑胶粉粒工厂之举。

王永庆把研究成果融入企业管理中，创立了“压力激励”的方法，就是人为地造成企业整体有压迫感和让台塑的所有从业人员有压迫感。

首先，台塑的企业规模越来越大，生产 PVC 塑胶粉粒的原料来源是一个越来越严峻的问题。台塑在美国有 14 家大工厂，但台塑与拥有尖端科技与电脑的美国对手竞争，压力之大可想而知。他们必须开辟更多的原料基地，企业才会有生命力。这是企业的压力之一。

其次，全体从业人员的压力。台塑的主管人员最怕“午餐汇报”。王永庆每天中午都在公司里吃一盒便饭，用餐后便在会议室里召见各事业单位的主管，先听他们的报告，然后会提出很多犀利而又细微的问题逼问他们。主管人员为应付这个“午餐汇报”，每周工作时间不少于 70 小时，他们必须对自己所管辖部门的大事小事了然于胸，对出现的问题作真正的分析研究，才能过关。由于压力过大，工作紧张，台塑的主管人员很多都患有胃病，医生们戏称是午餐汇报后的“台塑后遗症”。

也许有人会发表感想说：“台塑的饭难吃，钱难挣吧？”的确如此。台塑十分清楚“人无压力不进步，井无压力不出油”的道理。其实不光新进学员在受训期间感到有压力，台塑企业人员从上而下自始至终都在承受着压力，它们实行的是“压力激励”。每个人的潜能是很大的，只是在通常的环境和条件下难以发挥出来。因为人的惰性是很大的，只有周围环境比较恶劣，或受到某种外在的激发，人们才会冲开自己的惰性层面而表现出非常的智慧来。人们常说的“人急生智”、“置之死地而后生”说的便是这个道理。

6. 压力能有效激励员工的潜能

俗话说："响鼓还须重锤敲。"通过给人足够的压力，可以使人发挥出自己的潜能，使压力起到激励的作用。它将通过竞争、淘汰等方式体现。鼓励内部竞争是一个能对员工产生压力而形成激励的办法。许多知名企业将末位淘汰作为激励员工的一条成功法则。如在通用电气实行的末位淘汰激励就是典型的代表案例。当然，只有在企业已建立了一套非常科学而且公平、合理的考核评价体系和企业内已培养"坦率和公开"的企业文化，企业处于人员过剩而导致人浮于事、效率低下时，采用末位淘汰往往最有效。管理实践证明，任何人在面临危难时处理问题的速度比平时要快得多，发挥出来的能力要大得多，工作效率要高得多。

20 世纪 70 年代初，美国麦当劳总公司看好中国台湾市场。打算正式进军台湾之前，他们需要在当地先培训一批高级管理人员，于是进行了公开的招考甄选。由于招考的标准颇高，许多初出茅庐的青年企业家都未能通过。经过一再筛选，一位名叫韩定国的某公司经理脱颖而出。最后一轮面试前，麦当劳的总裁和韩定国夫妇谈了三次，并且问他一个出人意料的问题："如果我们要你先去洗厕所，你会愿意吗?"韩定国还未及开口，一旁的韩太太便随意答道："我们家的厕所一向都是由他洗的。"总裁大喜，免去了最后的面试，当场拍板录用了韩定国。

后来韩定国才知道，麦当劳训练员工的第一堂课就是从洗厕所开始的，因为服务业的基本理论是“非以投人，乃役于人”，只有先从卑微的工作做起，才有可能了解“以家为尊”的道理。韩定国后来之所以能成为知名的企业家，就是因为一开始就能从卑微小事做起，干别人不愿干的事情。

不可否认，适当的工作压力对促进员工的工作积极性，最大限度地发挥员工的潜力确实有很大的帮助，以至于有相当一部分的管理者形成了这样一种观念：下属可以承受上级无法想象的压力，下属没有发挥他全部的潜力是因为上级管理部门对他施加的压力还不够大的缘故。但是，任何事情都会物极必反，一个人的承受能力毕竟是有限的，如果承受的压力太重，肩上的担子太重，迟早有一天会被压垮。通用电气公司为了有效缓解员工的职场压力，消除员工紧张的工作情绪，在公司内部大力推广哈佛大学心理和体育治疗研究所发明的包括以瑜伽、冥想、端坐等形式为主要内容的“静默沉思”法，公司还聘请了专门的默思辅导员对员工进行指导。实施结果表明，员工在经过了“默思修炼”之后，和以前相比工作热情普遍高涨，精神也格外饱满，有信心应对工作的挑战，同时公司用于精神辅导和治疗的费用减少了27%。

对于企业的领导者来讲，如何把握好“加压”与“降压”之间的平衡关系是一个值得深入研究的问题。管理者可以通过高期望激励的方式激发员工的工作潜能，但随之而来的身体和精神方面的压力却不可忽视，如果不注意引导员工合理地进行压力疏导，释放压力，员工可能真的会被“逼疯”。

7. 有压力员工才会努力

有这样一个故事：话说宋徽宗是一位喜欢书画并且有很深造诣的皇帝，有一天他问随从："天下何人画驴最好？"随从回答不出来，退下后急寻画驴出名者，焦急中得知一名叫朱子明的画家有"驴画家"之称，即召朱子明进宫画驴。

朱子明得知自己被召进宫是为皇上画驴时，吓出一身冷汗。原来他根本不会画驴，他本是画山水的画家，因为有同行戏弄而给他起了个"驴画家"的绰号，并非擅长画驴才得的"驴画家"。但皇上之命不可违，情急之下的朱子明苦练画驴技术，先后画了数百幅有关驴的画，最后竟阴错阳差地得到皇上的赏识，真正成了天下第一画驴之人。

从朱子明被逼画驴的"压力"小故事中，我们看到了压力激励的精华：变压力为动力！

美国麻省理工学院进行过一项很有意思的实验：研究者在南瓜刚刚开始生长的时候用很多铁圈将其整个地箍住，以试验其在成长过程中到底能够承受多大的压力。他们的预计是500磅。然而，在实验的第一个月，小南瓜就承受了超过500磅的压力。到第二个月的时候，承受的压力已经超过了2000磅。这时研究人员甚至不得不加固铁圈，以防南瓜将铁圈撑开。最后，当研究人员将压力增加到5000磅的时候，南瓜皮才因为承受不了压力而破裂。那么，企业员工承受的压力应为多少才适当呢？

现代管理学的研究表明，如果企业内部的员工长期处于一种缺乏奋斗目标的工作环境中，整天无所事事，没有一整套行之有效的绩效考核标准对其加以约束和鞭策，那么，这些员工必然会在庸庸碌碌的日常工作中变得懒散，缺乏进取心，甚至对工作产生抵触情绪。因此，通过适当增加外部压力，如高期望激励、严格的绩效考核等措施，能使员工始终保持一种高昂的工作态势，并充分调动其工作积极性，促使员工更加努力地工作。

日本东芝公司在总结企业用人方面的成功经验时，就对这种“压担子”式的管理方法推崇备至。他们认为，当一个员工能挑50公斤的担子时，如你只给他30公斤或20公斤，就不仅难以发挥员工的能力和创造力，同时也会极大地挫伤员工的积极性和主动性。相反，当承受的“担子”重量超过他日常的负荷能力时，他就会全力以赴，想方设法地提高自己，完成工作任务。更为重要的是，这些被委以重任的员工在高期望激励的鼓舞下，能够深刻地体会到领导层对他的信任，从而激发出“士为知己者死”的强大精神动力，不遗余力地投身工作，从而形成良好的企业文化氛围。

对于企业来说，适度的压力可以使人集中注意力，提高忍受力，增强机体活力。压力可以说是机体对外界的一种调节的需要，而调节则往往意味着成长，压力是提高人的动机水平的有力工具。当然，没有压力不行，但压力过大了也不行，俗话说“过犹不及”，因此，只有适当、适度的压力才能产生最理想的激励效果。

领导者对员工实施压力激励时，应注意以下几点：

首先，压力一定要合理适度。进行压力激励并不是一味地向员工施加压力，只有合理、适度的压力才能让员工变压力为动力，激发员工的工作热情和干劲。

其次，不同的对象给予不同的压力。由于压力在很大程度上是一个主观感觉，因此，在进行压力管理时，要针对不同的对象采取不同的策略，根据对象的不同特点做到具体问题具体分析。

第三，要对压力进行一定的引导。由于压力的产生是不可避免的，所以引导压力向积极的一面发展就显得很重要。对企业家来说，有些外部因素是不可控的，比如面对强大的竞争对手，这时可以灵活地将压力变为动力，激发更多的工作热情。

第四，要对不同的压力进行区别对待。在消除压力前，首先要找出压力的来源并区别对待。有些压力是可以避免的，比如由于员工之间不团结、人际关系复杂而造成的工作压力；而有些压力是不可避免的，比如来自工作本身的压力，只有通过提高员工自身的工作能力和心理承受能力来解决。

第五章

信任激励——相信员工，让其充分发挥自身的特长

信任可以说是一种无形的、强大的激励力量。一个人要想做成功一件事情，最需要的就是信心和信任，即除了自身的自信心之外，最重要的就是别人，尤其是来自下达命令和交付任务的上级领导的信任，有了这样的信任，身为下属的员工就会产生无形的、巨大的力量，并充满热情、以强烈的责任心和使命感去面对工作任务，全身心地投入到工作中，从而高效地完成工作使命和任务。

1. 信任能够增强员工的责任心和自信心

一个人要想做成功一件事情，最需要的就是信心和信任，除了自身的自信心之外，最重要的就是别人，尤其是来自下达命令和交付任务的上级领导的信任，有了这样的信任，身为下属的员工就会产生无形的、巨大的力量，并充满热情、以强烈的责任心和使命感去面对工作任务，并全身心地投入到工作中，从而顺利、高效地完成工作任务。

20 世纪初，美国罗伯特博士在哈佛大学主持了一个非常有趣的实验，实验对象是三群学生与三群老鼠。他对第一群学生说："你们很幸运，你们将和天才小白鼠在一起。这些小白鼠相当聪明，它们会到达迷宫的终点，并且要吃许多干酪，所以要多买一些喂它们。"

他告诉第二群学生说："你们的小白鼠只是普通的小白鼠，不太聪明。它们最后还是会到达迷宫的终点，并且要吃一些干酪，但不要对它们预期太大，它们的能力与智能只是普通而已。"

他又告诉第三群学生说："这些小白鼠是真正的笨蛋。如果它们能找到迷宫的终点，那才真是意外。他们的表现自然会很差，我想你们甚至不必买干酪，只要在迷宫终点画上干酪就行了。"

在之后的六个星期里，学生们都在精确、科学的情况下进行着实验。最终的实验结果是：天才小白鼠在短时间内很快就到达了迷宫的终点；普通的小白鼠所用的时间比天才小白鼠长一些；至于那些愚蠢的小白鼠呢，只有一只最后找到迷宫的终点。

这个实验的结果说明了一个道理，那就是根本没有所谓的天才白鼠和愚蠢白鼠之分，它们都来自同一窝小白鼠。在这个实验中，这些小白鼠的成绩差异之所以如此巨大，完全是参加实验的学生所采取的态度和方式不同而导致的结果，学生们认为小白鼠有所不同，因而对它们采用了不同的处理态度。

心理学家罗森塔经过进一步研究发现：人类对自己的信心不是天生的，而是来自后天的不断培养和训练。这一理论的基础在于：人之所以能够从事某项工作并实现目标，是因为这些工作和组织目标有助于他们实现自己的目标，满足自己某方面的需要。

在具体的、实际的管理工作中，管理者要根据下属的心理规律和性格特征，采取相应的方法和措施，也就是要对他们少加斥责、打击、泼冷水，而要最大限度地给予信任、鼓励，使他们感觉到管理者对自己的信赖、支持和厚爱，这样就能够提高他们的自信心，促使他们更加充分地挖掘自己的潜能，发挥更大的能力，达到更高的水平，进而高效率、高质量地完成任务。

领导者在对员工进行信任激励时，应注意以下几点：

第一，管理者准备将一项工作或任务交给某位员工时，首先要充分考察和评估这项工作任务的难易程度，以及执行对象的能力水平，看看是否匹配，如果相差悬殊的话，则应考虑其他人选或方案。

第二，当已经决定将一项工作或任务交给目标员工时，就要给予充分的信任和期望，比如管理者在交办某一项任务的时候，不妨对员工说："我相信你一定能办好。""你一定会有办法解决的。""希望早点听到你们成功的消息。"而不要说一些打击、泄气的话，也不要有任何担心、疑虑和怀疑。

第三，在向员工布置任务时，除了必要的鼓励和信任之外，还应给予适当的指导，而这样的指导应该只是方向性和原则性的。

第四，不能只注重结果，也要对执行和实施的过程给予适当的关注，比如，时常了解员工的工作进展，是否需要支持和帮助等等。

第五，在员工执行任务的过程中，不要进行不必要的干预，不要指手画脚，使下属员工无所适从。

2. 信任一个人不能只看文凭

许多领导者都喜欢重用高学历、高文凭的员工，而对一些学历很低但具有真才实学，或者是具有很大培养价值和发展潜力的员工视而不见、弃而不用。其实，高学历、高文凭的人才也不是样样精通，一些低学历、低文凭的员工也同样具有自身独特的技能和价值，因此，这样的员工也应该给予充分的信任和激励，让他们充分发挥自身的才能。

在很多企业里，持有传统管理思维的管理者在聘用、选拔人才时，都要用文凭来衡量。即使是公司骨干，如果没有文凭，也将被无情地拦在外面，和单位的各种奖励与提升机会失之交臂。同样，在一些人才流动招聘大会上，几乎每家公司都将文凭的等级清楚地摆在首位，使人们切身地感受到，文凭在人才市场的争夺战中成了通行证。有之者，可以信马由缰，任意驰骋；缺乏者，则如铁丝束身，毫无办法。有很多人为了一张文凭而不得不在工作之余奔波于各类成人教育院校。与此同时，文凭的神奇作用也使各院校竞相办起了成人大专班、硕士班、博士班，各种热门专业一哄而上，一时间，奔文凭的人趋之若鹜。更有甚者，只要有钱，有些人根本不用去上课和学习，直接花钱就可以买到一个光鲜、荣耀的文凭，但这样的文凭又有多少含金量、有多少真才实学在里面呢？

有很多人由于种种原因没能进入高等学府继续深造，但是他们经过不懈的努力，在实际工作中艰难探索，自学成才，积累了丰富的经验，其实际能力有的远比受过高等教育的人要强得多。如果领导者仅凭一张文凭，而不注意人的实际能力选拔人才，那就会大错而特错，就会把大批有真才实学的人拒之于公司大门之外，甚至会给企业带来较大的损失。

作为领导者，首先应该弄明白文凭与学历的含义。实质上，文凭只是表明一个人所受教育的程度。固然，受教育程度越高，理论知识就越系统，眼界就越开阔，整体素质就越高。而高素质又是一个人成功的基础。一个受过高等教育的人，其成功的机遇要远远高于未曾受过大学教育的人，发展的机会也要多于只受过普通教育的人。

学历固然重要，但它并不等同于能力。在今天的现实生活中，一些企业的领导单纯地把学历与能力等同起来，看不出文凭与能力、知识、技能的差异，仅凭一张文凭，便把一个人安排到一定的位置上，其效果不见得好。很多具有高学历的人才，也许在某些特定的专业领域中适合从事理论、科技的研究工作，但不一定适合于实际的操作。如果不按能力的差异，仅凭学历选拔人才，难免会出现高学历、低能力的现象。

相反，很多没有机会接受高等教育的人，通过自学、通过艰苦的工作实践，同样成为了杰出的人才。比如，日本“经营之神”、松下电器公司的创始人松下幸之助，从12岁起就在脚踏车店里当学徒；世界著名的摩托车大王，被日本人称为“摩托之父”的日本本田技研总公司的创始人本田宗一郎，在16岁时就在一家汽车修理厂当学徒；被台湾称为“经营之神”、台湾最大工业企业——台塑集团的董事长王永庆，只念了几年小学，就到一家米店当小工。他们都没有接受过正规的高等学历教育，却通过自己的实践经验与自学能力，为社会作出了贡献，成为杰出的人。本田宗一郎在20世纪50年代就曾说过：“文凭又算得了什么？它顶多像一张电影票，保证你在电影院里有个座位。”“我不仅看学历，更看重真才实学和工作成绩。”日本一些学者在总结自己国家的人才问题时曾讲：50年代，我们用尽一切办法学习美国的学院式办学办法，而实际上我们并没有培养出我们所需要的具有很强能力的领导者，与此相反，一些名扬海外的公司如松下、东芝公司，却出自没有文凭的日本人之手，从第一线的实践中培养出杰出的人才。而美国的企业领导者发现，他们培养的一些高学位的员工，毕业头十年除了频繁更换自己的工作以外，往往眼高手低，自命不凡，出现高分低能的现象。在实际工作中，他们的管理并不成功。如今，欧美国家的企业对选择人才已不再局限于陈旧的观念，他们坚持推行“能力主义”和“功绩制度”，把知识、能力和实际取得的业绩作为选拔人才的标准。

总之，不重视文凭是不对的，因为文凭必然反映一个人所受教育的程度，反映所学专业知识的深度和广度；但惟文凭论也是错误的，不可简单地把有文凭的人都当成人才。

3. 信任别被表面现象所迷惑

有些人，表面上口若悬河、信誓旦旦，但不见得就是个踏踏实实、勤勤恳恳工作的人；有些人，沉默寡言、不善言谈，但却是个能力非凡、工作出色的人。对于形形色色不同类型的人，管理者一定要擦亮眼睛，仔细甄别，以免因看错人而造成难以挽回的损失。

作为一个企业的管理者，如果看错了人就意味着用错了人，因此，管理者只有看对人才能用对人。面对复杂的现实，管理者必须对人仔细观察、认真辨析，不被一些表面现象所迷惑。

《孙子兵法》开篇中的第一句话就讲："兵者，国之大事，死生之地，存亡之道，不可不察也。"意思是说，人才是一个国家的头等大事，关系到国家的生死存亡，不能不仔细识别察看。

人才对于国家来讲是头等大事，而对于一个企业来讲，更是如此。作为企业的管理者，能否看对人、用对人，同样关系到企业的生死存亡。如果看对人，把合适的人放在合适的位置上，这个人就会充分发挥自身的才能，出色地完成工作，这样，随着时间的推移，在个人的才华不断发挥、技能不断进步的同时，组织也在这样的人才的推动下不断发展壮大、蒸蒸日上，此可谓人才和组织的"双赢"；相反，如果看错人，把不合适的人放在不合适的位置上，则这个人的潜能和特长就无从发挥，或者起了反作用，那么随着时间的推移，个人的潜能和特长不仅会慢慢消逝，而且组织的运营效率也随之下降，组织的竞争力逐渐被削弱，直到被拖垮，这样，不仅造成了人才的浪费，而且也阻碍组织的持续健康发展，此可谓"双输"。

在能否准确识人方面，用人失察的例子数不胜数，其中春秋战国时期赵国的赵王就是最为典型的代表之一。

公元前260年，秦国驱重兵攻战韩国的上党，赵国为防止秦军乘势入侵，便派老将廉颇领兵驻守边境。果不其然，秦吞韩后又对赵虎视眈眈，顿时，秦赵两国风云骤起。战争伊始。秦兵得胜，赵兵失利。为扭转局势，廉颇改变战略，以静制动，坚壁不出，企图迫使秦军不战自退。可惜赵王不懂廉颇的策略，以为廉颇怯战，便频频派使者到前线敦促其出战，而廉颇以"将在外，君命有所不受"

为由，不听命令，坚守不出。秦军无计可施。

由于赵王与廉颇在战略观点上不和，秦国便乘机派使者到赵国，买通了赵国的谋士向赵王进言："秦军所畏惧的，只有赵国已死的战将赵奢的儿子赵括，廉颇对秦国来说不足为惧，如果此时赵王不用赵括，那么大王之地将易与他手。"赵王素知赵括熟读兵书，也早有此意，听此议论，遂起用赵括。

蔺相如听闻后劝谏道："大王以赵括熟读兵书之名而起用他，就好比用胶把琴瑟调音的柱子胶上一样，这把琴也因此而成了一块死木。赵括只知死读兵书，而无权谋机变之智，望大王慎之。"但黯于察人的赵王根本不听。

于是，赵王遂遣赵括领军取代廉颇。秦国一见计谋得逞，便偷偷更换了将军，用战将白起取代了王龁，并密令军中："有敢泄漏白起为主帅者斩。"

赵括任职后，改变策略，更换吏士，主动出击。白起则佯装败退，借以骄纵赵括，麻痹赵军，同时却于两边出奇兵断了赵军的后路，把赵军分割于两地包围起来。赵军粮道断绝，惟有等待救援，而此时秦国却把全国15岁以上的男子全部征发到长平，以截击赵国的救兵和粮草。

就这样，赵军被秦军围困多达四十余天，由于内无粮草、外无援军，被围士兵只得杀自己的兄弟以为食。赵括企图亲率精锐敢死队突围，但刚一出城就被乱箭全数射死。赵括没有办法。只得率40万众向秦军投降，自己则自刎而死。白起觉得这40多万俘虏很难控制，就将他们赶入一个大峡谷中，全部活埋。长平大战，秦军前后消灭赵兵45万。

上面这个案例和故事告诉我们，仅从表面现象来判断人很容易失误。有些表象能反映人的真实面目，而有些表象则纯属假象。

4. 信任不能以貌取人

古人云："相由心生。"但也有句名言说："人不可貌相，海水不可斗量。"人的外表和相貌在一定程度上可以反映出这个人的内心世界和思想性格，但这只是观人察人的一部分，并不代表全部，不能说明一切问题，不能就此断定一个人的本质。也就是说，不能仅凭相貌就断定一个人是好人还是坏人，是优秀的还是低劣的。

通过相貌和表情来了解人，是识人的一种辅助手段，可以在一定程度上了解一个人，但不能完全彻底地了解一个人，更不能据此肯定或否定一个人。如果把相貌绝对化，把识人变成以貌取人，就会流于片面，以偏概全，陷入"一叶障目，不见泰山"的误区，从而导致错识人才，乃至失去人才。

在《三国演义》里，曹操统一了北方，实际上本还可以轻松地取得四川，那样刘备就没有了根据地，历史也许是另一个模样了。

刘备进四川前，蜀地归刘璋管辖。刘璋是个无能、懦弱的人，四川迟早要被人吞并，因此他手下的人才早就各打各的算盘。张松就借去许昌向曹操求援的机会，暗藏一幅四川军事地图，如果曹操看得起他，他就把四川拱手送给曹操。

曹操偏偏在这时犯了一个错误。张松在四川是很有名的人物，但长得丑，尖头、暴额，牙齿也突出来、短短的，只是声如洪钟。曹操一看他这个丑样子，立刻就把脸拉下来了。因为丑，他实在不喜欢张松，因而也就对张松很傲慢。

张松一生气，地图不献了，把曹操手下众人羞辱一顿，又迫使曹操撕毁自己的兵书，扬长而回四川，投靠刘备去了。

曹操是一代雄主，求才若渴，任人惟贤，此时却阴沟里翻船，丢失了大片土地，英雄的愿望也得不到实现。他也称得上雄才大略、英明当世，为挽留住关羽这个蚕眉重目的美髯英雄，费了那么多的心思。实际上回过头看，即便他留住了关羽，也可能又是一个徐庶，一言不发，不肯为他效力。就算效力了，以关羽的骄傲，也不会十分听话，更难说以他一人之力帮曹操打下四川，而张松却是拱手奉送。这一正一反之间的差别，可以掂出以貌取人的错误分量。可叹曹孟德一世英雄，文武全才，雄心壮志，却因以貌取人，一念之间铸成历史的错误。

企业的管理者应该明白，企业选人不是选美，不能以貌取人，而应以德取人、以才取人，千万不能被外表和相貌所迷惑、所麻痹，以免把蠢材当成了人才，把人才当成了废才。

5. 把合适的人放在合适的岗位上

在大千世界中，人有高有矮、有胖有瘦，同样，每个人的能力也有大有小、有强有弱，因此，在企业管理中，管理者在选人用人的时候也必须对号入座：喜欢安静工作的，就让他做安静的工作；喜好跑动的，就让他做跑动性的工作；适合做人事行政工作的，就让他做人事行政工作；适合做销售跑市场的，就让他做销售跑市场；等等。

科学研究表明，每个人的才能都有质的区别，这叫能质。在相同的能质下，能量的大小才能够互相比较。我们所说的能位相匹，就是指在人才的任用上，必须根据不同人才系统对人才能质、能级的要求，选用具有相应能质、能级的人才，并且保持人才系统中的能质、能级要求与人才具有的能质、能级之间的有机协调和动态对应，以实现因事择人，量才录用，才尽其力，事竟其功。

《西邻五子》的寓言故事说：西邻共有五个儿子，他将五个儿子中质朴老实的安排种地，将机敏伶俐的安排经商，将双目失明的安排占卦，将驼背的安排搓麻，将跛足的安排纺绳。结果，五个儿子都不愁吃穿了。西邻安排五个儿子对号入座、各司其职的做法，就是今天所说的能位相匹原则。

在能质相同的情况下，能级与位的情况有三种：

一是能等于位。即人才的能级与岗位、职位相等，这种安排使用人才的方式稳妥可靠。不过，完全相等的情况是极少见的。

二是能大于位。也就是说，人才的能力级别超过了岗位、职位的要求。出现这种情况，从表面上看，力大担子轻，余勇可佳，工作应该干得非常出色。但是现实生活中的事实却告诫我们，尽量不要出现这种情况，因为每个人都有实现自己价值的强烈愿望，能力大大超过职位、岗位的要求，因余力发挥不出来，不能充分显示自己的才华，积极性受挫，工作反而会做不好。

三是能小于位。即人才担任的工作超过了他的能量级别，如果人才的能量稍微小于工作职位的要求，对人才的成长有利，因为压力会变成鞭策前进的动力。多数人才的成功都是这种压力不断变动力的结果。然而，如果能与位相差太大，超过了极限，就不但会因为“担子”太重而使身体“伤筋动骨”，而且还会给事业带来损害。

上述三种情况，对不同年龄的人来说作用是不一样的。一般来说，能等于位，适合于中年人，一方面中年人年富力强，堪当重任；另一方面，中年人处于比较稳定的状态，其能力的弹性相对减少。

能大于位，适宜老年人，老年人争胜好强之心弱，且大多甘做人梯，其能力几乎没有弹性，日呈萎缩之势。能小于位，有利于培养青年人，因为青年人正处于事业的起点，正在长知识增才干，并且上进心强，前途无量。

年龄与能力、位置的关系，主要是着眼于人的生理状况而言。但在现实生活中，真正做到能力与职位相匹配并不容易，多数情况下是相对合理，而不合理的情况也随处可见。既然不可能完全做到能位相匹，就需要领导精于运筹，最大限度地发挥每个下属的潜力。

6. 短处如果得到正确激励也会变成长处

一位哲人说得好：“垃圾只是放错了地方的宝贝。”一般地说，人的短处属于应克服之列，不值得加以肯定，更谈不上“用”的问题。但是，人的长处与短处是相比较而言的，因而具有相对性，有的优点和缺点、长处和短处，其间并没有绝对的界限，许多短处之中蕴藏着长处，许多缺点之中蕴藏着优点。

因此，领导者在激励员工时要根据具体情况灵活使用人的长和短，要根据工作需要和被用人才的素质，取其之所长，避其之所短。一个善于用人的领导者，首先在于他能够根据每个人的才能和长处，把他们放在最能发挥其长处的岗位上，并着意为他们提供能够发挥才能的各种条件。

美国柯达公司在制造感光材料时，需要有人在暗室工作。但视力正常的人一进入暗室，犹如司机驾驶着失控的车辆一样不知所措。针对这种情况，有人建议：盲人习惯于在黑暗中生活，如果让盲人来干这种工作，一定能提高工作效率。于是，柯达公司经理下令：将暗室的工作人员全部换成盲人。在暗室里工作，盲人远远胜过正常人，真可谓善于用人短变长。柯达公司巧用盲人这一行动不仅提高了劳动生产率，给公司增加了利润，而且给公众留下了不拘一格"重用人才"的良好印象。很多高质量的大学生、研究生和专业人才都争先恐后地到柯达公司效力。现在，柯达公司的产品在全世界畅销无阻，这与柯达公司善于用人是分不开的。

上海一家服装公司的主要职员都是女工。公司鼓励女工们勤劳苦干，哪个组的产量多，质量好，哪个组的奖金就多。女工们纷纷结成劳动小组，能干的女工大家抢着要。但是，有一位女工却找不到位置，哪个组也不愿要她，因为大家对她的评价是："娇气，爱美，不愿干粗活。"谁都怕她拉自己小组的后腿。这位女工是全公司有名的"风流女士"，穿着打扮非常入时，总是标新立异，而且人长得也不错，员工们戏称她为"时装模特"，也有不少女工指责她"臭美"。但是，该公司董事长却从这件事中发现了一个人才，立刻大胆地雇用她组织公司的时装表演队。这位女工很快就为公司成立了一个时装队，在全市进行表演。顿时，该公司服装的销路大开，各地的订单也源源不断地寄来。后来，董事长见这位女工在销售服装方面的作用非同小可，继而又把她提升为广告科科长。公司上上下下都称赞董事长发现了一个人才。

识人的目的是用人，因此，着眼点就应放在一个人的长处上，注意力应集中在一个人的优点上。从某种意义上说，会用人的人可以使任何人都派上用场。"智者不用其短，而用愚人之所长也。"

在一次工商界聚会中，几位老板谈起自己的经营心得，其中一位说："我有三个不成才的员工，准备找机会将他们炒掉：一个整天嫌这嫌那，专门吹毛求疵；一个杞人忧天，老是害怕工厂有事；还有一个经常摸鱼不上班，整天在外面闲荡鬼混。”另一位老板听后想了想说：“既然这样，你就把这三个人让给我吧！”

这三个人第二天到新公司报到，新老板开始分配工作：喜欢吹毛求疵的人负责管理产品质量；害怕出事的人负责安全保卫及保安系统的管理；喜欢摸鱼的人，让他负责商品宣传，整天在外面跑来跑去。三个人一听职务的分配和自己的个性相符，不禁大为兴奋，兴冲冲地走马上任。过了一段时间，因为这三个人的卖力工作，居然使工厂的营运绩效直线上升，生意蒸蒸日上。

清代有位将军叫杨时斋，他认为军营中无无用之人。聋子，可安排在左右当侍者，避免泄露重要的军事机密；哑巴，可派他传递密信，一旦被敌人抓住，除了搜去密信，也问不出更多的东西；瘸子，宜命令他守护炮台，让他坚守阵地，难以弃阵而逃；瞎子的听觉特别好，可命他战前伏在阵前听敌军的动静，担负侦察任务。杨时斋的观点固然有夸张之嫌，但确实说明了这样一个道理：任何人的短处之中肯定蕴藏着可用之长处。

水不激不跃，人不激不奋。如何使人才发挥最大效能，领导起着至关重要的作用，扮演着乐队指挥的角色。金无足赤，人无完人；任何人有其长处，也必有其短处。人之长处固然值得发扬，而从人之短处中挖掘出长处，由善用人之长发展到善用人之短，这是用人艺术的精华所在。

第六章

宽容激励——宽容错误，重新点燃员工的信心之火

宽容是激励员工的一种重要方式，管理者的宽容品质能给予员工良好的心理影响，使员工感到亲切、温暖和友好，获得心理上的安全感，从而充满工作热情、增强责任感。“壁立千仞，有容乃大”。企业领导者只有具备了包容和大度的胸怀，才能够把广大员工团结在自己的周围，集合众人的力量，最大限度地发挥团队成员的潜能，增强组织的凝聚力和向心力，提高团队的战斗力和竞争力。

1. 宽容激励的五个技巧

俗话说，壁立千仞，有容乃大。作为管理者，只有具备了包容和大度的胸怀，才能团结众人的力量，最大限度地发挥人才的效能，提高团队的整体战斗力。包容是激励的一种方式，管理者的宽容品质能给予员工良好的心理影响，使员工感到亲切、温暖和友好，获得心理上的安全感，增强了责任感。作为企业的管理者，如何以宽容之心激励员工，燃起员工心中对工作的热情之火呢？以下五个技巧是管理者必须了解和掌握的：

首先，要善于包容下属的缺点。人才虽有所长，也有其短。有的优点突出，缺点也突出；有的恃才自傲，有的不拘小节，还有的性情怪僻。因此，领导者既要用其长，也要避其短。

其次，对下属要多鼓励少打击。有的领导者对能力弱、缺点多的员工一味地冷嘲热讽，经常泼冷水、打击，而不是给予热心、真诚、积极的支持和鼓励。还有一些领导者对一般的人才可以任而用之，可对八斗之才、拔尖之才，尤其是超过自己的高才却容忍不了，认为是对自己权力和中心位置的威胁。于是，嫉妒之心油然而生，压才之举随之而行。孰不知，愚人之见也。真正的优秀人才终将脱颖而出，任何人也压不住。高明的领导者对优秀的下属是赞赏而不是嫉妒，对落后的下属是鼓励而不是嘲讽。

第三，要善于倾听反对意见。缺乏宽容心态、对别人的不同意见不能相容的管理者，是在拒绝员工积极参与管理，结果只会使员工丧失了责任感和积极的心态。这是因为，提意见者往往是积极的思考者。管理者如拥有宽容精神，必将使员工获得发挥才能的最佳心理状态。领导者要听取贤才的各种主张、意见，鼓励他们讲话，尤其要听取他们讲出不合自己口味的意见。既然是人才，必有自己的真知灼见，必然对自己的见解充满信心。他们往往不懂世故，不顾情面，不分场合，秉公直言，不会随声附和上司的意见。领导容人之言，也是发扬民主的表现。作为一个领导，应当接贤纳谏，广开言路。

第四，要宽容下属创新性的失败。管理者不仅要宽容人才的缺点，更要宽容人才工作中的失败。失败常常来自于创新之路上，而创新是企业获得向上动力的源泉。如果一个管理者不能容忍人才因为创新引起的失败，就是在提倡一种保守、墨守成规和静止的管理思维。倘若管理者能对失败者说一声“接着再试，相信自己”，宽容人才对创新的失败，这将减轻人才的心理负担，使他们启动智慧，反而能够创造奇迹。

第五，要宽恕以下犯上者。容人之中，容人之冒犯最难。某些管理者如“老虎的屁股摸不得”，“太岁头上的土不能动”，一摸即跳，一动就怒，你稍有冒犯之举，他就伺机报复，以“兵”相敬。而真正有远见、有度量的领导能以事业为重，他们从大局出发，对合理的冒犯，引咎自责；对不合理的冒犯，毫不介意。他们懂得，这些“胆大包天”的冒犯者大都秉性耿直，光明磊落，这正是难得的人才，事业希望之所在。

2. 重新点燃犯错员工的信心之火

古人云："人非圣贤，孰能无过。"任何人都难免会犯错误，但并不是任何人都能够正确对待错误，因此，如何对待错误是最重要的，尤其是企业的管理者，能否正确面对和处理员工所犯的错误，关系到管理工作的成败。

员工犯错误是在所难免的，然而，如果管理者处理不当，不但会打击员工工作的信心和积极性，而且还会影响到团队和组织的团结与效率。作为企业的管理者，应该慎重对待员工犯错误的问题，不能因一次错误就将其"一棍子打死"，不能因一次失误就将其全盘否定，而是要宽容对待，给予改过自新、寻求进步的机会。管理者不能因员工的一次错误而失去一个潜力无穷的人才，这不论是对员工个人，还是对企业来讲，都是一个很大的遗憾和损失。

在实际的管理工作中，有些管理者在对待员工犯错的问题上，往往会陷入这样的误区：对犯错的员工产生失望和不信任的情绪。由于领导者希望自己的员工没有过失或不犯错误，而一旦事实与此相反，势必会产生一定程度的失望和不信任。这种失望和不信任的情绪不仅表现在对员工的某一具体过错上，甚至表现在对此人的全面评价上。

在知名的世界500强企业里，管理者在对员工犯错和因犯错而辞退员工的问题上都抱有很慎重的态度，不但不轻易辞退犯错的员工，而且还给予改正的机会，并帮助员工不断进步和成长。正因为如此，这些企业才会具有超强的凝聚力和向心力。

IBM 中国有限公司每年都要进行一次绩效考核，考核结果分为一、二、三、四等，四等为不合格。若某位员工被评为四等，是不是就会马上被“炒”呢？不是的。对不合格的员工，IBM 将做具体分析，然后进行有针对性的帮助，并给予改正和提高的机会。

作为管理者，如果不能正确地处理员工所犯的错误，不能正确地对待犯错误的员工，就会打击员工的工作热情和工作积极性，让犯错误的员工的自信心受到挫伤，从而不利于整个团队士气的提高，整个团队的战斗力就会被削弱，整个团队的工作效率就会下降。

因此，管理者必须学会正确对待和处理员工所犯的错误，尽可能地帮助员工认识、改正错误，并重新树立起对工作、对自己的信心，对此，管理者应把握以下几个方面的原则。

原则一：施以援手，给予安慰和鼓励。有的人一旦有了失误，出了差错，就会陷入迷途，把自己孤立起来，以为自己一切都完了，从此一蹶不振，灰心丧气。遇到这种情况，需要领导者耐心帮助、耐心开导。通过教育引导犯错误者懂得这样一个道理：在工作中谁都难免出现这样或那样的错误，犯错误对于增长才干来说也是一种“投资”。一个人犯了错误并不可怕，可怕的是不懂得怎样对待错误和树立改正错误的信心和勇气。犯错误的人明白了这一道理后，就不仅不会胡思乱想抬不起头来，而且会产生重新振奋的愿望和决心。此外，员工一时犯有过错或出现失误是一个机会，可以趁机培养他不甘示弱的意识，百折不挠的毅力，不怕挫折、不怕失败的精神。要采取与人为善的态度，不能使用“一棍子打死”的错误方法。

原则二：要肯定优点，不能全盘否定。对于一个有缺点或过错的员工来说，如果领导者能把他一时的缺点或过错与对他本人的全面评价严格区分开来，并对其优点给予充分肯定，就会促使其冷静地反省自己的缺点和过错，并以积极的态度改正。相反，如果因员工的某种缺点或过错而全盘否定他本身的价值，则会使其在感情方面难以接受领导者的批评，甚至会引起他的强烈不满和反抗。因为谁也不愿意别人把自己说得一无是处。

原则三：创造温暖的环境，使其重新树立信心。一个人一旦犯了错误，尤其是一些平常兢兢业业工作的人无意中犯了错误，其本身就有一种自卑感和犯罪感。如果失去领导者及周围人的尊重和信任，自尊心就会受到伤害并产生孤独感和冷落感，进而造成工作不卖力，生活无热情，甚至本能地产生离心力和强烈的情绪冲动，朝着错误的道路越走越远。在这种情况下，领导者要特别注意尊重和信任对方，为他创造一个温暖的环境，要比平时更主动、更热情地接近他、关心他，使他坚定改正错误的决心和信心。同时，还要做好周围人的工作，让大家主动接近他，对他加以安慰、勉励。这样做，他就会努力改正错误，不辜负大家的关心和期望。

3. 给别人一尺，别人就会给你一丈

历代圣贤都把宽恕别人作为理想人格的重要标准而大加倡导，《尚书》说：“有容，德乃大。”荀子主张：“君子贤而能容罢，知而

能容愚，博而能容浅，粹而能容杂。”可见“能容”乃是君子的必备素质之一。

作为企业的管理者，如果对某个下属尖酸刻薄，或许就会导致其他下属产生意见，对你怀恨在心，在工作中就会产生抵触情绪。这样一来，你下达的指令自然无法准确执行；交给下属的工作就难以按时保质保量地完成，难免会出现懈怠、拖延的情况。长此以往，肯定会影响整个团队的工作。因此，作为企业的管理者，如果多一些宽容心，就不会因小失大，还会给下属留下一个大度的好印象。

在征服意大利的一次战斗中，拿破仑夜间巡岗查哨，发现一名士兵斜倚着树根睡着了。他没有喊醒哨兵，却拿起枪替哨兵站岗。哨兵从沉睡中惊醒，认出了正在替自己站岗的司令官，十分恐慌和绝望，跪倒在他跟前，请求处罚。拿破仑和蔼地说：“朋友，你们艰苦作战，又走了那么长的路，打瞌睡是可以理解的。但是目前，一时的疏忽就可能断送全军。我正好不困，就替你放了哨，下次可要小心。”众所周知，哨兵在岗位上睡觉，是要以军纪论处的，但拿破仑对长途跋涉、疲惫不堪而偶尔失职的哨兵却没有那样做，而是带着关爱的情感批评哨兵，这就使得哨兵从内心拥护他，爱戴他，不折不扣地执行他的命令。

台湾著名的“鞋业大王”、台湾环隆企业集团创始人蔡长汀在长期的经营实践中发现，不少企业都有一个致命的弱点——人才流失问题。一些人才花了很大的精力，用了很多钱才培养出来的企业栋梁，由于没有升迁的机会和可能，或另有更好发展的诱惑，往往不顾一切地跳槽。蔡长汀与这些企业恰恰相反，他用自己的钱使一些人成了股东或企业主。每当他看见自己认准并确有才干的人要离开时，就说：“别走了，留在环隆，我给资金，你自己干，成功了企业归你，失败了算是我出的培训费。”结果，想走的也不走了。人们不但高兴地看到了自己前途的光明，也更钦佩蔡长汀的为人。“环隆就像是一株兰花，只有不断地分根，才能生出许多新的兰花来。有了这些小兰花，我们的人才就保住了，事业就发展了，何乐而不为之。”人们都说，蔡长汀对环隆全无私心。他创建环隆绝不是为自己享受，而是一种人格上的升华和事业上的追求。正是在这种精神的鼓舞下，环隆企业发展十分迅速。

第一次世界大战以前，德国首相俾斯麦与国王威廉一世是一对有名的搭档。德国当时之所以强盛，不光靠俾斯麦这个首相，同时也因为有这个宽容大度的好皇帝。威廉一世回到后宫中，经常气得乱砸东西，摔茶杯，有时连一些极为珍贵的器皿都被砸坏了。皇后问他：“你又受了俾斯麦那个老头子的气啦？”威廉一世说：“对呀！”皇后说：“你为什么老是要受他的气呢？”威廉一世说：“你不懂。他是首相，一人之下，万人之上。下面那许多人的气，他都要受。他受了气哪里出？只好往我身上出啊！我当皇帝的又往哪里出呢？只好摔杯子啦！”

作为企业的领导者，在一些无关紧要的小事上，对于一些生活的细微之处，你不妨放大胸怀，以弥勒佛般的大度去应对，这样必然会感动下属。有了下属的感动，暖了下属的心，何愁下属不对你忠心。

其实，领导者并不必如秦始皇般寡恩残酷，让人望而生畏、不寒而栗。如果是这样的领导，有谁愿意追随他，并为他死心塌地地效命呢？企业管理者应该明白并牢牢记住：一个有人情味的领导者才会让人信服和信赖，才能得到大家的尊敬和拥戴。

4. 肚量有多大事业就有多大

实力雄厚、信誉颇佳的美国惠普（HP）跨国公司在台北设立了一家惠普科技公司，曾经担任该公司总经理的柯文昌在当时是一个刚届“不惑之年”的年轻企业家。他领导的惠普科技公司年平均增长率达30%，比HP跨国公司22%的年平均增长率还要高。他在人事管理方面独树一帜，能为跳槽员工的实际情况着想，不指责、不强留，利索地放人，握手话别，充分体现了“互胜”精神。

有一次，公司高层经理吴传成想离开惠普，柯文昌听说此事后一夜未睡，他仔细考虑，分析着惠普的现状。惠普是美国跨国公司，在台湾只能有一个负责人。吴传成虽说在公司工作了10年，但做了高层经理后，再也没有升迁的机会了，这可能是他要离开惠普的直接原因。柯文昌考虑成熟了，待吴传成正式提出申请时，柯文昌十分爽快地答应了，出乎吴传成所料。“完全理解”，柯文昌友好地主动握住吴传成的手，用了一句最古老的格言：“‘树挪死，人挪活。’你很有实力，在别处发展可能更有前途。再说，我们还是兄弟，今后免不了要相互帮助的。”一席话说得吴传成泪水差点涌了出来。就这样，吴传成去了宏基。接着，人事经理陈逸民也跳槽去了和兴制衣公司，柯文昌也同样十分利索地同他握手话别。

许多人不理解柯文昌此举，他放走的人都是惠普的栋梁，最起码也要用各种方法千方百计地使他们留下来，为什么这么轻易地放行？一个离开惠普出去创业的人士说：“惠普每年至少要花 1000 万台币用在人才培训上，有的人来惠普只是为了镀金，学了本事待价而沽。”对此，柯文昌坦然地说：“人家愿意来，说明惠普有很大的吸引力。人家想走，强留也不会安心。退一步说，一些优秀人才到外面去服务，也是惠普对社会的贡献，这也符合惠普一贯坚持的‘互胜’精神。”

另外，在面对员工犯错时，是否有足够的肚量承担本应该属于自己职责范围内的责任，甚至主动为员工承担一定的责任，则是影响甚至是决定激励效果的重要因素。那种不分青红皂白，无论下属的过错是否与自己有关都大发雷霆的领导者，不时强调“我早就告诉你要如何如何”或“我哪里管得了那么多”之类言语的上级们，不仅使下属更不敢于正视问题，不再感到丝毫内疚，而且下属免不了日后同这种上级大闹情绪，甚至永远不可能再拥戴他。同时，一味埋怨下属、推卸责任的上级，也会令更高级别的上级反感。一个高明的、成功的管理者在下属犯了错误之后，绝不会一味地埋怨下属、推卸责任，而是与下属一起承认错误、承担责任，甚至把整个团队的责任都归咎于自己一个人，这样的管理者，不但不会被责怪，反而会收到上级的赞赏和下属的爱戴。

“一切责任在我。”1980 年 4 月，在营救驻伊朗的美国大使馆人质的作战计划失败后，当时的美国总统吉米·卡特立即在电视上做了如上声明。在此之前，美国人对卡特的评价并不高。有人甚至评价他是“进入白宫的历史上最差劲的总统”，但仅仅由于上面的那一句话，支持卡特的民众人数居然骤增了10%以上。

对员工来讲，最担心的事就是犯错误、做错事，尤其是费了九牛二虎之力后却依然闯了大祸，因为随之而来的便是惩罚问题、责任问题。翻了自己的小船便也罢了，而一旦不小心捅漏了多人共同谋生的大船，也就真有可能弄个“吃不了兜着走”的下场。因此，没有哪个人不害怕担责任的。

试想，有一天你不幸闯了大祸，如惊弓之鸟般向上级报告之后，忧心忡忡地挨到第二天，坐到了那个如同“公审大会”的会场上“听候发落”的时候，上级竟如卡特总统般在众目睽睽之下掷地有声地来了一句“一切责任在我！”那该是何种心境？卡特总统的例子充分说明，下属及群众对一个上级者的评价，往往决定于他是否有责任感。

因此，企业领导者应当明白，激励员工不是越严厉效果就明显，而是越宽容效果越好，领导者能够承担多少责任，就意味着员工能承担多少责任；领导者的肚量有多大，就意味着能够带领员工做多大的事业。

5. 使功不如使过

管理者对犯错误的员工要做到大事坚持原则，小事灵活处置；既要宽容，又要严肃。要按照允许犯错误、更允许改正错误的原则办事，对犯错误的人在不违背原则的前提下采取宽容的态度，多记善事，不念旧恶，把大多数人团结起来一道工作。

西汉末年，刘玄身边的刘秀在一位将领违反军规即将被处死时说了一句话："使功不如使过。"这句话表面上看来似乎违背常理，其实却隐含着很深的道理。实践证明，有过错的人往往比有功劳的人更容易接受艰巨的任务。对有过错的人来说，继续用他本身就是一种强大的激励力量，足以使他一跃而起，创造出令人刮目相看的成绩。特别是当一个人犯了错误而受到社会的歧视和冷落之后，其最大愿望往往就是恢复自己的价值和尊严，重新获得社会的肯定。领导一旦提供给他这种机会，他便会迸发出超乎常人的热情和干劲，完成常人难以完成的任务。

无数事实证明，能够宽容人的短处和错误的领导人，多能成就一番事业。如春秋时代齐桓公容管仲一箭之仇，并任之为相，遂有"九合诸侯，一匡天下"的霸业。唐朝初期，李世民不计前嫌，重用自己的政敌魏征以及其他贤才，得以开创"贞观之治"。

日本电机公司的情报科长因提供了错误的市场信息，致使企业领导作出了错误的决策，使企业蒙受了重大的经济损失。怎样对待这样的严重错误？总经理是这样考虑的：情报科长可能是根本不称职，但也可能是"好马失蹄"，一时大意而判断错误，把他撤职就会毁掉一个人才，何况目前还找不到一个更合适的人选来接替这个职务，一旦撤职会影响工作。

于是总经理把情报科长找来，只告诉他要对这次错误作处理，但没有说具体将怎样处理，事情就此拖了下来。在以后的一段时间里，情报科长为了挽回因自己的失误给企业带来的损失，一直兢兢业业地工作，多次提供了很有价值的信息，从而为企业决策作出了重要的贡献。由此可见，他是很称职的，上次出现的错误，只不过是个意外。

此时，总经理再次把他找来，明确地告诉他，由于他的贡献，本应给予嘉奖，但因前次的问题还未作处理，故将功抵过，功过抵消，既不嘉奖，也不处分，不升也不降。这样的处理使情报科长及其他员工都感到满意。

如果一个人偶有失误，就遭到领导的严厉斥责或者撤职查办，员工就会失去锐气，变成谨小慎微、不求有功但求无过的人。宽容是帮助的前提，不懂得宽容就谈不上如何帮助。但是，宽容不是无原则的迁就，而是在政策规定允许的范围内，尽量做到宽大为怀。

一个人犯了错误，并能痛改前非，领导就不能抓住“小辫子”不放，而应放手使用。这样做，常常会收到一石三鸟之效：一能使其感受到领导的爱护和信任；二能促使其痛改前非；三能激励其将功补过，积极努力工作。

6. 要扬长避短，不要苛求完美

如果管理者对下属事事苛求完美，那么既不能达到完美的目的，还会打击员工的工作信心和工作热情，不利于工作效率的提高。哲人曾经说过：“完美本是毒。”事事追求完美是一件痛苦的事，它就像是毒害你自在心灵的药饵，因为这个世界本来就不是完美的，过去不是，现在不是，未来也不是，它本来就是以“缺陷”的样式呈现给这个世界的。

有这样一个故事。从前，一位老和尚想从两个弟子中选一个做衣钵传人。一天，老和尚对两个徒弟说：“你们出去给我拣一片最完美的树叶。”两个弟子遵命而去。不久，大徒弟回来了，递给师傅一片树叶说：这片树叶虽然并不完美，但它是我看到的最完整的树叶。二徒弟在外面转了半天，最终却空手而归，他对师傅说，我看到了很多很多的树叶，但总也挑不出一片最完美的。自然，老和尚把衣钵传给了大徒弟。

俗话说：金无足赤，人无完人。世界上没有十全十美的人，求全只是一个美好的愿望，谁见过毫无缺点的“完人”呢？对于下属，只要他们工作的大方向不差即可，何必在细节上吹毛求疵呢？一个人的优点与缺点往往是相互联系的，有所长必有所短。一个人大事聪明、小事糊涂，实属难得，可以重用；小事精明、大事糊涂，自然是较糟，但让他处理一些小事情，效果或许也不差。

在企业里，不同的员工有着不同的性格，家庭背景、受教育程度也不尽相同。使用和培养人才，最重要的是发现和利用下属的长处，量才而用，做到“人尽其才，才尽其用”。身为管理者，若是能充分认识到这一点，则可在下属擅长的那一方面给他委以重任，并在他擅长的地方多加评价、赞赏，同时，尽可能地包容他的缺点和短处。

对于企业的管理者而言，只要是合适的人才、对企业有利的人才，不论其性格有多古怪、行为有多狂傲，都可以加以改造利用，而不能以偏概全、一叶障目，从而与许多才华横溢、身怀绝技的人才失之交臂。

张之洞就是一位识才、用才、容才的高手，他用人不拘一格，尤其善于笼络和容纳各种奇才、怪才。张之洞延聘幕僚不拘小节，新旧杂糅，幕中多奇才异能之人。张之洞作为疆臣，不避嫌，延聘了一批遭清廷贬斥的官员。如御史朱一新，因上书弹劾太监李莲英，触怒了慈禧太后而被贬。张之洞督粤时延请其为广雅书院主讲。又如御史吴兆泰，当清廷将海军经费用于修建颐和园时，他上书抗争，认为“此正朝廷减膳撤药之时，非土木兴作之日”。慈禧太后大怒，罢了他的官，张之洞则延请他主讲经心书院。梁鼎芬本为翰林，因参劾李鸿章而被罢逐国籍，张之洞也收罗大胆重用。

在张之洞的幕府中，奇才怪杰甚多，辜鸿铭就是突出的一例。他早年留学欧洲，精通数国语言文字，获得多项学位。他才华横溢，学贯中西，人称“奇才”；他不修边幅，言行乖戾，敢于谑骂洋人、主子和朝廷，被视为“狂生”和“怪杰”。他思想守旧，但1902年张之洞在武昌衙署悬灯结彩、费资巨万，邀请各国领事参加皇太后的万寿大典宴会时，他却唱出了爱民佳句：“天子万年，百姓花钱；万寿无疆，百姓遭殃。”引得举座哗然。这是对清廷和张之洞的辛辣嘲讽。就是这样一位狂生怪杰，却跟随张之洞20余年，长相厮守，足见张之洞用人的气量。又如初为神童、才子，继为酒人、游侠少年、经生、学人、隐士的易顺鼎，自号“哭厂”，誓以“哭终其身，死而后已”。张之洞爱其才，招之入幕，令其草拟文稿，后又任两湖书院分教。

张之洞幕府中不乏奇才异能之士，仅江苏常州府而言，“无锡张曾畴擅苏体字，为张之洞代笔，几乱真。赵凤昌以通达政事文章名，张之洞倚之如左右手。金匮华蘅芳以算术独步，两湖奉华氏为泰斗”。张之洞还一度延请章太炎至武昌主持《正学报》。各方文武人才、狂生怪杰云集张之洞麾下本身就体现了其幕府的一大特色。

企业领导者应当明白，这个世界上根本就没有十全十美的人。管理者既要看到人才的缺点和短处，又要看到人才的优点和长处，要善于扬长避短，这样才能激励员工最大限度地发挥自身的特长和优势，为企业创造更大的价值。

第七章

团结激励——团结协作，才能增强团队的战斗力

现代企业更注重团队整体的利益，而不是个人的利益。而要实现团队的利益，就必须依靠整个团队的力量。因此，领导者要花大力气培养团队成员的集体意识和团队精神。在公司越来越重视群体组织发展的今天，英雄式人物已落伍了，必须培养员工具有团结合作的精神。任何一家企业都是一个集体，只有依靠全体成员的团结和协作，才能完成共同的任务，实现共同的目标。

1. 打造高效团队的六大原则

一支高绩效的团队不仅具有强大的战斗力，会为组织带来巨大的收益，而且还具有超高的工作效率，往往能够取得事半功倍的效果。打造一支高效的团队是企业领导者的重要职责和使命之一。

联邦快递公司中的高绩效小组在一年中可以为公司省下210万美元的成本支出；摩托罗拉公司利用高绩效小组来改善其供应管理系统，这个小组不但将该系统的品质提升50%，而且将送货延误率降低了70%。团队的绩效高低不仅取决于团队成员的努力，更取决于有效的团队管理。要实现有效的团队管理，必须遵循以下原则：

原则一：统一指挥。领导的指示从上到下逐级传达，不能发生越级指挥的现象。下属只接受一个领导的指挥，只向一个领导汇报并对其负责，这样，领导和员工之间就形成了一个“指挥链”。在这个指挥链上，领导能了解下属情况，下属也容易领会领导的意图。因此，按照统一指挥原理去办，就可做到政令畅通，提高管理工作的有效性，避免由于“多头领导”和“政出多门”所造成的混乱。

原则二：目标一致。团队的管理必须有利于团队目标的实现。任何一个团队都有它的特定的目标团队，团队中的每一部分都应该与既定的团队目标有关系，否则，团队存在就没有意义。例如公司销售团队的目标是尽可能多地把公司的产品卖出去，那么它的所有管理方法和方式都是围绕实现这个目标而设立。

原则三：充分授权。为了保证有效的管理，必须实行集权与分权相结合的管理办法。该集中的权力集中起来，该下放的权力就应该分给下属，这样才能够加强团队的灵活性和适应性。如果事无巨细，把所有的权力都集中在最高管理层，就会使最高层主管始终纠缠于繁琐的事务当中，造成顾此失彼，从而忽视整个团队的战略性与方向性的大问题。

原则四：分工明确。分工就是根据提高管理专业化程度和工作效率的要求，把目标分成各级团队以至各个人的目标和任务，使各个层次、各个部门以至每个人都了解自己在实现团队目标中应承担的工作职责和职权。有分工就必须有协调。协调包括团队之间的协调和团队内部的协调。协调团队间和团队内部的关系是团队管理的一项重要内容，就如同我们每个人一样，只有各个器官组织都协调一致地工作，才能使机体正常运转。企业就如同我们的机体，团队就像各个器官，只有协调有力，企业才能向前发展。

原则五：同舟共济。首先，领导者要把具体、实际的困难如实地告诉下属，使他们知道真实的情况和处境，以便凝聚人心，激起克服困难的昂扬斗志。其次，仅仅把困难告诉员工是不够的，重要的是在告诉困难的同时给他们指出机遇所在、希望所在、光明所在，以提高克服困难的勇气，困难和光明、挑战和机遇往往是并存的，领导者不能只见前者不见后者。如果只告诉困难不指出光明，那么，激励员工提高勇气鼓舞斗志也就无从谈起；再者，要让员工们感到领导者和他们在同一条船上，处境是共同的，心情是共同的，克服困难的勇气也是一样的。如果只让员工出力流汗，领导者却袖手旁观、一味空谈，那么员工的积极性就无法调动起来，员工的斗志就无法激发起来。

2. 增强团队凝聚力的四个技巧

作为一个企业的管理者，最重要的一项职责就是要善于凝聚人心，打造团队的凝聚力和向心力，从而提高团队的整体效率，增强团队的战斗力。以下几项便是值得管理者学习和借鉴的员工激励艺术和技巧。

技巧一：逆向激励，请将不如激将。有的人在你请他帮忙时，推三阻四，勉强答应，也似有天大人情。最好用反激的方法，故意把问题说得十分困难，从而使他毅然自告奋勇。有的人老于世故，便要顺着激励，先说明他的长处，以引起知遇之感，再表示借重他的才华，请他不必顾虑太多，他就会朝气勃发，鼎力相助。

技巧二：胡萝卜 + 大棒，刚柔并济。用刚硬的方式来激励，多半建立在利害的基础上；以柔软的方式来激励，则偏重于情谊。用情谊做出发点实施激励，效果较佳。所谓柔能克刚，正是此理。柔不表示怯、怕事，也不是推、拖、拉、敷衍了事。柔是用真诚的爱心来感应，使对方产生强烈的意愿，自己奋发有为。刚是一种果敢的作为，具有短时间的爆发力，当做非常的手段，比较有利；刚硬之后，如果再以柔软来安抚，更能得人心。处罚的程度若难以判断，最好从轻。

技巧三：动态激励和静态激励结合使用。动静不是两种相反的状态，而是彼此互相交流的。动中含有静态，静中也有动态。活动过程中多半比较引人注意，而活动前后的企划、准备及沟通、协调，则容易被忽略。激励者不可只重视自己看得见的动态，却对自己看不见的静态予以轻忽，以免厚此薄彼，招致不满。对于动态的激励，必须掌握时机，把握重点，以配合活动的进行。而对于静态的激励，则可以定期或不定期地在工作任务结束时或过程中，指定专人或由某些人交互实施。

技巧四：恰当进行公开激励和私下激励。激励可公开进行或暗中交易，两者都应正当而合理。凡是大家看法一致的，就不易引起众人的反感，可公开激励，目的在于获得大家的良好回应，以扩大影响。若是见仁见智，而又非奖赏不可，便暗中进行，以减少误解或不满。普遍性的，可公开实施；特殊性的，除非众所公认，否则以私下为宜。

3. 通过体育竞赛来凝练团队

企业不是由一个人组成的，而是由许多人组成的群体，就像是一个大家庭，彼此之间少不了沟通、交流，少不了互相发生联系、互相帮助、共同进步。作为企业的管理者，要建立一个团结、融洽、协作的大家庭，增强员工的归属感，定期组织聚会、娱乐、比赛等群体性的活动，比如企业运动会，就是一种非常有效的措施和方法。

在群体性的活动中，员工通过完成一个共同的任务、实现一个共同的目标，相互间增进了联系，增加了沟通，也增进了团结，从而达到了增强企业向心力和凝聚力的目的。实践也证明，许多活动能增进员工的感情和友谊，建立起彼此的信任和理解等。

台湾最大的民营企业——台塑集团就是通过举办企业运动会来达到凝聚人心、增强员工归属感的目的。台塑每年都要花费大约400万元新台币举行一次大规模的企业运动会。台塑的掌门人王永庆不仅舍得投入巨资，而且在运动会的具体设计和安排上，也是别出心裁，花费了不少心思和精力。

首先，在时间的选择上，台塑运动会的日期选在每年的青年节前后，以鼓励台塑人永远有年轻人那样蓬勃的朝气和旺盛的精力，永远像年轻人那样富于进取！

其次，运动会吉祥物的选择独具匠心。台塑运动会特别选定台湾特有的珍禽“帝雉”作为吉祥物。其吉祥标志是：一只展翅飞翔的帝雉，拿着一只象征胜利的火炬，向前飞去。这里面的含义是：年轻的台塑，在追根究底和脚踏实地精神的指引下，不断地向前迈进，其奋进的脚步永不停息。

第三，在运动项目的选择上别出心裁。除了一般的田径项目以外，有两项特别引人注目：一项是王永庆带领台塑企业的高级管理人员和外宾进行5000米赛跑；另外一项是闭幕式前，为了掀起新的高潮而特意安排的趣味竞赛。

作为台塑的领头人，王永庆和他的管理人员不仅在精神上面临巨大的压力，而且在身体上面临严峻的考验。“身体是革命的本钱”，身体垮了，其他的一切都谈不上了。王永庆深知台塑这份担子有多重。为了使自己不被压垮，他每天从自己少得可怜的休息时间里抽出一小时进行体育锻炼。对于管理人员，王永庆也一样要求他们有健康的体魄和旺盛的精力，在他们中间大力提倡和推广慢跑这项有益身心的运动。

台塑的企业运动会可以说是企业的“精神纽带”，通过企业运动会的形式，台塑牢牢地把企业全体员工的心捆绑和凝结在一起。正是在这样的“台塑精神”的鼓舞和激励之下，台塑员工产生了极大的工作热情。在不用施加任何外力的情况下，就能自然而然、心甘情愿地全身心投入，以极大的责任心和使命感加倍努力工作，为企业创造更大的价值。

4. 协同一致才能实现目标

有这样一个故事：一天，天鹅、狗和虾想拉动一辆装满物品的货车，三个家伙套上车索，拼命地用力拉，可车子却纹丝不动。车上装的东西不算重，只是天鹅拼命向云里冲，狗是向后倒拖，而虾直向水里拽。这怎么能拉动呢？

通过这个故事，我们可以得出如下结论：天鹅、狗、虾这三个团队成员各有不同的目标方向，他们互相牵制，导致团队目标无法实现。任何一个团队，成员的个人目标和团队整体目标都存在不同程度的差异，领导者的作用就是尽量缩小这种差异，并形成个人和团队目标的一致性；在目标明确的基础上，领导者要妥善分配员工的工作，并协调他们之间的合作。团队不是组织，而是组织的一种表现；个人和团队之间不是聘用关系，也不是依附关系，而是协作与配合关系。好团队都有明确的目标，团队内的知识、信息等资源都要共享；好团队中每个成员都扮演不同的角色，他们有着良好的沟通和共同的行为规范与价值准则，每个成员都有一种归属感。

作为企业的管理者，如果要下决心打造一支坚强有力而又高效的团队，首先要了解什么是团队，团队有什么样的特点，凝聚团队需要注意些什么。在明白了这些概念和因素之后，才能够有的放矢，采取相应的措施来打造一支高绩效的团队。

团队与群体不同，有些群体可能一看上去很像团队，但二者之间是有区别的。协作性是群体和团队最根本的差异，群体的协作性可能是中等程度的，有时成员之间还可能存在消极或对立情绪，而团队中充满了一种齐心协力的气氛。群体的领导者要承担很大的责任，而团队中每一个团队的成员都要承担责任，甚至要相互作用、共同负责。群体成员的技能可能是不同的，也可能是相同的，而团队是把具有不同知识、技能和经验的人综合在一起，团队成员的技能是相互补充的，从而实现整个团队的有效组合。

群体的目标必须与组织目标保持一致，而团队除此之外，还可以制定自己的目标。明确判断群体与团队的区别，有助于领导者更好地了解团队、激励团队。

一个真正高效、有力的团队应该包括四个方面的基本要素，即团队定位、团队目标、团队成员、团队计划。

要素一：团队定位。团队的定位包含以下两层意思，（1）团队的定位，即团队在企业中处于什么地位，由谁选择和决定团队的成员，团队最终应对谁负责，团队采取什么方式激励下属等；（2）个体的定位，即作为成员，个体在团队中扮演何种角色，是负责制定计划还是具体实施或进行评估。

要素二：团队目标。团队应该具有一个既定的目标。没有目标，团队就没有存在的价值。尽管每个团队的目标各不相同，但任何团队都有一个自己的目标，这个目标把相互依存、相互联系的人们维系在一起，使他们以一种更加有效的合作方式来实现个人和组织的目标。

要素三：团队成员。人是构成团队最核心的力量，三个或三个以上的人就可以构成团队。人员的选择是团队非常重要的一个部分。在一个团队中可能需要有人出谋划策，有人制定计划，有人具体实施，有人协调不同的人共同完成工作，还有人去监督团队工作的进展，评价团队最终的贡献。不同的人通过分工来共同实现团队的目标。

要素四：团队计划。目标的最终实现有赖于一系列切实可行的行动方案，可以把计划理解为实现目标的具体工作程序。按计划实施可以保证团队工作的进度。只有按步骤完成每一项计划，团队才能一步步贴近目标，从而最终实现目标。

5. 如何塑造员工的团队精神

现代企业更注重团队整体的利益，而不是个人的利益，因此，作为管理者，应避免个人英雄主义的盛行，不应突出和强调个别骨干和精英的作用，更不能依赖这些骨干和精英，而是要依靠整个团队的力量，依赖于团队所有成员发挥作用。因此，管理者要花大力气培养团队成员的集体意识和团队精神，摈弃个人英雄主义，强调以集体利益为重，而不是以个人利益为中心。

例如打篮球，一个人打得再好也不能保证一定赢，因为传球、投球还需要队友们的接应，否则一个人是唱不了独角戏的！在工作中，如果你把自己视为球队里的一员，及时地与其他队员作最好的搭配，这样的团队焉有不成功之理？

日本汽车王国中的“大王”本田宗一郎，就是一位擅长处理各种人际关系，使全体职员上下一心，同甘共苦，从而在经营中勇创佳绩的企业家。本田工厂没有质量检查员，所有需要检验的零件，都由负责制造的工人自行度量。厂内设有“品质控制小组”，每一个小组有十名工人，上工前讨论当日工作、产品品质、改进方法、顾客投诉、安全措施和工作环境等问题。工人都有高度的责任感，而且勤奋好学，钻研业务，产品质量不断改进。因此有人说，使工人发挥最大的积极性，这就是本田最大的资产。

本田坚持“公司的全体职员共同经营”的原则，他认为：“人不是机器，如果把人和自动化机器置于同等的地位，这个企业是不会维持太久的。”本田宗一郎在工厂里从不摆老板架子，他像手下每一个工人一样，穿白色的机械工工作服，在工厂食堂里吃饭，作风平易近人。他的雇员们对他没有隔阂之感，亲切地称呼他为“老爹”。“上下同心，同甘共苦”是本田宗一郎成功的秘诀之一。

下面是关于塑造员工的团队精神的一些具体的方法和技巧，值得管理者借鉴和参考：

首先，要让员工明白“我个人在团队中处于什么样的位置、扮演什么样的角色？”

一个人一生中最重要的就是演什么像什么，尤其在公司中，你扮演的是一个团队成员的角色，该发言时你发言，该妥协、接纳时你就妥协、接纳。至于如何才能对这一角色定位作最好的诠释，这的确需要很大的智慧，尤其要以团队的发展为重。

其次，要让员工明白“个人利益和团队利益，孰轻孰重？”

一家建筑师事务所接了一个大任务，要在市中心设计一栋纯商业休闲大楼，参与设计的是该事务所的四位骨干建筑师。在一起讨论时，其中三位建筑师都非常尊重他人的意见，而较年轻的那一位却很坚持己见，强调自我风格特色，不肯妥协。在他的一意孤行之下，这栋大楼建成后，评语不佳。

第三，要让员工明白“团队的成功是属于大家的，还是属于个人的?”

做什么事都要抱着功成不居的心态，这样心中才不会有骄矜之气。某企业市场部的一名销售精英也是这家企业的元老，他因制定了一个出色的营销方案而大获成功，使公司不仅转亏为盈，而且流失了的80%的客户又回心转意来和他们合作，公司几乎是起死回生。面对这么大的功劳，他却抱着成功不必在我的心情。当公司犒赏有功人员时，他只淡淡地一笑，把所有功劳都归于团队的努力和整体的效率。有人问他为什么如此虚心？明明是记大功、得高额奖金的好事，他却拼命往外推。他听了只是微笑不语，因为他了解团队合作的真正意义。只要实力出众，还怕没人发现吗?

第四，让团队实现自我管理。实践证明，能够进行自我管理的团队，其成员的积极性、主动性以及责任心和使命感都会大大增强，团队精神和集体意识也十分强烈，从而能够创造极高的工作效率和工作业绩。能够进行自主管理的团队一般会有如下表现：把一项工作分成重要的几份，给每一个团队成员分派一份，这样可以促使每个成员都承担相应的责任，并积极努力地发挥作用，使团队更加坚强有力。

6. 凝聚人心的五种方法

在人际关系日益复杂化、价值体系日益多元化的商业社会里，年轻员工更注重实质性的需求，在精神向物质转变的过程中，管理者的个人魅力受到前所未有的冲击，以前管理者那种一呼百应的情景难以再现。面对这种状况，管理者除了从管理方法上进行调整外，如何凝聚人心便摆到了至关重要的地位。

以下几个方面的做法和技巧值得管理者借鉴。

首先，要善于委功。每个人都有虚荣心，当一件事成功而受赏之时，将功劳分享给应赏之人，以满足他们的成就欲与满足感，这样能极大地调动下属的积极性，让他们有“士为知己者死”的良好意愿，同时能使贤能者争相立功。如果长期坚持这样做，自然会产生“远者来而近者悦”的良好局面。

春秋时代的越王勾践在这方面就是一个高手。勾践卧薪尝胆回国以后，对诸大臣说：“孤实不德，以致失国邙家，身为奴隶，苟非相国及诸大夫赞助，焉有今日。”就这一席话，令所有大臣深为感动，进一步加深了以身报国的情愫。后来，勾践在这群大臣的辅佐下，最终打败了吴国，成就霸业。

其次，要懂得揽过。战国时期子产说“爱莫加之过，尊莫委之罪”，就是讲如何爱护和尊重下属。作为管理者，用人莫大于得人、得贤，得贤莫大于得心，以罪己收买人心，把自己造成的过错主动承担下来，就是对下属最大的爱护和尊重，最能激发下属的报答之情。所以，我们要经常用放大镜来检查自己的错误，用包容来对待别人的错误，这样才能对自己和别人的错误有一个公正的评价，才能赢得下属的尊敬与拥护。

第三，要能够以身作则。现在管理界中有人提出向军队学管理，其实不是学什么高深的方法，而是学军队的执行力，学习部队军官以身作则、身先士卒的精神。行动比诺言更有说服力，身教比言教更有效。做领导的只有以身作则，身先士卒，用行动做表率，才具有最大的说服力和影响力。领导如果要求下属做到，自己更应先行做到，这样才能取得主动权，才能赢得人心，使下属自觉地跟着领导走。在这一方面，清朝的康熙皇帝就做了很好的表率。他在位期间曾数十次御驾亲征大漠边关，在他的带领下，各将士无不奋勇杀敌，取得骄人的战绩，为收复国土、稳定边疆奠定了不朽功勋。

第四，要与人为善，真诚关爱。孙子兵法中说："视卒为婴儿，故可与之赴深渊，视卒如爱子，故可与之俱死。"从这句话里我们可以看出对士兵关爱的重要性。有了这种关爱，他们可以以少胜多，以弱胜强，如中国抗日战争、解放战争等就是典型的例子。做管理也同带兵打仗一样，对下属一切关爱的举动，如两句动情的话语，几滴伤心的泪水等，都会让下属终生难忘。同时，它的影响不仅是受惠者本人，还能扩散到更加广泛的群体，取得意外的收获。我们常说的知已、知心朋友等就是说朋友间彼此心与心真诚地交流。俗语说得好：善有善报，恶有恶报，不是不报，只是时候未到。很多人都有一套自己善待下属的方法，如与人为善、投桃报李、连环相生，这就是善待下属，为下属着想。

第五，要懂得满足所需，投其所好。渴望被认可、被肯定、被赞赏是许多人内心所企盼的，如果能有的放矢地满足下属的这种愿望和需求，便可将他们的心牢牢抓住。清朝名臣曾国藩在这方面就是高手，他将谋人之术分为三等，即三等人用钱攻心，二等人用权攻心，一等人制人攻心不用钱。一般来说，领导笼络下属的手段不外乎钱、权两种，但有时候领导不必付出实质性的东西，而只通过某种态度、某种表示就能给下属极大的满足，使下属受宠若惊而感恩戴德，忠心耿耿地为其效劳。

第八章

授权激励——充分授权，提高员工的责任心和使命感

领导者要给员工创造一个能发挥个人才智的空间，让员工拥有一定的自主权，充分利用所掌握的信息，有效地把工作做好。领导者如给下属提供挑战性的工作，并授予责任和权力，则可有效地激励员工促进工作目标的实现。领导者可以通过充分授权、不充分授权、弹性授权和制约授权来实现授权激励。

1. 领导授权的基本原则和步骤

领导者是企业和组织的行政长官，处于组织的中心地位，在权力的运用和对下属的管理上，应做到科学合理地授权，既要防止权力过于集中，形成专制独裁，又要防范权力过于分散，造成组织涣散。作为组织的领导者，应当熟悉和掌握一些基本的授权原则、种类、步骤以及方法、技巧。

首先，领导者应了解授权的基本方法：

(1) 充分授权。充分授权是指领导者在向其下属分派职责的同时，并不明确赋予下属这样或那样的具体权力，而是让下属在领导者权力许可的范围之内，自由、充分地发挥其主观能动性，自己拟定履行职责的行动方案。充分授权的最显著优点在于能使下属在履行职责的工作中实现自身价值，获得较大的满足，最大可能地调动下属的主观能动性和创造性。对于授权的领导者而言则大大减少了许多不必要的工作量。

(2) 不充分授权。不充分授权是指领导者对其下属分派职责的同时，赋予其部分权限。根据所给部属权限的大小，不充分授权又可以分为几种具体情况：

让下属了解情况后，由领导者作出最后的决策；

让下属提出详细的行动方案，由领导者最后选择；

让下属在采取行动前及时向领导者报告；

让下属采取行动后，将行动的后果报告给领导者。

不充分授权是现实中最普遍存在的授权形式，它的特点是较为灵活，可因人、因事而宜，采取不同的具体方式，但它同时要求上级和下级、领导者和部属之间必须事先明确所采取的具体授权形式。

（3）弹性授权。弹性授权是综合充分授权和不充分授权两种形式而成的一种混合的授权方式。弹性授权是根据工作的内容将下属履行职责的过程划分为若干阶段，在不同的阶段采取不同的授权方式。弹性授权具有较强的适应性，当工作条件、内容等发生了变化时，领导者可及时调整授权方式以利于工作的顺利进行。领导者运用弹性授权时的技巧在于保持与部属的及时协调，加强双向沟通。在运用这种方法时，领导者要掌握授权的范围和时间，并依据实际需要对授给下属的权力予以变动。

（4）制约授权法。领导者管理幅度大，任务繁重，无足够的精力实施充分授权，即可采用制约授权的方法。制约授权是在领导者授权之后，下属个人之间或组织之间的相互制约的一种授权方式。它是领导者将某项任务的职权分解成两个或若干部分并分别授权，使它们之间产生互相制约、互相钳制的作用，以有效地防止工作中出现疏漏。

（5）逐渐授权法。领导者要做到有效授权，就要在授权前对下级进行严格考核，全面了解下级成员的德才情况，但是当领导者对下属的能力、特点等不完全了解，或者对完成某项工作所需的权力无先例可参考时，就应采取见机行事、逐步授权的方法。如先用“助理”、“代理”职务等非授权形式，试用一段时间，以便对下级继续深入考察。当下属适合授权的条件时，领导者才授予他们必要的权力，这种稳妥的授权方法，并非要权责脱节，而最终是要使两者相吻合。

其次，领导者要掌握一些授权的基本原则，主要体现在以下几个方面：

（1）明晰集权与分权的利弊。集权管理是指组织中的一切事务的决策权均集中在领导者手中，下属的一切行为措施必须按照领导者的指令、决定去办。分权管理则是指下属在其工作范围内的一切措施均有自主决定权，不必请命于领导者，而领导者对其下属权限内的事项也不随便加以干涉。集权若发挥得好，有如下优点：政命统一，标准一致，力量集中，有利于统筹全局。集权如果发挥得不好，也有极大的缺点：只能照顾一般不能顾及个别，容易导致管理者专制独裁，下属则缺乏主动性、积极性和创造性。分权如果发挥得好，有以下优点：能较好地发展个性和特长，较灵活地应付局势的变化，下属可积极主动地工作，领导者也容易避免独裁。分权如果发挥得不好，会产生以下弊病：不利于统一指挥协调，难以形成合力，容易滋长本位主义。

（2）避免偏向性授权。在授权过程中，除了要注意上面的原则外，下面两种情况要特别注意防止：一是授权要充分。有的领导者在授权时总放心不下，对下属有疑虑，经常干涉被授权者，结果搞得下属很被动，也容易影响工作的正常开展。还有的领导者授予下属的权力与下属所负的责任极不相称，使下属处于“责大于权”的状况。

（3）不可越级授权。授权要适度，就是要分层授权，只向自己的直接下属授权，而不是越级授权。它具体包括三个方面，即授权不是将自己的领导权力全部授给某人，而是将有关事项适当分授给若干适合被授权的人；授权不能超出范围，不属于自己权力范围内的事，不能授权；授权一般是一事一授，有关任务完成了就及时收回权力。领导者不可把中间层的权力直接授给下属。这样做，会造成中间管理层工作上的被动，扼杀他们的负责精神，久而久之，会形成“中层板结”。授权，只能逐级下授，切不可越级授权。

（4）授权也要留责。领导者下授权力，但并不因此而脱离责任。领导者可以充分发挥被授权人的积极性，但行动的后果必须由领导者承担，不能在下授权力的同时逃避责任，否则授权便丧失了应有的激励功能。授权留责并不意味着领导者处于一种被动局面，领导者虽不能干涉被授权人的工作，但也不等于让其放任自流，领导者还会给予被授权人必要的监督控制，以免其偏离组织目标的方向，或出现权力的滥用。

（5）授权要量力而行。要因事择人，视能授权。唐太宗关于“为官择人者治，为人择官者乱”的论述说的就是这个道理。授权的工作量，既不能超过被授权者的能力、所承担的限度，要防止其疲于奔命，又要使所授的工作难度略大于被授权者平时的工作能力，使其能挑起担子的同时又需尽力而为。

2. 给予员工一定的晋升空间

晋升就是将员工的职务给予适当的提升，并同时赋予其相应的权力和责任。可以说这是各种激励手段中最重要的，也是最具诱惑力的一种。从员工个人角度来说，这是给他们提供机会和前景的一条重要通道；而从企业整体的发展来说，则是从人力资源角度保证企业持续发展的一项根本措施。作为一个企业的领导者，如果忽视或不善于适时提拔员工，就算不上是一个合格和优秀的领导者。

在企业里，所有员工都希望有一个广阔的发展空间，都希望能够得到不断的发展，而当员工付出了很多努力，工作表现也很出色时，却没有得到应有的肯定和认可，这样，势必会造成员工对工作失去热情，对企业失去信心，工作因而缺乏积极性、主动性，消极怠工，心灰意冷，工作效率大为下降。

相反，一个表现优秀、为企业作出了重要贡献的员工，如果领导赏识、认可他，并为其创造和提供了晋升的机会，及时给予提拔、重用，员工就会觉得自己受到了领导的重视，自己所做的工作有一定的意义和价值，势必产生一种自豪感和成就感，从而对工作会有更大的热情和信心，并会投入更多的精力去努力工作，实现更大的价值，取得更大的成就，从而为企业创造更多的绩效。

世界著名企业麦当劳公司就是一家懂得及时给员工提供晋升机会，提供广阔发展空间的企业。

在麦当劳公司，最吸引年轻人的地方就是为勤奋上进的年轻员工提供不断向上的晋升机会。这一机会是从最基层、最琐碎的小事开始的。也就是说，每一个刚进入麦当劳的年轻人，不论他具有什么样的文凭，一律都从头做起，比如：炸土豆条、烤牛排、每天两次擦洗门窗。这也是每一个走向成功的麦当劳人的必经之路。

在麦当劳的创始人克洛克看来，一个人如果缺乏在各个阶段进行尝试的经历，缺乏在各个工作岗位上进行实践的经验，那么他是不可能以管理者的身份对他人进行监督和指导的。

就年龄而言，麦当劳的经理队伍与员工队伍同样年轻。每个经理都要管理100多人的中型餐厅，而他们的平均年龄仅为25岁左右。这种情况在其他公司简直是难以想象的。

每个年轻人进入麦当劳后，首先要从事一些最基本的琐碎工作，这个过程一般持续4~6个月。此后，有才能的年轻人将被晋升为二级助理，他们除了抽出一定的时间负责餐馆工作之外，还要承担起订货、排班、计划、统计等管理工作。

当然，有文凭的年轻人在麦当劳有更大的提升机会，他们可以在进入麦当劳8~14个月后成为一级助理，也就是经理的左膀右臂。这时，就有更多、更重的责任由他们来担负，每个人都要在餐馆中独当一面，他们的管理才能也得到提高。这个阶段之后，那些表现突出的一级助理就会被提升为经理，使他们当管理者的心愿得到实现。

此时，麦当劳依然为每一位已经被提升为餐馆经理的年轻人提供充分的发展空间。只要他们业绩优秀，就可以晋升为监督管理员，也就是说，同时负责三四家餐馆的监管工作。三年后，监督管理员将升为地区顾问。到那个时候，他将作为总公司的“外交官”派驻其下属的企业。而作为公司在这一地区的全权代表，他们责任重大。当然，成绩优秀的地区代表仍然可以晋升，成为更大区域的地区代表，一直到麦当劳某一国家或行政区的副总经理、总经理和董事长。

麦当劳区别于其他公司的一个重要特点就是：无论管理人员多么有才华，工作多么出色，如果他没有预先培养自己的接替者，那么他在公司里的升迁将不被考虑。这个特点作为麦当劳公司的一项重要规则，保证了麦当劳的管理人才不会出现青黄不接的情况。

当管理者将要提拔、重用表现出色的员工时应注意以下几点：

第一，调查、了解企业的各工作岗位和工作职责，看看哪些管理职位存在空缺，同时考察、了解员工的实际情况，看看哪些员工应该给予晋升机会，给予提拔重用。

第二，征求上级领导和其他管理者的意见，让他们对晋升对象给予恰当、客观的评价。

第三，进行民主测评，广泛征求部门其他员工的意见，得出对晋升对象的评价结果。

第四，将获得晋升机会的员工的名单在企业内进行公布，让其他员工都清楚、明白，这样，就能对其他员工产生激励作用，表明其他员工一样能够获得晋升机会。

第五，一般情况下，采取阶梯式和渐进式的原则给予员工晋升机会，不仅可以使其在不同层次和岗位上积累全面、丰富的经验，稳步增强其能力，而且还可以有充分的时间和机会对其进行观察和考验，这样管理者对人才的选用才会到位，才会降低用人的风险。

第六，对于特殊职位和特殊人才，也可以采用跳跃式的提拔方式，即不经过一系列中间环节，而是从某一较低职位直接提升到某一个较高职位，这是一种破格选用提拔人才的方法，可以迅速弥补企业奇缺和急需的人才。

3. 一些事项可以让员工自主决策

俗话说："当局者迷，旁观者清。"员工是企业具体工作的执行者和操作者，他们往往处于企业的底层，对企业的许多事情，通常是以旁观者的身份来审视的，因此，他们很容易看清事物的本质特征，而企业的管理人员并不是生产经营的执行者，往往不能够看到企业最真实、最全面的情况，"不识庐山真面目，只缘身在此山中"就是这个道理。

在企业里，决策权一般都掌握在领导者、管理者手里，深处底层的员工很少拥有决策权，而实际上，虽然员工处在企业的最基层，但他们对企业的实际情况最为了解，因为员工都是企业生产经营、销售、服务等各方面的亲历者和见证者，而管理者则身居高位，很难对企业各方面的情况都了如指掌，也会存在以偏概全，看问题、做决策也有不准确、不全面、不客观的情况发生。

因此，在适当的情况下，一些工作事项应该让员工自主决定，即让员工决策，或者参与决策。这样做，一方面可以补充和弥补管理者决策的不全面、不客观性，从而增强管理者看问题、做决策的准确性，减少决策的失误率；另一方面，则可以充分发挥员工的主观能动性，发挥员工的潜能，培养员工在管理和决策方面的技能，并满足员工实现自我价值的需求，让员工产生一种自豪感和成就感。

让员工充当决策者，或者参与决策，能有效地调动他们的积极主动、自发创新的精神。人类有一个共同的特点，那就是谁都希望自己的价值得到承认和认可，谁都渴望找到实现自我价值的机会和舞台，而让员工充当决策者，或者让员工参与决策，就正好圆了员工的这个梦。当得到这一切时，他们必定会倍加珍惜，并最大限度地释放自己的潜能和创作力，最大限度地发挥自己的能力和水平，从而实现自己的最大价值，同时也为企业创造出最大的价值。

当然，提倡让员工做决策者，也是相对而言的，是指对于一些非重大问题，可以让员工来决策，但是事关企业的战略发展、方向性、原则性问题之类的大事，就不能让员工自主决策，而是一定要领导者和管理者亲自进行决策。员工与企业管理者不是一个层面的人，所处的位置不同，思考问题的方法和角度就不同。员工是不可能站到企业管理者这样的高度来思考问题的。对于一些小的工作和事项，可以大胆地让员工做决策，比如名片的设计制作，企业制度、奖惩办法的制订等可以交给员工去决策，甚至连新员工的招聘和培训、部门的设置、部门职能的划分这些比较大的事情，也可以让员工自主决策。

作为世界500强企业之一的IBM公司就非常善于为员工创造条件和机会，让员工充当决策者，对一些工作事项进行自主决策，或者参与决策。曾任IBM公司总裁的史立宣，就是一个不独断专行、不固执己见的领导者，他每次与员工一起讨论一些具体事情的做法时，在自己的意见与员工的意见出现分歧的情况下，假如两条路都能走通，史立宣就会选择尊重员工的意见，因为在他看来，事情最终还要由员工来做。

在尊重员工的意见的同时，史立宣还有一套自己的规则，那就是："先按你们的意见去办，但我保留找后账的权利。你这么做如果做不好，应验了我说得对，我就要找后账。但是，如果你们做成了，我自己也会认真作检讨。"

史立宣之所以这么认为，并这么做，是因为他非常明白这样一个道理：管理者是站在一个相对较高的位置来看待问题的，这就注定了会有偏见；另外，一个人的智慧是非常有限的，领导者是从一个角度、一种方向来看问题的，而员工虽然也是从一个角度、一个方向来看问题的，但员工的人数多，许多员工加起来，就是全方位的，是360度环视的，看问题就更加全面、客观、真实，这样就能够有效避免或减少偏见、减少失误，从而提高决策的正确性和有效性。因此，在员工激励的过程中，在一定范围内，在某些情况下，针对某些工作事项，让员工自主决策，或参与决策，不仅是非常重要的，也是非常必要的。

4. 真正的领导懂得分散权力

一个人去买鹦鹉，他看中两只鹦鹉，其中一只鹦鹉会两门语言，售价200元，另一只鹦鹉则会四门语言，售价400元。该买哪只呢？两只都毛色光鲜，非常灵活可爱。这人转啊转，拿不定主意。后来他突然发现一只老掉了牙的鹦鹉，毛色暗淡散乱，标价800元。这人赶紧将老板叫来：这只鹦鹉是不是会说八门语言？店主说：不。这人奇怪了：那为什么又老又丑，又没有能力，却值800元呢？店主回答：因为另外两只鹦鹉叫这只鹦鹉老板。

这个故事告诉我们，真正的领导人，不一定自己的能力有多强，只要懂信任，懂放权，懂珍惜，就能团结比自己更强的力量，从而提升自己的身价。相反，许多能力非常强的人却因为不懂得放权，事必躬亲，最后只能做最好的攻关人员、销售代表，成不了优秀的领导人。

权力，既意味着拥有地位、荣耀，也意味着承担责任、压力。聪明的管理者不会大权独揽，搞独裁主义，不会把所有的责任都揽到自己怀里，最终忙得不可开交，把自己弄得焦头烂额，而是懂得如何分散权力，把更多的权力授予和下放给更多的下属员工，让更多的下属员工去承担相应的责任和压力。

在很早以前，人们就懂得授权的道理，老子曾经说过，“治大国如烹小鲜”，如果要让管理变得简单、轻松、高效，管理者就要明白如何分配自己手中的权力。企业管理学家曾说："管理要学会放权，就像拳头握紧，什么也没有；伸开五指，则空间无限。"这很生动形象地体现了管理中的放权策略。

授权是领导者走向成功的分身术。今天，面对着经济、科技和社会协调发展的复杂管理，即使是超群的领导者，也不能独揽一切。领导者尤其是高层领导者，其职能已不再是做事，而在于成事了。因此，管理者必须学会向下属进行适当和恰当的授权，这样做能带来如下好处：

第一，能够激发员工的工作热情，增强员工的责任心，提高工作效率。

第二，能够把领导者从琐碎的事务中解脱出来，专门处理重大问题。

第三，能够提高员工的能力和才干，有利于培养干部。

第四，能够充分发挥员工的特长，弥补领导者自身才能的不足。

管理者要明白，授权，不仅是赋予员工一定的责任和使命，更是对员工的一种信任和激励。因此，管理者如果要想实现对员工的有效激励，就可以用放权这种方式，给予员工更多的权利，调动他们的积极性，增强他们的责任心和使命感。而在向下属授权的同时，管理者自己也从繁重、琐碎的事务中解放出来，身心得到了一定的放松，可以以更加充沛的精力和充足的时间从事管理工作，从而使得管理工作能够更加高效、顺利地进行。

有人就曾总结出这样一个规律：凡是业绩做得好的管理者，其本人在工作中显得很悠闲，办公桌面干净整洁，而下属员工则都在紧张地忙碌和工作着。管理者的主要工作是制定未来的工作目标和计划，分配工作任务，将具体的工作落实到每个人，然后抽出一定的时间，做好监督工作。相反，那些业绩做得差的管理者，则整天忙得不可开交，桌面杂乱无章，脾气急躁，而下属却个个优哉游哉、无所事事。

江铃汽车集团近年实施“项目经理制”，集团根据市场的发展趋势选好项目和项目经理后，赋予项目经理一个项目的全部指挥权、用人权、财权和奖励分配权。这一机制极大地激发了集团的科技创新能力，营造出1998年以来“每季度出个新产品”和产销量、企业效益持续快速增长的鲜活局面。

授权是一门精巧的领导艺术，所以，领导不仅要充分意识到它的重要性，还要在实践中认真地摸索，在实践中学会授权。主要领导应当是帅才，总揽全局，通盘考虑关乎全局的大事，管好“面”上的大事，其他领导则是将才，他们应当各司其职，管好“线”上的工作，而员工则是士兵，应当做好自己的本职工作，做好“点”上的事情。因此，组织的最高领导者应当学会“大权独揽，小权分散”。一般来说，最高领导者必须把握好以下三种权力，不能让其他人越俎代庖：

（1）领导应保留重大事项的最后决定权，在下属意见出现分歧时能够权衡利弊进行“拍板”；

（2）领导应掌握对直接下属和关键部门的人事任免权，这样才能保证领导机构的正常运转和自己决策的贯彻执行；

（3）领导应保留对直接下属之间相互关系的协调，让大家精诚合作，共同把组织建设得更好。

5. 放权不等于放任

许多管理者常常会将信任与放任、放权和放任混为一谈。放任员工的后果是：不但把放权的成绩冲得一干二净，还会殃及整个企业。不负责任地下放职权，不仅不能激发员工的积极性和创造性，反而会适得其反。

对放任进行预防的最好办法就是监督。高明的授权法是既要下放一定的权力给员工，又要检查督促员工的工作，一手软，一手硬，这样的领导才是深谙放权之道的成功和优秀的领导。

授权之后，主管的角色由工作的实施者变成工作的控制者，只有完成这一角色转换，授权才能走上合理、有效运行的轨道。领导者对下属进行授权，既要给予充分的信任，又要有必要的控制和监督。

为了维护领导者的威严，作为领导者，要明白自己的身份和地位，与下属保持一定的距离，绝不能与下属称兄道弟，讲哥们义气，否则，久而久之，一些下属就会轻视上司，凡事自作主张，甚至代替上司行使权力。因此，领导者一定要与下属保持一定的距离，绝不能让下属越级、越权，不允许下属有任何超越自身职权范围内的行为发生。

一般来讲，下属的越权行为有三种情况：一是由于职责范围不甚明了，或是口头交代得很清楚，但在具体做事时却糊涂了，出现了有意、无意的越权；二是有的下属对领导有成见，或是为了显示个人才能而不正当地越权；三是在非常情况下的越权，这样的行为多少还是可以原谅的。

管理者要根据不同的越权情况，采取不同的应对方法：

首先，要明确下属的职权范围。权力是相对于工作责任而来的，有多么大的职务，就有多么大的权力，就承担多么大的责任。权、责、利相一致是领导工作的一个重要原则。只有三者相统一，真正克服有责无职权、有职有权无责、有职无权无责、无职无责有权等现象，才能防止越权。明确职责范围，不能仅停留在制度规定上，而要研究出若干办法，制定实施细则，根据已有的经验，定位、定人、定责、定权。除规定一般决策、指挥、组织、管理等工作的分工外，明确可能出现的紧急问题由谁负责处理。上下级的领导工作，一般权责比较分明，但正职副职的工作，有时不那么泾渭分明，这就需要明确职责范围，各司其职，各负其责。

其次，具体情况具体分析。对下属越权，要做具体分析，不能简单地批评和指责。有的下级越权，是因为执行领导的决定时事情做过了头，是出于好心没把事办好，对于这种情况，应该又表扬又批评，先表扬后批评，肯定其积极性，提出越权的危害，以越权的具体事实帮助其分析研究。这样，下属才能领悟到应该发扬什么，克服什么。有时，下属越权决定或处理的问题，可能和主管领导的思路、决策是相吻合的，是正确的，即使是这样，也要下不为例。有时下属的越权行为与领导的正确决策有一定的差距，在成果的取得上要受一定影响，有某些损失，但仍属正效应，无损大局。在进行过程中，领导者应尽量使其向更好的方向转化，取得更大的成绩。

第三，积极引导，趋利避害。有时下级越权，对问题的决定或处理本身就是错误的，已经或正在产生负效应。这时，领导者要根据情况予以补救、纠正，“亡羊补牢”，力争把损失减少到最低限度，并教育下属吸取教训，认清越权的危害。上级领导在决策的基础上，给下级部署任务、提出要求的同时，要深入基层，为下属完成任务创造必要的条件。上级要为下级服务，支持、鼓励、指导、帮助下属，关心、爱护下属，为下属排忧解难，及时解决他们工作中难以解决的问题。这样，可以防止或减少下属由于来不及请示而出现的越权现象。

6. 授权不能陷入误区

谁都知道授权的重要性，但要让管理者真正把一些权力下放给下属，确实不是一件容易的事。实际调查表明，大多数组织管理者仅授权了10%左右的工作。

管理者的地位和身份决定了领导者首先要做的是知人，把员工能出色完成的事尽可能分配给员工们去做。如果员工不能圆满完成，领导者不可包办代替，而是要告诉他们怎么做，多给予员工们一些鼓励，他们才会更努力地工作。

但在实际工作中，管理者的工作习惯和一些认识上的误区则是导致授权丧失效果的主要原因。那么，授权究竟有哪些误区？管理者应该怎样避免，从而最大限度地调动下属的主动性和发挥下属的潜能呢？

误区一：因为自己喜欢而不肯授权。有些领导者因为自己喜欢做而不肯授权给下属，但作为一个企业的领导者，你必须将你喜欢的工作交给下属去完成，你的任务是集中精力做必须由你做的工作，而无论你是否喜欢。有的领导者对工作要求尽善尽美。认为所有工作都应该完美地完成，其实这是一个误区，而一旦陷入这个误区，则会对你的授权产生限制，从而在授权工作上止步不前。

误区二：因自我主义而难以授权。作为管理者你必须清楚，你不能独立完成所有的工作，而高效的授权能让你的工作和生活更轻松，并且让你的团队更有活力。

一些领导者总觉得自己比下属能干，那些具有较强工作能力的管理者更容易发生这样的失误。事实上，管理者即使在很多领域中都具有非凡的能力，也一定要避免事事亲为，因为你能干不代表你的成员不能做这些事。而且更严重的是，领导者的亲历亲为会导致下属行为的惰性。管理者必须时刻提醒自己：如果在一个团队或组织中你是惟一能做某件工作的人，那么，对整个组织来说是危险的。

误区三：因缺乏信任而不敢授权。有的领导者认为，必须把一项工作授权给能手才是合理的。实际上不同的工作完全可以授权给不同的人，而标准只有一个，那就是能否提高整个团队的绩效。应该针对特定的情形和对象使用最佳授权方式，最终减少团队中资源的冲突。

误区四：因嫉妒心理而不能授权。有些领导者担心下属比自己更出色，最终会取代了自己的位置。其实，如果领导者能把那些常规性的工作派给别人去做，自己就可以腾出时间来做一些更富有创造性的工作。

7. 领导要抓“牛鼻子”而不是“牛尾巴”

有些管理者，凡事亲力亲为、事必躬亲，甚至废寝忘食、不分昼夜，表现出兢兢业业、恪尽职守的敬业精神，这在表面上或者说在短期内会提高工作效率，增加工作业绩，但从长期来看，结果恰恰相反，非但不能提高工作效率，反而会使工作效率大大下降，工作效果和工作业绩也会大受影响。不少领导人持错误的工作观念，以为自己干得越多，越拼命工作，越会赢得下属的敬佩，越有利于公司发展，也越有利于自己的威信的提高。而实际上往往事与愿违，部属不会敬佩这种盲目苦干的态度，甚至会讥讽这种人具有自虐倾向，是一个工作狂。此外，由于你自己的这种工作态度，往往给员工造成一种无形的压力，不利于下属积极性的发挥和才能的展现。

老子就曾经说过：“治大国若烹小鲜。”善管人者，指挥若定，左右逢源，一呼百应，被管的人也心甘情愿，心悦诚服。有了“人心”的基础，企业自然会蒸蒸日上，一帆风顺。而不善管人者，捉襟见肘，顾此失彼，焦头烂额，企业人心涣散，一盘散沙。二者的境况天差地别，这里面显然暗藏天机。

老子所提倡的“无为而治”，实际上说的是：只要做到了无为，其实也就是有为。不仅是有为，而且是有大为。老子提倡的“无为”与“清静”有两个方面的内容：第一，“有所为，有所不为”，该管的管，不该管的绝不插手；第二，“小不为，大有为”，琐碎小事坚决不做，大事要事一定亲力亲为。

“无为而治”的更深一层意思是，作为管理者，要懂得抓大放小，将自己的权力、时间以及精力科学、合理地进行分配和利用，从而取得最佳的管理效率和管理效果。试想，如果管理者事必躬亲，连细枝末节、鸡毛蒜皮的小事都要过问、干涉，不但会影响下属的工作积极性和主动性，自己也会忙得焦头烂额。

在企业的管理实践中，一些领导者常常喜欢跨越层次，越俎代庖，动辄“一竿子插到底”，样样都管，事事都做，不论大事小事都要从头管到尾，结果什么都管不住，什么都抓不好。而当基层出了问题时，却不追究各个层次应负的责任，而是对基层一味地进行批评、处理。这种既越级理事，又不分级治官的做法必然使管理链脱钩，最终导致管理混乱和低效。

领导者作为一家之主或者是挑大梁者，事事关心、时时操心，这本无可厚非。但领导者的精力、时间、能力、智慧等毕竟有限，如果靠一个人承担全部责任和事务，不仅自己会被累垮，而且企业也会被拖垮。

第九章

意见激励——尊重个性，激发员工的潜能

智慧的源泉总是来自群众，一个好的点子和创意、一项好的建议和意见，可以为企业带来很大的益处，小则可以为企业创造可观的利润和效益，大则可以为企业带来革命性的变化，或者挽救一个濒临破产的企业，使企业起死回生，或者使一个企业实现跨越式的发展，实现质的飞跃。因此，领导者要善于挖掘和利用广大员工的智慧，激励员工不断提出有价值、有建设性的点子和建议。

1. “唱反调”者或许是创新的源泉

很多管理者总是喜欢言听计从、唯唯诺诺的员工，认为这样的员工比较听话，好管理，其实不然，这样的员工很容易让管理者陷入误区，导致“一叶障目，不见泰山”。管理者的视角和思维是有限的，看问题总会有失误的时候，而在一旁的员工或许看得很清楚、很客观、很真实，如果他不指出来，管理者就会作出错误的决策，从而给组织造成难以挽回的损失。

与容忍失败相比，容忍“唱反调者”可能更难，因为这样的员工总是坚持自己的主见，甚至与管理者“背道而驰”。但是，这样的员工如果用好了，就能够成为企业创新的主力军。潘石屹就曾说：“唱反调的员工，他们看似不合常规的思维往往就是企业创新的源泉。”

优秀的管理者大多是能够听取不同意见甚至对立意见的。IBM公司第二代领导人托马斯·沃森说：“最容易使人上当受骗的是言听计从、唯唯诺诺的人；我宁愿用那种脾气不好，但敢于讲真话的人。”

美国斯坦福大学的管理学教授罗伯特·萨顿的观点更是离经叛道，他认为企业要不断创新，应“招聘那些学习很慢的人，招聘那些你不喜欢的人，招聘那些你根本不需要的人；鼓励员工公然反抗主管的命令，鼓励他们与同事争吵；想想有哪些荒谬的事情可以做，然后去做！”对那些提出了创造性的革新思路或建议的“反调员工”，即使经过公司的详细论证没有采纳其思路或建议，企业也应给予真诚的赞赏，以鼓励员工参与创新的热情和积极性。

喜欢“唱反调”的员工往往是喜欢冒险、敢于冒险的员工，而一个成功的管理者应该意识到，在员工中形成冒险精神是激励员工发挥积极性和聪明才智的重要因素，也是促使个人与公司不断成长、发展的重要条件。因此，成功的管理者会创造一种氛围，奖励敢于冒险的人，并且给他们从错误中学习的机会。

优秀的企业家能认识到，成就最大的往往是那种愿意而且敢于行动的人，四平八稳的船绝不会离开港湾太远。因此，他们鼓励员工冒险，并且能够认识到，这是个人和公司成长所必须付出的代价。

英特尔公司之所以能取得今天的辉煌，与他们的企业文化密不可分。公司的管理层长期以来致力于打造“让员工主动参与公司发展”的工作环境，希望员工能够对公司作出更大的贡献，同时也让员工自身获得成就感。因此，员工纷纷积极地运用“建设性对抗”提出自己的建议。

“建设性对抗”的指向是“如何解决问题”，而不是针对个人。员工在提出对抗之前，必须准备足够的、正确的、合理的数据佐证自己的观点，同时要考虑时效性和同事关系。众多合理的建议成为公司决策的重要依据之一。

对于英特尔公司这样一个以技术为主的公司来说，创新就是生命。当员工愿意创新时，管理层就会给予其机会，并在一定程度上容忍其冒险失败。在员工冒险的过程中，相关负责人会定时跟踪，作出评价，并给予奖励。英特尔公司甚至规定，如果在聘用一年内不犯“合理的错误”，就会被解雇。

2. 要重奖有价值的“点子”

无论在什么时候、在什么组织里，智慧的源泉总是来自广大群众。同样，在企业里，对企业发展有利的好点子大都也来自广大员工，如果离开了广大员工的智慧，企业的经营管理就成了“无源之水，无本之木”。

一个好的点子和创意、一项好的建议和意见，可以为企业带来很大的益处，小则可以为企业创造可观的利润和效益，大则可以为企业带来革命性的变化，或者挽救一个濒临破产的企业，使企业起死回生，或者使一个企业实现跨越式的发展，实现质的飞跃。

因此，管理者应该充分挖掘和利用广大员工的智慧，对员工的意见和建议给予充分的、高度的重视，对有价值的、有利于企业发展的意见和建议要给予一定的奖励。这样不仅能够调动员工的工作积极性和主动性，激发员工的创造能力，提高员工的工作效率，而且还能够为企业带来意想不到的收获，无论是对企业还是对员工来讲，这都是有利的，是一个“双赢”的结局。

在许多著名企业，领导者都很重视员工的意见和建议，并采取不同的办法和措施给予一定的奖励。

日本冈田屋百货公司别出心裁地每年举办一次“向太太们买设想”的活动。每年参加该活动的主妇们多达五六万人，她们提出了各种各样的设想，如带抽屉的切菜板、底部有活塞开孔的盒子等。每年冈田屋公司为举办这项活动花费近 100 万日元，但那些实用而带有新意的设想为公司带来的效益却要以亿计算，而活动本身又促进了与顾客的沟通。

当你的下属向你无偿提供他们的想法时，也可能是你创造效益的好时机。善于听取员工意见和建议的管理者，不仅可以提高自己的管理效率，增强自己决策的准确率，还能有效调动员工的参与度以及工作的积极性与主动性，从而增强责任心，提高工作效率。

在中国著名的电器企业奥克斯公司，就有鼓励员工提合理化建议的传统和习惯，并且这种做法迄今为止已经坚持了十余年，几乎与企业的成长和发展时间一样长久。在开展这项活动的十多年里，企业投入和员工参与的积极性和主动性有增无减，使此项活动并没有成为“热闹一阵子后就没了声响”的“过场戏”，而是逐渐“升温”，并最终升级为一场在员工中间越刮越猛的“头脑风暴”。

近几年来，奥克斯共计采纳员工合理化建议近5000条，并产生了直接经济效益近2亿元，几乎相当于国内一家中型企业的年利税额；在奥克斯目前的1万多名雇员中，有超过半数的人曾提出过各类建议；在过去十几年里，共计有7800多人次分享了总额超过600万元的合理化建议奖，分摊到每一位员工头上，相当于人均“发奖金”700多元。

在奥克斯公司内部，还设立了“金点子”擂台，其中有一位擂主，是奥克斯供应部门的员工吴建明。2001年，他提出在空调中使用一种改进型的截止阀，当年可节约成本630万元，吴建明因此获得了15万元的奖励；2002年，吴建明又提出一条改进空调内螺纹铜管的设计的建议，为企业节约采购成本1000万元，因而又获得了23万元的现金奖励；2003年春，吴建明的“暴发”故事又续新的传奇，他提出的一则成本管理类建议，为企业节约了成本1000万元，他又因此获得了奖励30万元。三年内，仅因提合理化建议奖，就让这位奥克斯集团的员工得到“真金白银”70余万元。

当员工确信企业是“实打实”地开展这项活动之时，创新的动力顿时被激发出来；同时，“金点子擂台”也逐渐成为奥克斯集团节能挖潜、技术革新、提高劳动生产率、增强市场竞争力的有力武器。

3. 以开明的作风激发员工的智慧

员工的意见多而杂，很多是从自身利益出发，领导者可挑选符合公司整体利益的意见，并采纳它。但在对待员工意见的态度上，领导者必须给予高度的重视，这样才能调动员工进言的积极性，让他们畅所欲言。毕竟，他们处在工作的第一线，很多时候，他们才是问题的发现者。

公司管理者应当使普通员工树立这样的态度，即：员工们有一种主人翁责任感并且对相互之间的问题和目标有所了解；员工们能感到自己有机会接触高级管理人员，而任何人都不会远离指挥人员，以致不知道企业在向何处发展。

由于IBM管理部门的层次增多，从五层、六层一直增加到七层，这已成为巨大的挑战。小沃森不断地寻找方法保持他所称为的“小公司态度”。小沃森了解到的令人吃惊的情况之一是，为了解决变革问题，决策层必须加强IBM内部的沟通，步伐要大，速度要快。IBM的决策层当即行动起来，利用各种渠道听取普通员工的意见，其中包括实地调查、设建议箱，甚至举办解答问题活动——被称为

“畅所欲言”的活动。这些活动以不记名的形式进行，以防止高级管理人员知道提意见者的身份及姓名而予以报复。

为了缩短推销人员或工厂工人同高级管理人员之间的距离，IBM采取了最通常的做法——“敞开大门”。这是老沃森在20世纪初采取的交流措施。小沃森利用“敞开大门”的措施，用以衡量IBM的健康状况。小沃森认为，这是用其他办法无法办到的事情。有意见的IBM员工最初可以向他们的直接主管诉说苦衷，如果得不到解决，他们有权直接找到小沃森。其实，每十个这样的案件有九个应由下级加以解决，或者级别较低的管理人员已经为之作出了正确的决定，不过，小沃森还是认真听取员工们的意见。由于小沃森从小就在IBM的氛围中熏陶，他对工人的问题了解得很多，而且对IBM存在的问题深有感受，以致他每次听到员工们的申诉，都能敏锐地发现“这里面的确有问题，要跟踪加以解决!”

每个公司都想建立起乐于服务、全身心投入工作的风气。那么，应该注意哪些事项呢？也许各人有各人的想法，作为领导者，重点之一则在于乐于接受部属的建议。当部属提出某些建议时，应该欣然地表示：“没想到你会想到这种事。你很认真，真不错。”以开明的作风接纳意见，部属才会提出建议。

有时，下属热心提供了许多建议，但实际上，有些建议并不便被立刻采用。这时，领导者也应该接受他的热诚，诚恳地告诉他：“以目前的情形，这恐怕不是适当的时机。请你再考虑一下。”

小沃森善于发掘员工的潜力，调动他们的创造精神及献身精神，想方设法刺激员工为公司出谋划策和卖力干活。为了稳定人心，他大胆采取了终身雇佣制，使员工有明显优于其他大公司的工资收入，还经常为员工提供丰厚的福利服务。为了维护员工的工作热情，增强员工对公司的亲近感和信任感，他广开言路，倾听各种意见和主张。公司内任何人在感到自己受压制、打击或冤屈时，可以上告。他亲自接见告状人，对有理者给予支持。他鼓励员工们工作中不怕失误和风险，为了公司敢于承担似乎不可能完成的任务，敢去干一般人似乎无法办到的事。

4. “边走边听”了解最真实的情况

有些管理者总是喜欢坐在办公室，躺在老板椅里对员工发号施令、布置工作任务，或听员工汇报工作，殊不知，这对企业而言存在着很大的弊端。如果领导不是主动接近员工，主动给予员工发表意见、表达主张的机会，员工心里的一些好的意见、建议、创意就难以表达，管理者就很难听到全面的、真实的意见和建议，真正了解员工的需求，员工的创造潜能就无从发挥，员工对工作的信心、热情和积极性也受到打击。

作为管理者，要想倾听员工心里最真实的想法，了解员工心里最真实的需求，并从员工中间得到最广泛、最有价值的意见和建议，就应该放下身段，放低姿态，走出办公室，到员工中，到车间，到生产一线，到公司的最前沿。

这种管理方式在管理界通常被称为“走动管理”，并被世界很多著名的大企业所采用。其中惠普公司就是实行走动管理的典型代表。实行走动管理，与员工面对面，有利于随时听取员工的意见。

惠普公司总裁卡莉·费奥莉娜作为公司的高级领导，首先从自我做起，带头实施走动管理。

卡莉·费奥莉娜在实施走动管理的过程中，主要采取三项措施：经理自上而下在公司各部门中的纵向走动、员工在公司各部门间的横向交流、举办各种集体聚会活动。

措施一：经理自上而下在公司各部门中的纵向走动。

经理经常在自己部门，甚至是别的部门中走动，或者参加一些随意的讨论。卡莉·费奥莉娜要求管理者经常性地巡视部门中的工作情况，多在部门中走动，以了解每位员工的工作方式、工作状况，以便随时掌握工作进度。管理者必须融入员工们的讨论中，从中发掘每一位员工对公司的真实想法和切身感受，包括员工对公司现状的看法、对公司未来发展的预测、人际关系是否融洽、自己的上司或任何一位管理者的不称职行为、对公司及各个部门管理方式和经营策略运用的各种意见等。

员工的意见和建议有的或许比较片面、浮浅，但却是来自公司内部的第一手资料，是员工对公司最真实、最直接的想法和感受。员工是任何管理模式和经营策略的直接执行者，只有他们才对某一项决议最有发言权，因此，他们的任何意见和建议都值得管理者借鉴和参考，以利于管理者发现问题、解决问题，制定正确的、有针对性的决策。

措施二：鼓励员工在各部门间进行横向交流。

在一个企业中，同级之间员工的横向交流，是形成企业内部良好的工作风气和工作氛围的很好途径。一个公司具有相同或相似职能的部门往往不止一个，这些部门总会产生这样或那样相同或相似的问题，而鼓励各部门员工之间的交流，既可以互相交流工作经验，又可以避免恶性竞争。即使是关联度不高的部门，各部门员工之间的横向交流也可以增强企业内部的向心力和凝聚力。

措施三：积极举办各种集体聚会活动。

通过举办茶话会、生日会、午餐会、周末聚会等各种各样的聚会和活动，把员工聚集在一起，让员工彻底放松心情、畅所欲言，从而激发员工的思维、启迪员工的智慧，这时候，员工也更容易产生奇思妙想，可以说包罗万象、五花八门。对管理者而言，在这个时候也更容易发现一些员工平时未能展示、未能显露的才能和特长，更容易听到平时不能听到的员工心里真实的想法、意见和建议，更容易发现一些员工平时没有显露的性格特点、兴趣爱好，等等。

管理者与员工在这种轻松愉快的氛围里进行交流，很容易拉近管理者和员工之间的心理距离，双方都会感受到彼此间的尊重和信任，因而能够调动员工参与发言讨论、发表意见的积极性和主动性，增强员工在日后工作中的责任心。

通过这种走动式的管理，惠普公司内部形成了良好的工作氛围，员工工作的积极性、主动性和责任感也大大增强了，工作效率也大大提高了。卡莉·费奥莉娜根据员工们的意见和建议，随时改变措施、调整政策、完善管理，将惠普上上下下、管理层和广大员工有机地融为一体，从而使得公司不断发展壮大。

5. 善于倾听基层员工的声音

许多管理者总是喜欢高高在上，自上而下地发号施令，但却忽视了企业一线和基层最真实的情况，结果往往导致错误的决策，给组织造成了难以弥补的损失，更别说激励员工、提高效率了。

员工的意见形形色色、五花八门，有中肯的、深刻的，也有浮浅的、不靠谱的，多而杂，不一而足。从组织和管理者的角度来讲，总是会选择对组织有利的、符合组织整体利益的、有助于改进管理和改善业绩的意见和建议，这无可厚非。但对于员工的意见和建议，无论是好是坏，领导者都要一视同仁，给予高度重视，而不能厚此薄彼，更不能轻视、忽视，甚至鄙视、摈弃。

激励员工的积极性的方法多种多样，以提出问题的方式让员工们发挥创意、释放智慧、提出意见和建议的过程，往往比下命令更容易令人接受，实在是一种好办法。在南非的约翰内斯堡有一家专门生产精密机床零件的小制造厂，有一次，该厂的总经理伊安·麦克唐纳有机会接受一笔很大的订单，但他深知自己无法满足客户的日期要求，因为这批货的交货时间太短。车间的工作是早已计划好的，因此他认为接受这批订货几乎是不可能的。

他没有下命令催促工人们加速工作，突击生产这批货，而是把员工们召集到一起开了一个会，解释了工厂面临的情况，并且直言不讳地和员工们讲，如果本厂能够如期完成这批订货，对于工厂和员工个人将意味着什么，然后这位经理开始提出问题："我们还有什么别的办法处理这笔订货吗?""谁能想出其他的生产办法来完成这笔订货?""有没有办法调整我们的工作时间或人力配备，以便有助于突击生产这批活儿?"

于是员工们的积极性被激发起来了，大家七嘴八舌地提出了许多想法。结果，这批货不仅被接受下来，而且工厂做到了按期交货。

每个企业的管理者都希望能够获取真实而又全面的信息，了解到最客观、最实际的情况，以便正确决策，提高效率。而要做到这一点，领导者就必须乐于听取和接受部属的意见和建议，尤其是来自基层和一线员工的意见和建议，不论是好听的，还是难听的，都要虚心听取和接受。当部属提出某些意见和建议时，你应该高兴地表示："没想到你会想到这样的事情。这说明你对工作很认真，很有责任心，真不错，非常感谢你。"

如果上司能够重视部属的意见，并以积极、热情的态度认真听取下属员工的意见，下属就会感觉到自己受到了上司的尊重，从而产生一种自豪感和成就感，对自己所做的工作更加充满热情和信心，在以后加倍工作的同时，还会提出更有创意、更有建设性和更有价值的意见和建议，为企业作出更大的贡献。

6. 倾听员工建议的几个要点

俗话说："兼听则明，偏信则暗。"聪明的领导者不会刚愎自用、固执己见，更不会独断专行，而是善于听取别人的意见和建议，善于吸取和利用大众的智慧，因为一个人的智慧是有限的，真正的智慧来自广大群众。

倾听，是一门综合的管理艺术。通过倾听，不仅能考验一个人的沟通和交际能力，也能看出一个人的思想视野和知识渊博程度，还能衡量一个人待人处事的方式方法。作为企业的领导者，是否善于倾听别人的建议和意见，是衡量其管理水平高低的一个重要标志。善于倾听下属意见和建议的管理者，不仅可以有效改善自身的管理，提高管理效率，也能够让员工感受到重视和尊重，从而有效激发员工的工作积极性、主动性和创造力，提高员工的工作效率和整个组织的工作绩效。

日本松下电器的创始人松下幸之助在经营管理中，有很多自己的心得和体会，其中最重要的一点就是：首先要细心、耐心地倾听他人的意见。松下先生是用自己的实践来证实倾听的重要性的。在工厂的产品批量生产前，他要充分倾听各方面人员的意见，在此基础上再确立下一步的经营目标和计划。由于他能充分地听取各个层次的意见，所以处理问题时胸有成竹，当机立断，表现出敏锐的判断力和果断的决策力，很少出现重大的决策失误。

英国一家公司的总裁洛伊·西逊在自己多年的经营管理实践中，也总结出了一套管理法则，并把这套法则概括为三点：首先，部门经理每年召开三至四次会议，以增进上下交流，倾听意见和建议；其次，培养职业习惯，称为“经营管理唠叨”，即不停地提问题，问为什么、怎么样、什么时间、什么时候、有多少等问题，直到得到完满的答案为止；第三，维护自己的人际关系，培养谦逊的品德、幽默的情趣。可以看出，洛伊·西逊的这套管理法则的核心和重点也是倾听，并且要主动地提问题，而不是一味地指示和命令。

作为企业的领导者，应当学会和善于听取员工的意见和建议，当部属提出意见和建议时，应掌握以下几个方面的要点：

要点一：要有一个良好的倾听意见和建议的态度。一般说来，多数上司的工作经验会比较丰富，专业知识也比部属精深。所以部属所提出的意见，在上司眼中，也许根本就不成熟，不值一顾。尤其是在上司忙碌的时候，更不可能有耐心去聆听。但无论是什么情况，上司都必须有真诚的倾听态度。这样，部属就会感觉被重视，从而更主动找机会表现自己的才能。

要点二：保持开明的作风，对任何意见和建议都给予鼓励，不要拒之门外。管理者有了开明的作风，部属才会提出建议。当然，你要站在上司的立场，从各方面考虑建议该不该采用。对一个企业来说，有着包容建议的风气，是很重要的事。如果一再地拒绝部属所提的建议，会使他们觉得“上司根本不重视建议，以后不再做这种出力不讨好的事了”。结果，员工只是死板地做自己分内的工作，没有进步，也没有发展可言了。

要点三：通过听取员工的意见和建议，督促其成长和进步。懂得和善于听取下属意见和建议的管理者，可以有效促进员工的进步和成长。平常善于听从部属意见的管理者，他的下属一定成长得快，而不善于听取下属意见的管理者，他的下属一定成长得很慢，这种倾向是很明显的。因为上司能听取部属的意见，他的部属就会自动自发地去思考问题，而这也正是使人成长的要素。试想：身为下属的员工，如果觉得自己的意见和建议受到上司的重视，他的心情当然高兴，于是不断涌现新想法、新思路，提出新建议。当然，他的知识面也会越来越宽广，思考越来越精辟，同时做起工作来就更加自觉自发，并不断拓展创新，因而自然而然地实现了自我进步和成长。

7. 柯达是如何激励员工提建议的

作为世界500强企业之一的美国柯达公司，历来就很重视员工的意见和建议。早在1989年前，柯达的创始人乔治·伊斯曼收到一份普通工人的建议书，呼吁生产部门将玻璃窗擦干净。这虽然是不能再小的一件事情，伊斯曼却看出了其中的意义所在，他认为这是员工积极性的表现，立即公开表彰，发给奖金，从此建立起一个“柯达建议制度”。

为了激励员工积极、主动地发表自己的意见，提出有价值的建议，从而最大限度地激发员工的创造潜能，柯达公司精心设计并严格执行“职工建议制度”，主要体现在以下几个方面：

首先，所有管理人员，特别是第一线的领班，必须重视这一制度。如果第一线的领班们对下属职工提出的建议表示冷淡，那么这种建议制度就不能得到职工们的支持。

其次，对职工建议制度进行大力宣传，并对建议人进行奖励。在柯达公司，每一位新职工都会领到一本关于职工建议制度及其奖励办法的小册子，这本小册子能很快地使职工熟悉建议制度的内容。每周的职工周报辟有专栏对建议被采纳的情况进行报道。该公司根据长期经验，制定了一套标准的方法，用以确定所采纳的建议的价值及建议人应得到的奖金数额。发奖金的办法是，由负责建议工作的秘书将奖金支票发给各单位主管，单位主管要把奖金支票发放给得奖人。

第三，对每项建议都要进行认真处理。负责建议的秘书及时把各项建议提交给各有关管理人员和科室，必要时，可把建议付诸实施。有关管理人员和科室对建议作出采纳或不采纳的决议后，必须将决议后的材料送进建议办公室，由负责建议工作的秘书提交本部门的建议委员会审批。

第四，对未被采纳的建议，必须向建议人送一份详细的材料，说明该建议未被采纳的原因。如果建议人要求试验，可由厂方协助进行试验，以鉴别该建议有无价值。如果建议人仍认为他的建议有采用的价值，他可向建议办公室提供更多的依据。在这种情况下，有些未被采纳的建议，最后可能会被采纳。

第五，简化员工提建议的程序。每当该公司职工想出一个建议时，他们随手就可以拿到建议表，并填上自己的建议。职工们可以将建议表投到工厂的信箱中，也可以投到工厂特设的建议收集箱内。如果职工不愿披露姓名，他们也可以采取匿名方式提出建议，然后用建议表上的号码与厂方进行联系，可用电话查询该号码的建议是否已被采纳。建议办公室把所采纳的建议都一一列成表格，定期在公司出版的报纸上公布，或张贴在公司的布告栏上。

对公司来说，这种建议制度在降低产品成本核算，提高产品质量，改进制造方法和保障生产安全等方面起了很大的作用。柯达公司认为，这种制度起了沟通上下级关系的作用，因为每个职工提出一个建议时，即使他的建议未被采纳，也能达到两个目的：一是管理人员能够了解到这个职工心里在想什么；二是建议人得知他的建议得到重视后，会产生一种满足感。

从柯达高度重视员工的建议可以看出，无论在什么样的企业里，智慧的源泉总是来自最广大的员工，如果离开了广大员工的智慧，企业的经营管理就成了“无源之水，无本之木”。企业管理者必须充分挖掘和利用广大员工的智慧，激发员工的积极性、主动性和创造力，从而提高工作效率，创造更大的价值。

第十章

兴趣激励——满足兴趣，让员工对工作充满激情

孔子说："知之者不如好之者，好之者不如乐之者。"惟有兴趣，才能保证一个人始终充满饱满的热情和专注的精神。如果强迫一个人去做他并不喜欢、并不情愿的工作或事情，那么这个人在对待这个工作或事情的态度上肯定是被动的、消极的，而若让一个人去做他非常喜欢、非常情愿去做的工作或事情，那么，不用给予硬性的命令和指示，他自己就会充满热情、积极主动地去做。

1. 兴趣是通向成功的催化剂

人生的成功是和个人兴趣紧密相连的，做自己真正有兴趣的事情才会离成功更近。获得诺贝尔物理奖的华人丁肇中说过：兴趣比天才重要。爱因斯坦对物理学的浓厚兴趣使他提出了影响我们一个多世纪的《相对论》；化学家诺贝尔冒着生命危险研制炸药，终于取得了最后的成功。从心理学角度讲，兴趣是人的需要的心理表现，它使人对于某些事物优先给予注意，并带有积极的感情色彩。

作为企业的领导者，要善于发现、激发和利用员工的兴趣，通过员工对某项工作和事物的兴趣去激励员工的工作热情，调动积极性，激发员工的创造力，使其不断努力进取，在为企业创造更大价值的同时也实现自我价值。

在创业初期，苹果公司的员工们每周的工作时间不止 80 小时或 90 小时，这种狂热的工作情绪不是出于公司的某项强制性规定，而是来源于工作本身的乐趣与挑战，员工们为改变人们对个人电脑的看法而不断奋斗。

法国一家日用化妆品公司鼓励员工拿出 5% 的带薪时间去做志愿服务和感兴趣的工作，结果公司的业绩非但没有因为工作时间的减少而衰退，反而有不断的创新成果出现。

孔子曰：“知之者不如好知者，好知者不如乐知者。”兴趣是乐趣的孪生兄弟，对有兴趣的事物人们总是乐此不疲。兴趣是成功的开始，而成功的体验则又会将兴趣转变为志趣或是矢志奋斗的理想。

我们说，兴趣是通向成功的催化剂，因为兴趣能够激发一个人取得成功所必需的一些要素和条件，具体有以下几个方面：

首先，兴趣能够增强一个人的责任心和使命感。任何一种兴趣都是由于参与这种活动而使人体验到情绪上的满足，这种满足伴随着一定的情感过程，由此产生的内在性激励会更持久、更有效。在企业内部，责任与兴趣相伴而生。兴趣源于为实现个人目标而进行的努力，责任则源于为企业创造价值和实现共同的愿景，当两者可以通过管理层的激励与工作设计形成融合时，员工就会被巨大的使命感驱策，以主人翁的精神迸发出积极奉献的动力，投入创新性的工作。

其次，兴趣能够让人把工作当成一种乐趣，从而充满持久的热情和动力。一般而言，兴趣并无功利的羁绊，是一种内在动力，驱使人们自觉地连续进行某种活动。在这种情况下，一旦兴趣与职业联系起来，或者说一旦兴趣与专业联系起来，将大大促进其发展或成功，成为快乐与幸福的源泉。庄子《逍遥游》中的“无己”、“无名”、“无功”的境界所描述的正是自由地选择兴趣所指引的无功利之事，按照自己的理想和爱好做事做人，不为己忧，不为物喜。

第三，兴趣能够激发员工的潜能和创造力。马斯洛曾经说过：“音乐家必须演奏音乐，画家必须绘画，诗人必须写诗，这样才会使他们感到最大的快乐。什么样的角色从事什么样的事情，我们将这种需求称为自我实现。”自我实现是人们对完成与自己能力相称的工作的渴望，来源于对自己潜力充分发挥的内在需要。而兴趣则是自我实现的催化剂，它能够激发个人的潜能和创造力，从而推动自我价值的实现。

2. 鼓励员工做自己喜欢的事

如果强迫一个人去做他并不喜欢、并不情愿的工作或事情，那么这个人在对待这个工作或事情的态度上肯定是被动的、消极的，即使勉为其难，也是消极怠工，效率低下，最终不会产生什么良好的结果。而若是让一个人去做他自己本来就非常喜欢、非常情愿去做的工作或事情，那么，不用给予硬性的命令和指示，也不用进行监督和督促，他自己就会积极、主动地去做，而且会抱着极大的热情，以饱满的、振奋的精神状态投入到工作中，并千方百计地克服种种困难和挑战，最终高效、出色地完成任务。

惟有兴趣，才能保证我们始终充满饱满的热情。国际知名艺术家尤勃连纳向来以光头造型与敬业精神著称，在他的演艺生涯中，他一直主演《国王与我》这部戏，这部戏从上演那年开始，一直到他去世那年为止，一共演了长达 53 年之久。依据统计，尤勃连纳一共演出了 4625 场之多，平均每五天就演一场。正是因为尤勃连纳对演戏抱着无比的热忱，所以乐此不疲；也正因为他的专注，所以他能够始终如一；更因为他能持续练习，不断改进，才能创造出不平凡的事迹。

在企业里，也是同样的道理。管理者应当明白：只要是下属喜欢的事情，他们就会全力以赴，全心全意、尽职尽责地去做，即使是失败了，他们也不会怨天尤人，寻找各种理由和借口，把责任推到领导或者企业身上，而是能够及时、主动地总结经验、吸取教训，希望下次能够做得更好。如果他们通过自己的努力仍然干不出成绩来，就会好好地反省自己，重新评估和调整自己，发现缺陷，弥补不足，这样有利于员工辨明方向，理顺思路，不断进步和提高。

在人才资源管理中，其核心和最终的目的就是最大限度地挖掘员工的潜能，让员工发挥出最大的能力和水平。而要做到这一点，首要的前提就是企业和管理者要给员工创造一个宽松的环境，让员工有条件去发挥，而这种宽松的环境，最重要的莫过于尽可能地去满足员工自身的兴趣、爱好，喜欢干什么就让他们干什么，想干多久就让他们干多久，让他们自主选择，拥有愉快舒畅的心情和高涨的热情，才能充分释放自身的能量。比如谈恋爱。为什么谈恋爱时无论投入多大的精力，面对多大的困难，历尽多大的磨难，人们也会勇往直前，在所不惜，心甘情愿呢？原因很简单，那就是喜欢，这是一种虽然无形但却十分强大的力量。

当然，管理者鼓励下属员工去做自己喜欢做的事情，并不是没有限制的鼓励，也并不是员工喜欢做什么就做什么、想做什么就做什么，在企业里，毕竟要根据企业的实际情况和实际需要，再结合员工自身的兴趣爱好，进行合理的分工，尽量满足不同员工的不同需求，最大限度地让员工做自己喜欢做的工作或事情。

一个人的兴趣是多元化的、复合性的，比如爱好艺术的人，同时还爱好运动、聊天等，就像高考一样，填报志愿的时候，有第一志愿、第二志愿。在处理时，可以先满足下属的第一兴趣，如果第一兴趣满足不了，可以考虑其第二兴趣、第三兴趣。

如果在当前的实际情况下，由于企业的条件尚不具备，无法满足员工的兴趣爱好，就可以考虑暂时放在一边，一旦有机会就给其安排。

领导者在满足员工的不同兴趣以激发其工作热情和调动其工作积极性的时候，可以参考和借鉴以下一些措施和方法：

第一，调查企业的客观情况，了解员工的不同兴趣爱好，看看企业有没有能够满足员工兴趣爱好的工作或事项。

第二，要对下属进行全面的考察与评估，并给予一定的指导，帮助下属正确认识自己，避免他们走弯路，因为每个人对自己能力的评估和兴趣爱好的界定，不一定准确和科学。有些人并不知道自己的兴趣究竟在哪里，不知道自己究竟适合干什么，对自己能力的评估也会出现偏高和偏低的现象。所以，如果完全听任下属自己选择，也可能会出差错。

第三，在满足下属员工兴趣爱好的过程中，要进行必要的、适当的监督和控制，因为有些人对什么都不会有太久的兴趣，三分钟的热情过后就趋于冷淡，积极性和主动性就没有了，干什么都不能持久。因此，如果对这种情况坐视不理，就会出问题，造成负面效果。

3. 针对不同的兴趣给予不同的激励

作为企业的领导者，要善于发现和准确判断员工的兴趣所在，并有针对性地采取不同的激励措施和方式，合理安排员工的工作岗位，让其做自己最合适、最擅长的工作和事情，这样才能让有不同兴趣爱好的员工充分释放自己的工作热情，发挥自己的潜能和特长，从而提高工作效率，创造最大的价值。

对于兴趣和职业之间的关系，国内的一些专家根据《加拿大职业分类词典》作了如下分类：

兴趣类型 A：愿意与事物打交道——喜欢同具体事物打交道，默默无闻，埋头苦干。相应的职业诸如制图、地质勘探、建筑设计、机械制造、计算机操作、会计、出纳等。

兴趣类型 B：愿意与人接触——喜欢与人交往，结交朋友，对销售、公共关系、采访、信息传递一类活动感兴趣。相应的职业如推销员、公关人员、记者、咨询人员、教师、导游、服务员等。

兴趣类型 C：愿意干规律性工作——喜欢常规性、重复的、有规则的活动，习惯于在预先安排好的程序下工作。相应的职业如图书管理员、文秘、统计、打字、公务员、邮递员、档案管理等。

兴趣类型 D：喜欢从事帮助人的工作——乐于助人，试图改善他人的状况，帮助他人排忧解难。相应的职业如福利工作、慈善事业、医生、律师、保险业、护士、警察等。

兴趣类型 E：愿意做领导和组织工作——喜欢掌管一些事情，

希望受人尊敬并获得声望，在活动中时常起骨干作用。相应的职业如政治家、企业家、社会活动家、行政管理、学校辅导员等。

兴趣类型 F：喜欢研究人的行为——对人的行为举止和心理状态感兴趣，喜欢谈论人的问题。相应的职业如社会学、心理学、人类学、组织行为学、教育学、政治学等方面的研究和调查分析。

兴趣类型 G：喜欢钻研科学技术——对分析的、推理的、测试的活动感兴趣，长于理论分析，喜欢独立工作并解决问题，也喜欢通过试验取得新发现。相应的职业如气象学、生物学、天文学、物理学、化学、地质学等研究和实验。

兴趣类型 H：喜欢抽象的和创造性的工作——对需要想象力和创造力的工作感兴趣，喜欢独立工作，乐于解决抽象问题，具有探索精神。相应的职业如哲学研究、科技发明、经济分析、文学创作、数理研究等。

兴趣类型 I：喜欢操作机器——对运用一定技术、操作各种机器去创造产品或完成任务感兴趣。喜欢使用工具，尤其是大型的、马力强的先进机械。相应的职业如飞机、火车、轮船、汽车的驾驶，机械装卸、建筑施工、石油与煤炭的开采等。

兴趣类型 J：喜欢具体的工作——希望能够很快看到自己的劳动成果，愿意从事制作有形产品的工作。相应的职业如室内装饰、时装设计、摄影师、雕刻家、画家、美容美发、烹饪、机械维修、手工制作、证券经纪人等。

兴趣类型 K：喜欢表现和变化的工作——对表演、运动、惊险、刺激的事情感兴趣，喜欢经常变动、无规律的但具挑战性的工作。相应的职业如演员、运动员、作曲家、旅行家、探险家、特技人、海员、职业军人、警察等。

对一个人的认识，主要有性格、兴趣和能力三方面。近年来，国外用人单位在选人时有一种新观念，认为性格比能力更重要。他们认为，一个人能力不足，可以通过培训提高；但一个人性格不好，要改变起来就困难多了。我国有句古话，叫“江山易改，秉性难移”，说的也是这个道理。所以在招聘新人时，用人单位往往将性格测试放在首位，当性格与职业相匹配时，才对其能力进行测试考查。我们在选择职业时，也要首先考虑自己的性格特点，外向性格更适合从事与外界广泛接触的职业，如律师、记者、推销员等；内向性格则比较适合从事有计划的、稳定的、不需与人过多交往的职业，如研究人员、会计、资料管理员等。但兴趣与职业的匹配也很重要。兴趣是一种强大的精神力量，它可以使人集中精力去获取知识，创造性地开展工作。

对于员工来讲，谁找到了自己最感兴趣的工作和职业，谁就等于踏上了通向成功的道路，而对于企业的领导者而言，谁发现了员工的兴趣所在，谁就找到了成功激励员工的方法。

4. 兴趣能够让人把工作当成事业

兴趣，是指人对事物的特殊的认识倾向。在工作的兴趣激励中，管理者必须为员工寻求工作的内在意义，也就是要为员工创造工作的意义和价值。员工体会到工作的内在价值与意义，才会真正为这份工作而积极努力，发挥自己的最大力量。人生能从自己的职业中领略出趣味，生活才有价值。孔子自述生平，说道："其为人也，发愤忘食，乐以忘忧，不知老之将至云尔。"

自古至今，从中到外，涌现出无数对自己的职业充满无限热爱的人，比如诺贝尔一心一意地研究炸药，一次，发生了爆炸，炸死了他的父亲和弟弟，他从浓浓的烟雾中跳出来，还高兴地喊着"我成功了……"正是因为热爱，伽利略举起了他的望远镜，最终让整个世界都为之信服；同样是因为热爱，哥伦布才克服了艰难险阻，领略了巴哈马群岛清新的晨曦；还是凭借着热爱，弥尔顿、莎士比亚才能够写下不朽的诗篇……

"凡职业都是有趣味的"——居里夫妇在成吨的工业废渣中提炼"镭"，几年如一日，非常艰辛与枯燥，但他们怀着找到"镭"的梦想，从未认为这项工作是无聊的，也从来没有抱怨叫苦而想放弃。

曾有一名在某航天公司工作的女员工，在同一个岗位上干了38年。在此期间，公司换了很多位老总，每一位老总都想要提升她，但她都拒绝了。于是她一直留在了这个岗位直到退休。她确实做得非常好，还培训了很多这个岗位上的新员工。她所想要的，并不是提升，也不是更多的薪酬，而是对这份工作的兴趣。她喜欢和热爱这份工作，从这份工作中她能享受到无穷的乐趣。

美国著名的希尔顿饭店有位清洁员，他在这家饭店工作了将近20年，一直在洗手间做保洁工作。洗手间总是被他打扫得干干净净。他甚至自己花钱在洗手间放了一瓶高级香水，使客人进去后都能闻到一股芳香的味道。客人们对他的服务交口称赞，甚至冲着他的服务而专门住进这家饭店。他的朋友们都替他惋惜，劝他换一份工作。他却骄傲地说："我为什么要换工作呢？我的工作就是最好的，看到客人对我的工作表示认可和赞扬，这让我有了很大的成就感，这就是我最大的幸福了，我已经把它当做是我一辈子的事业，我又何必换工作呢？"

面对不断改变的环境，培养热爱工作的态度与始终如一的专注精神，是告别低效工作的一剂良方。热爱自己的工作就是一个人保持高度的自觉，充分调动全身的每一个细胞，完成他内心渴望完成的工作。很难想象，一个不热爱自己的工作的员工能始终如一地、高质量地完成自己的工作，更别说作出创造性的业绩了。只有对工作产生了兴趣，才能从中体会、感悟和享受工作的乐趣，这样就能够坚持不懈、乐此不疲，把一份工作变成一辈子的事业。

5. 通过换岗激发员工的工作兴趣

在一些企业中，总有一些懒散成性、意志消沉的人，特别是在亏损企业，这种情况更严重。其实，这些人未必是真正懒惰，而是看不到自己工作的意义，觉得自己的能力被埋没，无法挖掘潜力，看不到继续干下去的希望。

事实上，"想干"的情绪是可以培养的。为了激发员工"想干"的精神，首先要整顿环境，有什么样的环境，便有什么样的员工。整顿环境，就是改变员工的工作环境，激发员工的工作兴趣和工作意愿，其中一个重要方面就是给员工换个"想干"的位置，让员工对新的岗位产生浓厚的兴趣，从而调动其工作积极性。

新员工在各个岗位上轮流观察一段时间，亲身体会不同岗位的工作情况，为以后工作中的协作配合打好基础。对于管理骨干，更要实行岗位轮换，对业务全面了解，提升对全局性问题的分析判断能力，开阔眼界，扩大知识面。销售部门和设计部门的人员也可以轮换，改善新产品的开发质量。例如，日本马自达公司有一个时期因为经营状况不好，本来需要裁员，但他们又不忍心裁员，于是让下岗员工都做直销，推销自己企业的汽车。后来，公司对那些销售量大的人员进行统计分析，发现前十名原来都是搞设计的。因为这些人对技术有深入的了解，面对顾客解释得更清楚，使顾客产生信任。这些人在公司状况好转后又回到设计岗位，他们在推销时获取的市场信息对他们的设计非常有帮助。

美国皇冠牌瓶盖公司曾经是一家国际性大公司，因经营不景气，被约翰·柯纳利收购，柯纳利自任总经理。他上班的第一天，首先映入眼帘的是公司的守卫人员在守卫室里兴高采烈地玩扑克，他们那种不尽职的态度，使柯纳利深感绝望。他从没有想到，一家国际性公司竟会如此散漫，甚至在生产部门也有如此气氛。

如何扫除充溢于公司每个角落的散漫风气，激发员工的干劲呢？柯纳利毅然采取新的人事政策，重新调整编制，调整员工的工作岗位，使人人都有专责，同时让大家感觉到是为自己的“利益”而工作，大家也就没有时间和兴趣打牌了。

公司的塑料容器部门的产品原本是毫无销路的滞销品，该部门的技术人员可以说是吃饱饭没事干，消沉至极。但自从柯纳利的新人事政策实施以后，这批技术人员得以转换工作单位。他们为雪洗前耻，拼命地干，由往日的消沉变得朝气蓬勃。仅仅过了几个月，皇冠牌瓶盖公司的全体员工都充满了饱满的精神和十足的热情，整个企业也都充满了蓬勃的生机和活力，再也看不到过去那种毫不振作的景象了。

由此可见，激励员工的工作热情和干劲不一定要多少金钱，关键在于能否让员工觉得工作有乐趣、有意义。

6. 创新激励所要遵循的几个原则

作为企业的管理者，要想有效发挥创新激励的作用，激发员工的创新精神，增强员工的创造力，从而提高员工的工作效率，提升组织的整体业绩，就必须遵循以下几个方面的原则。

原则一：领导者要成为创新精神的代言人。

企业在创新过程中，领导具有的创新意识，对整个创新过程来说非常重要。作为领导，必须能够对需要进行变革的环境约束和资源进行切实可行的评估，作出有利于变革创新的反传统、反规范的决策，成为激进变革的代言人和带头人，而不是做传统和现状的卫士。同时，为了实现创新目标，领导者要有强烈的奉献精神，自愿从事高冒险性的工作，承受高代价，甚至为了目标能够自我牺牲。这种行为本身就有极大的感染力、号召力，更是一种不可多得的激励力量。员工在一般情况下本来就有其行为趋向领导者的倾向，领导为实现目标起表率作用，员工必然会对工作充满热情，积极性和创造性也必然会得到极大的发挥。

原则二：尊重不同的创新主体。

企业的创新主体，不仅包括企业家，而且还包括中层管理者和普通员工。这三部分主体是一个有机整体，相辅相成，缺一不可。在企业的实际创新过程中，不同创新主体所处的位置不同，具备的创新条件不同，发挥的作用也不同，相互不能替代。企业家是企业创新的主导，中层管理者是企业创新的中坚，普通员工是企业创新的基础。企业家是企业创新活动的中枢、创新的统领和创新责任的最后承担者；中层管理者处于企业最高管理层和基层的结合部，具有实际管理经验和业务专长，在个人事业发展的中间阶段，创新动力较大；一般员工不但队伍庞大而且处在生产经营第一线，容易发现生产经营中存在的实际问题。只有同等地尊重不同的创新主体，才能有效激励各创新主体的自主创新精神和创新行为。

原则三：创建宽容创新失败的制度。

创新是一种不可预知成功和失败结果的行为，具有很大的不确定性，这就意味着要面对风险。没有风险就没有创新，对失败的宽容即是对创新的鼓励。对勇于创新的人，应给予更多的宽容和理解。有限度地承担风险，可以鼓励员工的创新精神，激发员工的创新潜能。对失败的宽容，要形成这样一种制度，即保证创新者追求创新没有后顾之忧。美国3M公司和强生公司都把创新作为一个独立的部门，由专职经理负责实施，直到取得成功或是失败。由于创新建议最后能成功的只是其中的一小部分，公司规定，创新者一旦失败，除对创新工作的经验教训做必要的分析总结外，不对任何人进行处罚，成员仍可享受原来的待遇。正因如此，企业创新一直处于最佳状态，具有无穷无尽的活力和长久不衰的竞争力。

原则四：给予创新者足够的支持。

领导者要把鼓励员工提出合理建议、支持发明创造纳入企业的日常管理，对积极创新、善于创新的员工给予足够的支持。美国3M公司被誉为创新的典范，关键在于建立了支持创新的制度。为挖掘和培养发明家和创新者，3M公司制订了一条十分简明的行为准则："不要妨碍他们的工作。"3M公司还给予每位员工施展才华、发明创造的机会，鼓励他们为研制新产品进行实验和冒险；规定每位员工在提出一个可行的新产品开发方案后，便由他组织一个小组进行开发，优胜者便被任命为产品开发小组的主管；对开发性研究持科学的态度，慎重对待，不轻易否定或扼杀项目；对于提出的创新方案，公司给予启动资金，并定期授予一定数量的发明奖项和一定金额的发明奖金。

原则五：引入促进创新的竞争机制。

企业要把竞争机制引入创新过程中，倡导不同形式的创新竞争，促使员工人人关心创新和人人参与创新。竞争是十分重要的创新激励机制，能有效激发创新者的灵感，训练创新者的创新意识，全面推动员工努力创新，并最终使企业获得最优的创新方案和创新成果。

7. 营造创新的文化氛围

企业中所有物质和精神的现象，无不与企业文化相关联。企业文化的导向、约束、凝聚、融合、辐射等功能，对企业创新具有极其重大的激励作用。企业必须发挥教育者的作用，积极构建激励员工创新的企业文化，即树立和创造有利于员工创新的经营理念和价值观念。具体说来，企业要通过倡导和培育，使企业文化能够影响和引导员工重视知识、学习知识、共享知识、创新知识；鼓励员工勇于接受挑战和面对困难，在困境中不断奋斗，富有牺牲精神；指导员工全面、客观、辩证地观察和分析问题，视野广阔，具有整体意识和全局观念；等等。

为员工营造积极向上的创新文化氛围，具体表现在以下几个方面。

第一，实现共同的创新目标。

企业是一个有机整体，员工认同共同的创新目标，对激励创新是极为重要的。创新不仅艰苦，而且需要灵感。让全体员工心灵震撼的创新目标，能给员工带来长久不衰的创新激情，能有效地激发员工的创新潜力。必须让员工深知，创新目标的实现需要企业做些什么，现在企业具备的条件是什么；创新目标与现实有多大的差距，缩小差距的可能途径有哪些，突破口可能在何处；创新成功的标准是什么，将如何衡量和考核，使员工不仅愿意而且能够贡献各自的聪明才智。

第二，容纳不同的创新思想。

创新是对现实存在的扬弃和否定，需要各种不同观点和见解的碰撞。若能容纳不同的创新意见，就能有效地激励个性不同的人共同创新。日本的本田汽车公司汽车研究所通过激励个性不同的“怪才”，获得了巨大的成功。该所的研究人员有两类，一类是“本田迷”，他们对本田车的喜爱达到了痴迷的程度，从不计较工资待遇，以亲手参加研制新型本田车为荣；另一类是性情古怪的“奇才”，他们爱提不同的意见，常有奇思异想，热衷于发明创造。结果，“本田迷”和“奇才”共同设计的车型屡屡在国际上获奖，各种不同型号的本田车风靡世界。

第三，肯定不同的创新能力。

不同的创新员工都有自己的思维特点，都具有一方面或几方面的创造力。在智力方面，有的人具备探索问题的敏锐性和形象思维能力，但缺乏概括性的思维能力；有的人思想活跃，联想能力强，但缺乏洞察能力和预见能力；有的人思维严谨，但缺乏灵活性等。在非智力方面，有的人情绪波动大，有的人稳重，有的人喜欢表现，有的人喜欢默默做事等。在企业创新过程中，如果领导只注意到员工的创新缺陷，或只重视具有某种创新特点的员工，就会严重挫伤员工的创新积极性和热情。

第四，让创新者自主选择合作伙伴。

创造性人才往往比组织更清楚自身的特点和创新工作的情况，愿意自己安排工作上的个人接触，而不愿意组织配备工作班子，包括合作者和助手。只有这样，才能保证创新人才得心应手地进行创新工作，并有效地激发他们创新的积极性。组合人员的自由，应当是多方位的和广泛的，包括横跨企业不同领域的人员组合的自由；还包括与企业外部人员的组合自由。

8. 要激励正确的创新行为

在管理学中，一般认为人们会去做“受到奖励的事情”。领导者可以通过激励组织期待的行为，引导组织成员按照领导者的意图和组织决策的目标去努力奋斗，高效完成既定的工作任务。

领导者要想取得理想的激励效果，在激励创新时，要做到激励员工正确的创新精神和创新行为，具体要特别注意以下几点：

首先，要激励忠诚负责而不是人浮于事。任何一个成功的组织，都需要有尽职尽责、立足现实、忠心耿耿的人。忠诚首先是一种职业的责任感，是承担某一责任或者从事某一职业所表现出来的敬业精神，这样的人越多，组织的凝聚力就越强，战胜危机的可能性就越大。尽管忠诚如此重要，我们却很少看到领导者对员工忠诚的肯定和认可。

其次，要激励敢于冒险的创新而不是因循守旧的服从。要创新，就意味着要冒风险，就要打破组织原有的常规，将有序变为无序。正是有了创新，组织才有了勃勃的生机与活力，才快速向前发展。可是，一些管理者却习惯于因循守旧，满足于机械传递上级信息，安于现状，对于组织中出现的创新行为横加指责，百般压制。其结果是组织缺乏生气，人浮于事。长此以往，追求创业的人少了，而抱残守缺的人多了。那些原本具有创新精神的人，也因找不到发展空间，得不到领导的肯定，或是变得平庸，或是无奈离开组织。对于成功的创新，领导者要给予有效的奖励，以激发员工的创新热情，保持创新的长久性与广泛性。具有创新力的组织才是最有竞争力的组织。

第三，要激励脚踏实地而不是夸夸其谈。在许多组织中，领导者只关注夸夸其谈的人，不断满足他们的各种要求，却忽视那些默默无闻而又努力工作的人，殊不知，正是他们的尽职尽责工作，才使组织任务得以完成。如果他们的努力长期得不到领导的肯定，就会挫伤其积极性，工作热情锐减。因此，领导者要把更多的精力投入到他们身上，要始终把工作重心放在最具创新精神和创新动力的员工身上，这样才能激发员工的创造力，提高员工的工作效率和组织的整体绩效。

第四，要激励简练高效而不是复杂繁琐。

随着组织不断发展壮大，通常也会带来各方面的需求，使事情变得越发复杂，而建立新制度、新程序反而使工作更加繁琐。所以，要通过激励简化行为，促使人们放弃复杂，追求高效。激励简约的实质是要求员工开动脑筋，创新变革，打破传统，大胆清除组织中不合理的、习以为常的做法。

第五，要激励团结合作而不是单打独斗。

在任何情况下，团结的作用都是不能轻视的，组织中任何一个目标的实现，都要依靠全体人员的合作精神。尤其是在今天的市场经济条件下，面对复杂多变的局面，单打独斗的时代已经结束了，惟有团结合作才能抵御风险，取得胜利。现在，有些人个人主义严重，争名夺利，自己不做事，却对工作的人讽刺打击，看到别人进步，就心生怨恨，无端制造新闻，结果导致组织中无人干事，陷入各种人为的矛盾中，从而影响了团队和组织的创新、进步和发展。

第十一章

奖赏激励——适当表扬，使员工不断追求卓越

肯定与赞美是最强有力的激励方式，而且不花钱。科学研究表明：人的本性中最深层的渴望就是得到赏识，但许多领导者却总是板着脸，以一种生硬的态度对待员工，对员工更多的是批评、责备、数落、呵斥，而很少给予适当的、真诚的赞美。适时、恰当的表扬和奖赏，会使一个人的潜能得到最大程度的发挥。领导者在看到下属的每一个进步和出色的表现时，应及时予以表扬和肯定，以激励他们再接再厉，作出更好的表现。

1. 奖赏员工的三个技巧

在企业里，员工工作的目的是为了更好地生存和发展，除了满足金钱和物质方面的需求和愿望之外，员工还希望得到精神上的满足，比如：工作得到肯定和认可、得到别人的赞美和表扬、获得一定的荣誉，等等。一份民意测验结果表明：98% 的人希望自己的领导给自己好的评价，只有 2% 的人对领导的赞扬无所谓；当被问及为什么工作时，92% 的人选择了个人发展的需要。科学研究表明：人的本性中最深层的渴望就是得到赏识。但许多管理者却总是板着脸，以一种生硬的态度对待员工，对员工更多的是批评、责备、数落、呵斥，而很少给予适当的、真诚的赞美。

适时、恰当的表扬和赞赏，会使一个人的潜能得到最大程度的发挥。因此，作为上司，在看到下属的每一个进步和出色的表现时，应及时予以表扬和肯定。每一次表扬都能使他们心里多一些自信心、自豪感、成就感，以激励他们再接再厉，作出更好的表现，取得更大的进步。

以下几个方面的方法和技巧，值得企业领导者借鉴和参考。

第一，授予员工各种头衔和称号。

这种做法可以让下属认识到自己在企业中的位置、作用、价值以及在领导心中的形象。在发展比较成熟的公司里，员工的工资收入都是相对稳定的，很多员工并不会太过于计较工资收入和物质待遇，但都很在乎自己在领导心目中的形象和在企业中的位置。而领导的赞美和表扬往往具有权威性，是确立自己在本单位或本公司中的价值和位置的最重要的标准和依据。

在海尔的奖励制度中有一项叫“命名工具”。张瑞敏看到了普通工人创新改革的深远意义，并想出了一个激励员工创新的好措施，即用工人的名字来命名他所改革的创新工具。如工人李启明发明的焊枪被命名为“启明焊枪”，杨晓玲发明的扳手被命名为“晓玲扳手”。这一措施大大激发了普通员工在本岗位创新的激情，后来不断有新的命名工具出现，员工以此为自豪！

第二，给表现出色的员工发放“红包”。

在台塑集团，多年的经营管理实践令王永庆创造出一套科学的员工激励之道，其中“奖励管理”就是最为精辟的方法之一。王永庆对员工施加巨大的压力，同时，对部属的奖励也极为慷慨。其中，台塑的金钱奖励以年终奖金与改善奖金最有名。王永庆私下发给干部的奖金称为“另一包”，这是一种在公开奖金之外的奖金。“另一包”又分两种：一种是台塑内部通称的“黑包”；另一种是给特殊有功人员的“杠上开包”。1986 年“黑包”发放的情况是：课长、专员级新台币 10 万 ~ 20 万；处长、高专级 20 万 ~ 30 万；经理级 100 万。同时给予特殊有功人员 200 万 ~ 400 万的“杠上开包”。业绩突出的经理们每年薪水加红利可达四五百万元，少的也有七八十万元。此外还设有成果奖金。对于一般职员，则采取“创造利润，共同分享”的做法。这极大地激发了员工的工作热情以及工作积极性、主动性，促使他们为企业创造更大的价值。

第三，在工作报告上赞赏员工。

在许多企业里，员工都要写工作报告，定期向领导汇报一下具体的工作情况，比如，工作计划、工作进展、工作总结等，如果领导者能够在工作报告中体现对员工工作的认可和赞赏，则一定会取得不错的激励效果。

管理者每天都会批阅很多的报告文件，而这些文件的起草和编排是一项繁琐而细致的工作，同时也是一项能够发挥创意、体现员工才能的工作，这一工作需要的不仅是员工的耐心，更重要的是责任心。作为管理者，如果你看到报告文件在文笔、思想、观点以及设计、编排上有非常出色的表现，就应该毫不吝啬地表达你对报告文件撰写人员的认可和赞赏。一个报告文件虽然只有几页薄薄的纸，但这里面却凝聚着员工的许多辛勤汗水和勤劳智慧，因此，管理者千万不要忽视报告文件上的一些看似不重要其实很重要的表扬和赞赏的话语，简简单单的几句赞美的话语，却能够极大地激发员工的工作热情和工作潜能，激励员工不断地发挥自身的创造性，取得进步。

2. 不要忽视掌声的作用

当一个人有了出色的表现时，最希望得到的就是肯定和表扬了，而掌声就是最好的表达方式之一。当掌声响起的时候，一个人的心里能够产生多么巨大的力量，谁也无法说清楚。

有这么一个小故事，充分说明了掌声所起到的不可比拟的巨大作用：

据说有一位富翁，这个富翁没有别的嗜好，就喜欢吃烤鸭，为此，他重金聘请了一位厨师，每天为他烤一只鸭子。那鸭子烤得皮脆肉滑，喷香可口。但富翁是个出了名的小气鬼，尽管每天吃得津津有味，但从未对厨师说过一句表扬和赞美的话。

不知为什么，一段时间以后，厨师每天端上来的鸭子，都只有一条腿。富翁觉得奇怪，但碍于身份不便过问。又过了一段时间，他实在忍不住了，便叫来厨师问道："你烤的鸭子为何都只有一条腿呢？另外一条腿跑到哪里去了？"

厨师不紧不慢地回答："哎呀，你不知道，这些鸭子本来就只有一条腿，不信我带你去瞧瞧。"

于是，富翁便随着厨师来到后院。这时，因天气阴沉，所有的鸭子都缩起一条腿站在树阴下休息。厨师说："你看，鸭子都只有一条腿吧。"富翁气不过，当即用双手使劲拍了起来。此时，响亮的掌声惊动了鸭群，鸭子便都伸出另一条腿。富翁说："你看，鸭子不是都有两条腿吗？"

厨师回答："是的，如果你早点鼓掌的话，那鸭子早就有两条腿了。"

这个带有讽刺意味的小故事充分说明，当人们有了出色表现的时候，非常需要别人的掌声。同样，在企业里，当员工工作出了突出成绩的时候，也需要领导真诚的表扬和赞美，也需要领导响亮的掌声，掌声无疑代表着对员工工作表现的肯定和认可。

人人都渴望自己所做的事情得到认可和肯定，哪怕只是一句简单的赞美的话语。当员工耗费了很多精力，出色地完成了一项复杂、艰巨的任务的时候，身为管理者的你如果能够为他鼓掌以示祝贺，那么，无论这个员工多么疲惫、多么劳累，他也会重新积聚起力量，以更加饱满的精神状态去面对新的工作。

一个人的掌声所发出的声音很微小，但这掌声所产生的潜在影响力量却不可估量，因为领导的掌声永远会响彻在员工心里，给其带来不断前进的动力。

一位著名的企业家说过：“人都希望活在掌声之中，当部下被上司肯定、受到表扬和奖赏时，他一定会更加卖力地工作。”企业管理者应当明白：掌声是内心发出的最美妙的声音，它能够触动心灵。而你的掌声势必会使员工的心随之振奋，并且让这颗心跳动得更加强烈，从而为员工注入持久的动力，使员工释放出更大的能量。

3. 奖赏激励要体现公平公正性

从经济学的角度来看，“公平”指的是价值的等额交换。从心理学角度来看，“公平”指的是人的心理的一种主观感受。在对“公平”的判断上，人往往是从心理学角度出发的，即采用一种主观判断形式。他往往不考虑自己的付出与组织的回报在价值上是否对等，而是以自我为中心，在和与自己交往的人的比较过程中作出公平与否的判断。更要命的是，他往往看不到别人的劳动、别人的付出，而片面地强调自己的劳动、自己的付出等，从而主观认为自己应该比别人拿得多，否则就认为组织对自己是不公平的。

管理者要让员工认识到自己所做的工作得到了公平、公正的奖赏激励，才能取得预期的效果，为此，必须掌握以下几点：

（1）奖赏具有创造性的人才而非没有头脑的追随者。

（2）奖赏行为果断的决策者而非拖泥带水者。

（3）奖赏高效率者而非劳而无功者。

（4）奖赏忠心之士而非阳奉阴违者。

（5）奖赏默默无闻但卓有成效者，而不是夸夸其谈没有绩效者。

在中国人的思想观念里，公平公正的原则可谓根深蒂固。早在远古时期，老子就曾经说过："民不患穷，而患不均。""不均"就是不公平。

管理者在对员工进行奖赏激励的时候，首先在思想上就要树立公平、公正的意识和观念，把公平、公正的原则放在最重要的位置上。对管理者而言，如果做到公平公正，就能够取得积极的、正面的效果；反之，得到的结果或许就是消极的、负面的。

公平的奖励分配是取得员工信任、争取员工支持并为组织作出贡献的基础，领导者应采取措施营造公平的氛围，避免员工产生不公平的感觉。为此，管理者在对员工进行奖励的时候，应注意以下几点：

首先，奖赏激励的措施和办法要有民主性和透明性。当员工能够了解和监督奖酬政策与制度的制定和管理，并能对政策有一定的参与权和发言权时，猜疑与误解便会减少，不平感也显著降低。神秘的发红包的做法，会引起猜忌，破坏团结，不符合现代奖酬管理原则，不宜提倡。

其次，奖赏激励的办法和措施要有明确的指导原则。有了明确的指导原则，奖励就会有明确的目标、明确的标准、明确的规则以及明确的程序和明确的结果，这样，什么样的员工、什么样的职位，该拿多少奖励，该什么时候拿奖励，都一清二楚、有根有据，而不是随心所欲、无凭无据，奖励的结果经得住追究与推敲，每位员工都会心悦诚服，都会觉得公平公正。

第三，领导者要为员工创造机会均等、公平竞争的条件，引导员工把注意力从结果均等转到机会均等上。如果机会不均等，单纯的收入与贡献比不相等，不能代表公平。实际上，机会大者占了便宜而机会小者吃了亏，这应该说是潜在的、更大的不公平。比如：任人惟亲、暗箱操作、消息封锁、拉帮结派等都是造成机会不均等的因素。

4. 要把握好奖赏的尺度

领导者在对员工进行表扬、赞美和奖励的时候，也要讲究方法和技巧，掌握一定的尺度，要根据不同的人、不同的事来进行，而不是对任何人、任何事都可以进行随心所欲的、无所顾忌的表扬和奖励，不能信口开河，更不能矫揉造作、无病呻吟。对此，领导者应注意以下几点：

第一，对员工进行表扬和奖励的时候，要坚持一定的原则，绝不能乱开支票。如果领导者把对员工的奖励和表扬当成了日常礼节和问候，随心所欲地给予，那么，这样的奖励和表扬很可能就会失去应有的效果和作用。管理者要明白，表扬和奖励必须有一定的根据、有一定的目的、有一定的目标，这样，被表扬和赞美的人才会感到你说的是真心话，是发自内心的，才能让员工感到真实、感到信服、感到满意，因此也容易心安理得地接受。最有实效的表扬和赞美不是锦上添花，而应是雪中送炭；最需要表扬和赞美的不是早已功成名就、名扬天下的人，而是那些自卑感很强，并最有可能成为“白天鹅”的“丑小鸭”们，他们平时很难听到别人发自内心的、真诚的表扬和赞美，而一旦被别人，尤其是被上级领导或者长辈当众真诚地表扬和赞美，他们就很有可能在极短的时间内恢复尊严和自信，加倍努力工作，工作效率就会大大地提高。

第二，要把物质奖励和精神鼓励结合起来。管理者表扬和赞美下属员工，会给下属极大的鼓励和满足，尽管这种鼓励和满足是无形的，但与有形的物质和金钱相比，它却有着无穷的、潜在的影响力量。

第三，表扬和奖励员工要恰到好处，不能不足也不能过度。真诚的、有效的表扬和奖励是恰到好处的，如果表扬和奖励不到位，或者过头了，都不能够达到预期的目的和效果。就像一个气球，吹得太小不好看，吹得太大易爆炸。所以，表扬和赞美应适度。如果表扬和赞美不到位，被表扬和赞美的员工会觉得领导者虚情假意，敷衍塞责，员工可能不领情；如果表扬和赞美过头了，员工会认为领导者在不切实际地逢迎或讨好，或是在别有用心地拍马屁，这同样会令对方反感和讨厌。

第四，不要一次性重奖员工。有的管理者认为，奖励自己的员工就要一次性到位、一次性给予其最大的满足，其实这样的认识是偏颇的，因为一个人的欲望是无止境的，员工也不例外。当然，对于应该得到奖励的员工，企业就不能吝啬，该给多少就给多少，在这方面，管理者没有必要想方设法节约成本。而不该给的绝对不能给，或者不能多给，否则就会助长奖励对象无限的贪欲。因此，奖励的关键不在于金额的多少，而是在于合理、适度。作为管理者，最主要的工作应该是研究和思考合理、适度的奖励方法，管理者应该在这方面做足文章、下足功夫。

5. 奖赏激励的目标要明确

许多企业的领导者为了促进员工的工作积极性、主动性，提高员工的工作效率，想出了各式各样的方法来奖励员工，但结果往往难以达到预期的效果，甚至适得其反。

一位亿万富翁经常这样对他做医生的女婿说：“你不用担心钱的问题，只要你尽心照顾我，我会在死后把所有的遗产都给你，那些钱你一辈子也花不完！”这个富翁的身体很健壮，80多岁了还是无病无灾。但是他一直无法理解女婿对他的态度：每次见面握手，女婿都会摸他的脉搏，然后皱起眉头。很明显，他的女婿为他脉搏正常而皱眉，他希望富翁早点去世。假如这位富翁换一种说法，情况就会完全不同。如果他这样说：“只要我活着，每年我都会给你100万美元。但如果我去世，我的财产便会捐给慈善机构。”那么，他的女婿肯定会千方百计地使他多活些年头。

很多领导者经常会犯上述案例中那样的错误，他们本来想鼓励员工做正确的事，但却无意间纵容了错误的行为，甚至惩罚了正确的行为。比如，领导者本来提倡团队精神，希望大家团结合作，可实际上却只奖励个人业绩突出的员工，接着，领导还疑惑为什么员工彼此恶性竞争，事事只为自己着想；领导者强调质量的重要性，但对那些生产次品的员工不采取惩罚措施，反而惩罚那些因为专心提高产品质量而产量不高的人，接着又为次品率越来越高而困惑……很显然，在这样的奖惩制度下，由于领导者错误地奖励了他不希望出现的行为，所以就得不到他所期望得到的。因此，领导者必须仔细检查企业的奖惩制度，修改不合理的部分，例如，如果想提高质量，就应该奖励高质量；如果想让员工遵守制度，那就奖励遵纪守法的人。

很多领导者在奖励员工的时候，都不能够搞清楚奖励的目标是什么、重点是什么，这就容易对员工造成误导，最后出现了领导者不希望出现的行为和结果。作为领导者，要做到明确奖励，就要让员工明白到底奖励的是哪种行为、为什么要奖励，这样的奖励才有正面的引导作用，才会产生积极的效果。

日本有一家电器配件生产企业。公司凭借技术实力和灵活的机制，曾一度取得了良好的效益。但是，公司内部管理的麻烦却也随之而来。原来，由于该公司在奖励政策上的模糊不清、不明朗，导致员工之间相互猜疑，甚至恶性竞争，管理人员、技术人员和熟练工人都在不断地流失，而且就连在岗的员工也大都缺乏工作热情。尽管该公司尽力提高员工的工作条件和报酬，但效果仍然不佳。

是什么样的奖励措施致使一个企业面临如此严峻的问题呢？原来，该公司有“三个档次”的员工——“工人”、“在编职工”和“特聘员工”。“工人”是通过正规渠道雇用的生产工人；“在编职工”是与公司签过劳务合同的员工，主要是公司的技术骨干和管理人员；“特聘员工”则是外聘的高级人才，有专职的，也有兼职的。

每当公司签下一大笔订单或卖出一大批配件发放奖金时，“工人”和“在编职工”的奖金是造表公开发放的，而“特聘员工”的奖金则是以红包形式发放的。由于“特聘员工”都是些高级人才，因而他们的奖金通常是“在编职工”的几倍。但是，这种奖励措施却严重地挫伤了员工的积极性。首先，一些“工人”和“在编职工”了解到，“特聘员工”的奖金是他们的数倍，由于领导者没能公开宣布“特聘员工”的特殊贡献，“工人”和“在编职工”认为公司不能公正地对待他们，从而产生了强烈的猜疑和不满。其次，“特聘员工”也非常不满，他们当中有一部分人因为没能享受到他们所希望获得的奖金，所以，他们认为公司不承认他们的价值，把他们当外人看。而“特聘员工”还误以为“工人”和“在编职工”肯定也收到了这种红包，而且他们是公司的“自己人”，数额肯定更多。因此，他们认为自己的努力并没有得到公司公正的认可和奖励。结果，该公司付出重金的奖励手段，非但没有换来员工的积极性和凝聚力，反而人心涣散。

领导者应当明白，必须通过奖励正确的行为和惩罚错误的行为来达到奖励的目的，获得想要的结果。如果不能够对正确的行为给予奖励，就不会产生良好的效果。企业只有奖励了正确的行为，建立了正确的奖励制度和奖励办法，员工的忠诚度、积极性、主动性才能够得到激发，工作效率才能够得到提高，企业的生命才会更加长久。

第十二章

惩罚激励——适度惩罚，激励后进成为先进

领导者在对先进员工进行奖赏的同时也要对落后者进行相应的惩罚，这样才能做到既鼓励先进又激励后进。惩罚激励是运用批评和处分等手段，防止或抑制人的不良行为，促使犯错误者认识其危害性，并觉悟过来努力改进的一种激励方法。这种方法在激励理论中称为“负强化”。惩罚激励运用得当，可化消极因素为积极因素，有利于提高员工的自尊心和责任感。惩罚必须以事实为依据，与教育相结合，适时、适度才能起到激励作用。

1. 要制定明确的奖惩规则

作为企业的管理者，在对先进员工和先进事迹进行奖励的同时，也要对后进员工和后进事迹进行惩罚，做到“有赏有罚，赏罚分明”。

在一些企业里，部分管理者不能够做到“奖优罚劣，赏罚分明”，对应该奖励什么、惩罚什么感到很模糊，模棱两可，对奖励目标、奖励对象、奖励标准、奖励方式以及惩罚目标、惩罚对象、惩罚方式、惩罚标准没有详细、清晰、具体、可操作的方案。

有些管理者虽然懂得“有赏有罚，赏罚分明”的道理，但就是不知道如何实施和执行，或者不能够有效地实施和执行，以至于在实施和执行的过程中出现了偏差，最终没能取得预期和理想的激励效果。

若要让“有赏有罚，赏罚分明”得到有效的执行和实施，并取得预期的奖励和惩罚的效果，管理者首先应该在脑子里提出这样几个问题，并形成相关的意识：我为什么要对员工进行奖励和惩罚？我进行奖励和惩罚的目标和对象是谁？我进行奖励和惩罚的规则和标准是什么？我将如何实施和执行这些奖励和惩罚的计划？

提出这些问题之后，作为管理者的你接下来所要做的事情就是思考这些问题的答案了。

以下答案可以为你提供一些参考和借鉴，有助于领导者修正和完善心中真正的答案。

对于“我为什么要对员工进行奖励和惩罚?”这个问题，我们认为，企业对员工进行奖励和惩罚，其主要目的就是为了鼓励先进，使先进的员工长期、稳定地保持先进的状态，并不断地向更先进的方向发展；而惩罚落后者，目的则在于激励其不断改正自己的错误和缺点，消除自己的弱点和不足，不断提高和进步，从而改变落后的状态，从一个落后者变成一个先进者。通过对先进者的鼓励和对落后者的惩罚，最终达到激励全体员工，促进所有员工不断进步和发展，从而提高所有员工的工作效率，增进整个组织的整体绩效，这或许就是对员工进行奖励和惩罚的目的。

对于“我进行奖励和惩罚的目标和对象是谁?”这个问题，我们认为，奖励的目标和对象应该是对组织产生了积极的、正面的影响，作出了明显的、突出的贡献，有利于增进组织绩效和促进组织持续发展的人物和行为。反之，则是惩罚的对象和目标。

对于“我进行奖励和惩罚的规则和标准是什么?”这个问题，我们认为，没有规矩不成方圆。管理者应该根据企业自身的实际情况，实事求是地制定相应的奖励和惩罚规则和标准，使得奖励和惩罚有据可依，而不是信口开河、随心所欲，不能依据和凭借管理者自身的主观判断或自身的喜爱偏好来对员工进行奖励或惩罚，而是要依据刚性的规则和标准。

对于“我将如何实施和执行这些奖励和惩罚的计划?”这个问题，我们认为，有了奖惩的目标、对象、规则、标准之后，如何将这些变成现实，而不是形同虚设、束之高阁，就要制定一系列具体的办法，也就是具体的实施和执行的细则。曹操在其《孙子注》中明确提出：“军无财，士不来；军无赏，士不往。”公元 207 年，曹操消灭了北方最大的割据势力袁绍集团后，为了激励将士继续为统一战争贡献力量，下令封赏功臣。为了更好地贯彻执行他的“赏罚分明”的既定主张和规则，加强部队的组织纪律性，曹操还颁布了《败军抵罪令》，也就是说，打了败仗的要按法律治罪，造成损失的要免去官职和封爵。这一措施强化了将士们的责任感。曹操的做法告诉我们，实施和执行奖惩的关键在于严格的落实和遵行，管理者要为此成立专门的机构，指派专门的人员来具体负责制定和推行这些具体的执行细则和办法。

2. 要做到“有赏有罚，赏罚分明”

在一些企业里，有的管理者只注重对先进员工或先进事迹的奖励，而忽视了对落后员工或负面事件的惩罚，结果不仅影响和挫伤了广大员工的工作积极性，而且还在一定程度上纵容了落后者，使落后者得不到进步和提高，工作态度变得越来越懈怠，工作能力越来越差，工作效率越来越低，从而拖了整个组织的后腿，影响了整个组织效率和绩效的提高。

管理者应当认识到，在对先进员工进行奖励的同时，也要采取一定的措施对落后者进行相应的惩罚，在“赏优”的同时，又“罚劣”，这样才能起到既鼓励先进又激励后进的作用。

在一家民营企业里，有一年，公司召开了年度总结大会，备受关注的是对降本增效工作的奖励，奖励人员之广，奖励金额之高，在该公司都是史无前例，但在对先进大加奖赏的同时，也对没有完成任务的员工，其中包括管理干部，进行了毫不留情的惩罚，比如，对最后五名管理干部给予了降职、免职的处罚。事后，其他员工和干部，不论是先进分子还是落后分子，都时时刻刻警醒自己，先进分子不敢骄傲自满，落后分子则更加努力工作，不断提高和进步。这家企业的做法表明，企业在奖励先进的同时，也要惩罚后进，真正做到“赏优罚劣，有赏有罚”，从而取得既鼓励先进，又激励后进的“一箭双雕”的双重效果。

“赏优”，自然是对先进者、优秀者予以奖励，并以此鼓励员工保持先进，不断提高，树立“没有最好，只有更好”的进取意识。面对日益激烈的市场竞争，追兵越来越近，越来越多，企业靠什么来开拓市场，稳固市场，并保持行业的领先地位？这就是新形势下企业面临的关键问题。一些企业通过不断鼓励先进，从而确立了行业的领先地位，树立了行业第一品牌，但这并不意味着没有不足、没有短板、没有危机。

“罚劣”，就是对落后者、平庸者进行处罚，达到警示和鞭策的作用。处罚不是结果，不是目的，只是一种不得已的手段和方法。企业只有对一些表现平庸、绩效差的员工进行深刻关注、提醒、督促，并在必要的时候给予果断的惩罚，才能对员工在观念上形成较大的冲击，激发组织活力，让组织成员在感受压力的同时，变压力为动力，不断提高和进步。

奖优罚劣，其主要目的是为了解决人的问题。企业要发展，关键是组织成员首先要发展、要进步。

《孙子兵法》云：善将者，赏罚分明也。一个优秀的领导要赏罚分明，进而激励员工苦干、实干。台湾著名企业家郭台铭的用人之道便是赏罚分明，用人惟才，在工资发放上他采取的是“机会与表现并存”的方法，如在岁末的联欢会上，共设有五个抽奖箱，箱子上标写着AX、A、B、C及D，这是代表员工一整年业绩表现的五个等级，工作中表现最杰出的人从AX箱中抽奖；最平庸的从D箱中抽奖，这些人若不加以改进，恐怕就有被炒鱿鱼的可能了。

企业要想员工干得快、干得多，一定要做到“重奖重罚，赏罚分明”。好员工一个月发一万元工资也不为多，差员工一个月发一千元也多了，因为好员工是在为企业创造财富，差员工则是浪费企业的财富。企业只有不断地惩罚坏员工，他们才会越来越怕。

管理者可以把员工当成是企业的产品，只要是产品就有等级之分，有的员工是精品，有的员工是次品，有的员工是废品，而有的员工是毒品。管理者一定要知道哪些员工是精品、次品，哪些是废品、毒品。如果管理者不分青红皂白，让精品员工与毒品员工享受一样的待遇，就会挫伤优秀员工工作的积极性，整个组织就会死气沉沉，成为没有任何活力可言的“一潭死水”。

3. 惩后甜头不能少

在企业里，对于领导者来讲，对员工的惩罚只是手段，而不是目的，最终的目的是为了激励员工，调动员工的积极性、主动性，激发员工的创造力，从而提高员工的工作效率，提高企业的整体业绩。

在企业的具体管理实践中，经常会出现这样的情况，即当员工抱怨管理者为什么对自己这么苛刻时，管理者往往会说：“我之所以对你这么严格，是因为对你抱有期望，否则我才不费这心呢！”

在中国古代历史上，耕柱是墨子众多学生中的得意门生，但是墨子经常责骂耕柱。耕柱非常委屈，感到十分没面子。有一天，墨子又一次批评他时，耕柱终于忍不住了："老师，您老人家总是责骂我，难道我真的很差劲吗？"墨子没有正面回答弟子的提问，而是心平气和地问他："如果我现在要上太行山，我应该用良马拉车，还是用老牛来拖车？"耕柱回答说："当然要用良马了。"墨子又问："为什么不用老牛呢？"耕柱回答说："理由非常简单，因为良马能够担当重任。"此时，墨子开导弟子说："你说得对，这就是我时常责骂你的缘故了。"墨子接着说："你是能够担负重任的人，所以才值得我一再教导。"耕柱听后，不满之情顿时消失得无影无踪，原来他误解老师了。从此，耕柱更加勤奋。

通常情况下，出于自尊心和面子的问题，人们都不愿意承认自己所犯的错误，也不喜欢别人指出自己做错了事，而如果能够从对方的角度出发考虑问题，为对方着想，则效果就会大不一样。比如，如果目的是为了让对方获得好处，让对方更加进步和提高，就能让对方心悦诚服地接受和承认错误，甚至是处罚。

管理者给员工"一巴掌"后，一定要留给员工检讨自己行为的时间，让员工意识到自己的错误并改正错误。管理者可以有计划地逐步开展说服人心的工作，可以通过一些有威望的员工来帮助自己做这项工作。这样做的好处是让员工知道："原来上司也不是冷酷无情的。"与此同时，还必须告诉员工："只要今后努力工作，一样还有升职加薪的机会。"

真正善于统率的管理者，一定是善于"打一巴掌给颗甜枣"的人，因为任何人在遭受批评和惩罚之后，必定垂头丧气。而这时恰当的安抚和鼓励对员工自信心的恢复是非常重要的，一两句温馨的话语就能够激发员工更加发愤努力。如果在训斥员工之后，当天晚上就打电话予以鼓励和安慰，员工就会心存感激地认为：“虽然上司毫不留情地训了我一顿，但他实在是用心良苦。”这样就能起到更好的激励效果。

索尼公司董事长盛田昭夫就是一个懂得使用“打一巴掌给颗甜枣”策略的管理者。

索尼公司的“随身听”在东南亚的市场上遇到了麻烦。调查发现，随身听的包装存在问题，但内在质量仍然良好。索尼东南亚分公司立即解决了该问题，但董事长盛田昭夫仍不肯甘休。他召开了董事会议，对东南亚分公司的经理进行了严厉的批评。会后，这位经理黯然离开公司，进了一家酒馆。酒后，他回了家。刚进门，妻子就说：“公司好重视你啊！”这位经理一脸茫然。只见妻子拿来一束鲜花和一封贺卡说：“今天是我们结婚20周年纪念日啊！”这位经理更加茫然了。他的妻子告诉他鲜花和贺卡是公司送来的。原来，索尼公司对每位员工的生日、结婚纪念日等都做了详细的记录，每当遇到这些日子，公司都会为员工送一些礼物。这位经理妻子手中的鲜花是董事长盛田昭夫特意订购的，贺卡还是由他亲手写的。这位经理听了后非常感动，苦闷的心情一扫而光，心里十分感谢董事长的厚爱，发誓一定要更加努力工作。

激励的艺术，就在于化一切被动因素为积极因素，把惩罚变成期望和鼓励。因此，管理者应该勇于突破传统思维，大胆运用创新思维，将惩罚变得和奖励一样激励人，甚至比奖励还要积极有效。

4. 变“处罚”为“改进”

在企业里，领导者在管理员工时往往会遇到这样一个难题：对员工进行激励，是以奖励为主还是以惩罚为主？如果领导者认为员工是向善的，就会以奖励为主，通过奖励来达到激发员工的工作热情，提高工作效率的目的；如果领导者认为员工是向恶的，就会以惩罚为主，通过严惩来达到规范员工行为、使员工在外在制度的约束下，集中精力工作，提高工作效率。事实上，在具体的操作中往往是二者并用，做到赏罚分明，奖励和惩罚并用。

在企业里，员工恃才傲物是有普遍性的，因为有才者一般都认为自己比他人聪明，所以当他的顶头上司管理他时，他内心有一种逆反情绪，这就是管理者常说的不服管，进而管理者也往往带着情绪和偏见来管理这样的员工。

有这样一个案例。在一家民营企业里，一位业绩一直第一的员工认为一项具体的工作流程需要改进，他也向部门经理提出过，但没有受到重视，经理反而认为他多管闲事。于是，他就自作主张，私自调整了工作流程。经理发现后就带着情绪批评了他，而这位员工不但不改，反而认为经理有私心，于是就和经理吵翻了，并退出了工作岗位。此时，经理决定对这位员工进行严厉惩罚，要么开除，要么扣三个月奖金，但这位员工拒不接受。于是部门经理就把问题报告给总经理。总经理便把这位业务尖子叫到办公室谈话，但他并没有马上就进行批评，而是让他先叙述事情的经过，并通过交谈互相交换意见和看法。在这个过程中，总经理发现这位员工确实很有思路，他调整的那项工作流程确实应该改进。总经理能够以朋友般的态度平等地和这位员工进行交流，而且真诚地聆听他的意见，这位员工感觉自己受到了重视和尊重，反抗情绪渐渐平缓，最终承认了自己的过错。

领导者在对待和处理犯错误的员工时，应注意以下几点：

首先，让犯错误的员工认识到错误所在。你可以指出来，也可以由他自己去发现、去发掘。与犯错误的员工面谈，是为了更好地了解员工的特点，同时也给员工一个申辩和提问的机会，但是，不要接受他的狡辩、托词或其他岔开话题的举动，整个谈话的过程都要集中在员工所犯的错误身上，让他明白他所犯的错误的危害性。领导者严肃地告诉他，这些错误不但是对自己的工作不负责任，也是对整个团队不负责任。必须让他明白这些错误可能会使整个团队的工作功亏一篑。

其次，把各个错误按重要性和改正的难易度进行排序。一个不合格的工作成果可能有好几个错误的地方，这些错误的重要性一般都会有所不同，这时你就必须确定哪些错误是关键的、致命性的，哪些错误是细节性的，仅仅影响细枝末节；哪些是要马上改正的，哪些是可以拖一拖的，因为如果想让一个犯错误的员工把他的错误一下子全部改过来，会比较吃力。

第三，帮助员工改正自己的错误。可以制作一个计划，比如说“每天少一错”计划，并让员工之间相互监督，共同提高。

当一个领导对犯错员工进行处罚的时候，不妨把“处罚”变为“改进”。这样的处罚比单纯的严肃的处罚效果要好得多，富有人情味、教育性，显得慈祥、宽厚，充满期盼、鼓励和希望，而受处罚的员工也会由反感、抵触、反抗到理解、认知、改进。这就是处罚的艺术，也是激励的艺术。

5. 不同员工要有不同的批评方法

不同的人由于经历、文化程度、性格特征、年龄等的不同，接受批评的能力和方式有很大的区别。这就要求管理者根据批评对象的不同特点，采取不同的批评方式。

可以根据人们受到批评时的不同反应，将人分为迟钝型反应者、敏感型反应者、理智型反应者和强个性型反应者。反应迟钝的人即使受到批评也满不在乎；反应敏感的人感情脆弱，脸皮薄，爱面子，受到斥责则难以承受，他们会脸色苍白，神志恍惚，甚至从此一蹶不振，意志消沉；具有理智的人在受到批评时会有很大的震动，能坦率认错，从中汲取教训；具有较强个性的人，自尊心强，个性突出，“老虎屁股摸不得”，遇事好冲动，心胸狭窄，自我保护意识强，心理承受能力差，明知有错，也死要面子，不肯认错。

员工犯了错误之后，领导者对这些员工进行批评时，要针对不同性格、不同思想的员工采取恰当的、不同的、有区别的批评方法和方式，这样才能化批评为鼓励，将负面的批评变成正面的激励。具体应掌握以下几个方面的技巧。

技巧之一：要学会运用“胡萝卜 + 大棒”的策略，防止只批评不表扬的错误做法。在对犯错员工进行批评时，不能一味地指责员工的过失和错误，而是要在批评的同时对他的长处、优点以及在工作上的出色表现和突出成绩给予肯定，然后再指出他的过失和错误，最后还应给予一定的安慰、鼓励和期许。另外，领导者在批评员工时进行适当的表扬，可以缓和批评中的紧张气氛，从而达到积极、良好的效果，可以先表扬后批评，也可先批评后表扬。

技巧之二：在对员工进行批评时，可以运用多种方式方法，而不能只是一副严肃、冰冷的面孔。对于十分敏感的人，批评可采取不露锋芒法，即先承认自己有错，再批评他的缺点。态度要谦虚，这样就很容易消除对方的抵触情绪，使他乐于接受批评。例如，可以这样批评对方：“这件事，你办得不对，以后要注意了。不过我年轻时也不行，经验少，也出过很多问题，你比我那时强多了。”批评还要注意含蓄，借用委婉、隐蔽、暗喻的策略方式，由此及彼，用弦外之音，巧妙表达本意，揭示批评内容，引人思考而领悟。

技巧之三：批评员工时，应当懂得“沉默是金”的道理。适当的沉默可以起到“此时无声胜有声”的作用。通常来讲，当你批评员工时，他的情绪波动是很大的。也许你只是想苦口婆心地劝导他一番，并无他意，但是无形中你却伤了员工们的自尊心，让他们觉得颜面挂不住，索性产生了“破罐子破摔”的心理，那么，你的批评岂不是得不偿失？在适度批评之后保持一个沉默的空间，让他有时间冷静地想想自己的所作所为，相信这更是一种对当事人的威慑。

技巧之四：切莫作映射式批评。将处罚转变成人身攻击是很不明智的，在批评的过程中，管理者要注意话题的范围，不要对员工进行胡乱攻击，而是要竭力分析员工为什么没有产生满足质量要求的业绩或没有遵守规章制度。要针对所要解决的错误提出问题并提出解决问题的方法，从而达到鼓励员工改正错误，激励员工向正确、积极的方向前进的目的。

6. 对该淘汰的员工绝不手软

长期以来，“庸才流不出，人才进不来”的现象困扰着许多企业。不要认为淘汰表现不佳的员工会打击他人的士气，相反，这些员工留在组织中就会腐蚀其他员工的工作热情和组织的凝聚力，甚至会迫使高生产力的员工选择辞职。这是因为，其管理者或搭档的无能会使之丧失发挥长处和获得成就的机会。在竞争日益激烈的商业环境中，一个缺少淘汰机制和手段的企业，最后留下来的只会是平庸人才，甚至是劣等人才，企业也会随之丧失应有的竞争力而被时代和市场无情地淘汰。

作为企业的管理者，不但要知人善任，还要知人善免，在企业中真正形成能者上、庸者下、劣者汰的用人机制。惟有如此，才能使企业人才队伍充满生机和活力，才能不断提高工作效率，才能持续保证企业的优良业绩。

一个企业的淘汰机制必须适合企业自身的特点和长远的发展需要，领导者在淘汰不适合企业自身特点和长远发展需要的员工时，可以从以下几个方面着手：

第一，对业绩不佳者，实行末位淘汰。“末位淘汰”是指依据某种标准将处在最末位的人员淘汰出去。淘汰有多种含义，如降职、轮岗、培训等，实在不适合岗位的才真正予以淘汰。公司大了，势必会有很多人才流入，但对于长期沉淀的沙子和淤泥，企业也必须清除，只有这样的对流才能令企业健康发展。

事实上，“末位淘汰”并非“末位死亡”，而是“末位离开”。被淘汰的“末位”不得不离开了，但他已经得到了鞭策和激发，而且他在一个生龙活虎、你追我赶的环境里熏陶过，在一个制度严明的集体里锤炼过，因此，尽管离开了，他已经比初来乍到时更强、心态更成熟。“末位淘汰”的内涵是弱者必被淘汰，但组织和个人得到了积极的推动。

因此，企业在采取这种淘汰制度时应当果断坚定，但必须保持公正。这里我们可以引用 TCL 集团管理者的观点。他们认为，在进行“末位淘汰”时不能搞一刀切，若这样，倒霉的一定是最基层的员工。淘汰应分层次：部长、主任、主办等各个层级都应有人员合理地流动，这样才能激活整个组织。实行“末位淘汰”制最重要的就是，要避免把某些人的个人行为变成组织行为。不然的话，淘汰出去的反而可能是人才。为了杜绝这种现象，就必须建立科学的考核体系和相对独立的监督反馈机制。

第二，对居功自傲者，一定要严惩。无论在什么样的企业里，总会有这样一些员工：他们自以为资历老，自以为功劳大，自以为是老板亲信，要么对新员工不屑一顾，要么对同事蛮横无理，要么对工作敷衍了事，要么对上司的命令置之不理。针对这样的员工，如果处置不当，不仅会影响企业的团结、和谐的气氛，影响团队的向心力和凝聚力，还会造成政令不畅、令行不止，公司的命令和决策无法执行，领导的威信扫地。

第三，对老员工，不合适的也要及时清理。随着社会的快速发展和知识的不断更新，面对知识经济时代的挑战，很多员工在企业发展过程中有可能因知识结构的老化而跟不上时代或者是企业发展的步伐。针对这种情况，有关专家提出的知识老化型员工淘汰机制具有借鉴意义。

第十三章

沟通激励——以理服人，激发员工的工作热情

作为企业的领导者，与各个部门、各个层次的员工进行及时、充分的相互沟通也是一种重要的、有效的员工激励方式，领导者必须不断寻找部属的需求，了解员工的思想、情感、心理、想法，使部属知道企业正在进行哪些活动，他们将如何执行命令、开展工作。只有领导者准确地了解下属的心声，同时下属准确地了解领导的意图，才能实现信息对称、政令畅通，从而有效地激励下属高效工作。

1. 充分沟通能够提高组织凝聚力

从某种意义上说，领导者与各个部门、各个层次的相互沟通也是一种重要的、有效的员工激励方式，领导者必须不断寻找部属的需求，了解员工的思想、情感、心理、想法，使部属知道企业正在进行哪些活动，让他们参与管理决策活动，提高他们的工作积极性和主动性，增强他们的责任心和使命感。越是高层管理者，与员工的沟通时间应当越多。

在与员工进行充分、主动沟通方面，通用汽车公司可谓是这方面的典范。20 世纪后期，通用汽车为了提高劳动生产率，曾实施过一次企业再造、改革计划，对汽车生产装配操作加强控制。改革后，工人把它看做是 30 年代“血汗工厂式”管理的恢复，让自己以同样的工资做更多的工作。随着作业越来越容易、简单和重复，对工人的技能要求降低了，工人无法对工作产生兴趣，不满大大增加，工人的不满指责从 100 个增加到 5000 个。最后工人举行了一次罢工，企业损失 4500 万美元。此后屡次发现装配线停工的事，因为工人怠工，汽车没有进行必要的检验就出厂，出现了大量质量问题。

通用汽车公司组织了恢复正常工作环境的活动，他们对全厂工人进行了问卷调查，各级领导管理人员一起举行了一系列会议，最后发现了如下问题：

第一，工人认为管理部门不关心他们的需要、情感等问题。

第二，工人的工作无保障，他们认为管理部门不事先通知或进行协商就改变他们的工作计划，增加或取消加班时间，随意通知他们停工，工人们不知如何与公司合作。

第三，工人们认为管理部门对他们提出的改进工作方法和工厂业务的意见没有兴趣。

第四，有些工人对劳动环境提出了不同的意见，但迟迟得不到改善，工人们对繁重的、机械的、重复的劳动感到厌倦和不满。

第五，许多工人对公司的目标和计划不了解，企业和员工之间缺乏共同的目标，公司想干什么，为何要这样干，工人无法知道，因此未能形成凝聚力。

通过发现上述这些问题，公司认为产生危机的主要根源是管理部门和工人之间缺乏及时的沟通，缺乏必要的交往。为了从根源上彻底解决这些问题，公司决定全面实施“沟通计划”，主要内容有：

首先，每天用 5 分钟在工厂广播与汽车工业、公司和工厂有关的新闻。这些新闻主要涉及销售、库存和生产计划的状况，使工人对公司的情况有大体的了解。其内容也张贴在工厂的各个布告栏里。

其次，发布消息公报。作为工厂经理和工人之间一种直接交流的方法，所有有关工厂业务的主要消息都直接传给工人，并贴在布告栏里，包括新产品、轮班、生产计划、每周生产和新订货等变化。工厂经理还告诉大家该厂存在的问题，向工人征求有关解决这些问题的意见。

第三，沟通技能的专业培训。为了加强管理人员在工作中的人际交往作用，所有管理人员都要经过人际关系和交往的训练。由富有经验的公共关系协调员和质量控制主任来设计和指导。

第四，实施岗位作业轮换计划，对有兴趣轮换工作的工人给予必要的训练，帮助他们提高在同一装配工作组内的工作能力，其中包括大约30种各不相同的但基本上属于同一技术水平的工作。

“沟通计划”实施了一段时间以后，便产生了显著的效果，工厂恢复了正常生产，员工的不满度下降到了前一年的1/3，生产效率也大大提高。

2. “多听少说”调动员工的主动性

有些管理者总是喜欢自己一个人口若悬河地在那里讲，一味地向员工发号施令，而很少给员工发言和表达的机会，长此以往，员工便会觉得很压抑，认为自己没有得到应有的重视。

作为管理者，如果能够耐心地倾听下属员工的讲话，就会在无形之中提高对方的自尊心，拉近彼此间的距离，加深彼此的感情。

事实上，那些善于倾听员工意见的管理者总是能够得到下属员工的信赖、尊敬和拥戴，也总是能够带领员工积极向前，高效地完成工作任务。人们总是喜欢与尊重别人、平易近人、具有亲和力的人进行交往，因此，如果你想成为一位成功的领导者，就应当首先学会倾听下属的讲话，倾听下属的心声，接受下属的意见。

下面这个案例就充分说明，善于倾听能给人们带来什么样的神奇效果。

美国优美座位公司的经理亚当森得知柯达公司总裁伊斯曼要捐巨款在曼彻斯特建造音乐厅、纪念馆和剧院，亚当森非常希望能争取到这笔生意，更希望借此扩大公司的名声，树立公司在市场竞争中的地位。

一天，亚当森来到柯达公司总部，面见柯达公司总裁伊斯曼先生。他得知，在他之前，已经有许多制造商前来洽谈过，但都没有结果。他向柯达公司总裁的秘书说明了自己的意图后，秘书告诫他说："我知道你急于得到这批订货，但我现在可以告诉你：如果你占用伊斯曼先生五分钟以上的时间，你就完了。他是个大忙人，所以你进去后要迅速地讲，讲完后马上出来。"

当亚当森走进伊斯曼的办公室以后，并没有马上开口说话，而是静静地等候在那里。过了一会儿，伊斯曼抬起头来，发现了亚当森，便随口问道："先生，有何事？"亚当森环视了一下办公室，对伊斯曼说："伊斯曼先生，当我在这里等候您的时候，我仔细地观察了您的这间办公室。我本人长期从事室内木工装修，却从未见过装修得如此漂亮、精致的办公室。"

这时，伊斯曼突然高兴地说："谢谢您的赞赏，这间办公室是我亲自设计的，当初刚建好的时候，我喜欢极了。但是后来一忙，一连几个星期我都没有机会好好欣赏一下。"

接下来，伊斯曼的情绪似乎越来越好，以至于站起身来，撇下那些待批的文件，带着亚当森仔细参观起办公室来了。他把办公室内所有的装饰一件一件地向亚当森介绍，而亚当森则作为一名忠实的旁听者，只是静静地在一旁聆听，并不时地报以微笑，或者点头表示赞赏，显得饶有兴致。

亚当森不但聚精会神地听，而且还发自内心地表示敬意。本来秘书警告过亚当森，谈话不要超过五分，结果亚当森与伊斯曼谈了足足有一个多小时。

最终的结果不言而喻，亚当森不仅得到了这笔工程的订单，而且还和伊斯曼先生结下了终身的友谊。

为什么亚当森只字未提生意上的事情，但结果却出乎意料；没有正经地谈生意，结果却谈成了生意？

这个案例告诉我们，通过聆听对方的谈话，表示出对对方极大的尊重，从而建立真正的朋友关系，生意自然也就做成了。

在企业里，领导者在与员工进行沟通交流的时候，自己不要说得太多，而是要充分地让员工进行诉说和表达，以此来调动员工的积极性和主动性，激发员工的思想、情绪，管理者所要做的主要是引导和倾听。

在与下属交谈时，领导者应当表现出感兴趣的、关心的和赞同的态度，使下属有一种被上司认同的强烈感受。如果他不提出让你发表看法，一般不要插话打断对方的思路，直到对方说完再表达自己的看法和意见。

作为领导者，要想有效地激励下属，就要学会耐心、细致地倾听下属员工表达自己的想法、观点、意见，以此来调动员工的积极性和主动性，激发员工的工作热情，提高工作效率。

3. “随意沟通”会产生非凡的激励效果

如果公司沟通采取一种中规中矩的方式，场面严肃，这是激不起员工的言论热情的。相反，采用非正式沟通，有利于员工打开话匣子，充分表达自己的观点、看法和见解，产生一种意想不到的激励效果。

企业领导者必须和员工通畅无阻地交流，互相理解，紧密合作，这样才能够最大限度地激励员工的士气，提高团队的业绩。通用电气公司前任总裁杰克·韦尔奇的最成功之处，就是他在通用电气公司建立起了非正式的沟通。通过这种非正式沟通，杰克·韦尔奇不失时机地让员工感到他的存在。

对杰克·韦尔奇来说，沟通是个人的事。个人的沟通有时远远超过程序化的沟通所能达到的效果。管理者和员工一段随意的或短暂的对话远比在企业内部刊物上刊登长篇大论更有价值。管理者应知晓“意外”两字的价值。每个星期，杰克·韦尔奇都会不事先通知地造访某些工厂和办公室；临时安排与下属共进午餐；等等。所有这些的用意都在于领导、引导和影响一个机构庞大、运行复杂的公司。

杰克·韦尔奇不断地沟通，而且永不停止。他最擅长的沟通方式就是提起笔来写便笺。他写的便笺，有给负责人的，也有给小时工的，无一不语气亲切而发自内心，蕴含着无比强大的影响力。

杰克·韦尔奇通过便笺表明他对员工的关怀，使员工感到他们之间已经从单纯的管理者与下属的关系升华为平级之间的关系。杰克·韦尔奇知道，从他手中发出的只字片语，比任何演说都更能拉近和员工的距离，而且这也是他能与下属们有效地传达重要观念的最佳方式，所以他乐此不疲。

作为企业的领导者，在与员工进行随意的非正式沟通时，应注意掌握以下几个方面的技巧：

首先，切忌摆出一副居高临下、高高在上的架势。领导者在与下属进行沟通时，千万不能摆架子，拿腔拿调，让下属感到拘束或产生恐惧心理。

其次，不能自由放任。如果领导者想要下属认真地对待任务并严格地遵循指令，有时偶尔开个玩笑是可以的，但是要清楚并把握那些重要的事情。无论对于什么样的事情，领导者都不能采取撒手不管、听天由命的放任态度。

第三，不能臆断揣测，妄下结论。在沟通中，管理者不能主观判断下属已经明白和领会自己的意图，而是要鼓励下属多提问题，并且向他们解释这些问题，通过重复或演示来巩固和加深下属的理解。

第四，要有足够的耐心。管理者与下属沟通时，对于理解力和领会力差的人，要不厌其烦地给予解释和说明，直到下属完全明白为止，否则会因指令不明确而导致在工作执行中出现偏差。

第五，沟通要及时。及时，可以使管理者准确掌握员工的思想、情感和态度，从而提高管理水平，也才能使员工准确了解管理者的想法与态度，提高管理者与员工之间的情感交流，获得最大化的沟通效果。

4. 值得借鉴的几种沟通模式

什么样的沟通模式才是最好的沟通模式呢？由于企业的情况各不相同，每个企业都有各自的特点，只有最适合自己的才是最好的沟通模式。因此，最重要的是构建最适合企业自身的沟通模式，才能取得最佳的沟通激励效果。

以下几种沟通模式，领导者可以根据企业自身的特点作出选择和借鉴。

第一，会议式沟通。在组织中，最基本的沟通模式是面对面的沟通。即同级或上下级聚在一起交流分析，了解情况。如今，很多企业为了便于上下级或同级的沟通，都有定期例会，每一周或者半个月、一个月开一次会，进行情况通报交流，了解各个部门和公司的整体情况。

迪斯尼公司每月举行一次公开讨论会。在会议中，管理人员和员工共聚一堂，商讨一些彼此关心的问题。在公司的总部、各部门、各基层组织，都要举行协调会议。公司的协调会议是标准的双向意见沟通系统。在开会之前，员工可事先将建议或怨言反映给参加会议的员工代表。代表们将在协调会议上把意见转达给管理部门。管理部门也可以利用这个机会，将公司政策和计划讲解给代表们听，相互之间进行广泛的讨论。

第二，无边界沟通。美国通用电气公司年营业额高达600亿美元，它的经营哲学是："无边界行为，快速反应，简化和自信。"其中的灵魂是无边界行为，即要把阻隔在公司与外部世界之间的围墙一点一点地打开，最终彻底推倒。无边界行为穿透了公司内部财务、工程、制造、销售之间的层层大墙，把这些部门的员工集中在一起，人人都参与，人人都了解，人人都采取行动。

第三，互联网沟通。现在，企业内部网已成为很重要的沟通方式，在网上，企业可发布公司的各种信息，实现公司员工资源共享。同时，公司员工也可在上面留言，提一些可行性建议。这种信息沟通方式目前已被广泛地应用于企业，其优点是可降低成本，提高效率。安利公司被评为 2001 年中国 10 个最佳雇主之一，与其充分沟通分不开。在安利的内部网上，员工可以随时发表自己的建议和不满，公司有专门的人员处理网站上的员工意见，并且迅速向员工作出回应。

第十四章

参与激励——鼓励参与，增强员工的主人翁精神

要充分发挥组织中每一个人的作用，就要鼓励员工参与决策，发现并利用组织成员的智慧和特长，集合每一位成员的力量，最终作出正确而高效的决策。如果员工能够积极主动、自发自觉地工作，他就会把企业的事情当成是自己的事情来做，他就是企业的主人，如此就能够大大增强企业的向心力和凝聚力，增强员工的责任心和使命感，使得每一位员工都能够尽职尽责，把工作做得尽善尽美。

1. “人人参与”让每一位员工都尽职尽责

只有当员工把企业当成是自己的家，把工作当成是自己的事业时，员工才会有高度的责任心和使命感，才会长期忠诚于企业，工作起来才会有积极性和主动性，这样，整个团队和组织就会产生无比的凝聚力和向心力，其潜能和创造力就会最大限度地得到挖掘，从而形成强大的战斗力。

1982 年，应美国《国际投资者》杂志的邀请，100 多个周游过全球的各国著名企业家和银行家评出了 40 家国际最佳饭店。在这次“国际大赛”中，泰国曼谷东方饭店荣获了“世界第一”的桂冠。有人曾问饭店总经理库特先生：东方饭店成功的秘诀何在？他毫不犹豫地回答说：“大家办饭店。”的确如库特所说，他手下的部门经理和负责人，不论男女，个个都很精干，人人都能独当一面。

他像管理一个大家庭那样来经营东方饭店。他虽然当了数十年的总经理，是主宰饭店一切的最高负责人，却不摆架子，对一般员工也是和蔼可亲、平易近人。哪个员工有了困难或疑问，都可以直接找他面谈。

大家的事情大家办，首先体现在每天早上的工作安排上。上午 8 点半，库特主持召开总经理和 10 名部门经理参加的例会。每周举行一次周会，30 名来自客房、餐厅、科室、园艺等部门的负责人参加，会上大家一律讲英语。各种会议都目的明确，简短有效。库特布置工作言简意赅，对存在的问题讲得准确客观，同时讲明责任，限定解决问题的时间，会后严格检查执行情况。

“大家的事情大家办”的经营理念，使得东方饭店的每一位员工都把企业的事情当成是自己的事情来做，每一位员工都是企业的主人，从而大大增强了员工的向心力、凝聚力以及责任心和使命感，所有员工都会全力以赴、尽职尽责，把工作做得尽善尽美，这就是该企业成功的秘诀所在。

一说起主人，人们都会认为只有老板才是企业的主人；一说起部门的领导者，人们总是要将它冠以“主管”的头衔，仿佛只有他们才是部门命运的驾驭者。这种思维定式严重地限制了广大员工成为部门主人翁的意识，认为部门里的事与自己并无太大关系，那是领导们的事。在美国著名的联合航空公司，每一名员工都有一种“人人都是企业家”的思想，他们了解这个公司，了解公司里任何一个操作细节。员工们从来没有“人家什么都不告诉我”的感觉，他们认为既然公司是“自己的”，工作是“自己的”，那么他们没有理由不全身心地为公司的经营绩效而努力，没有理由不自觉地为公司承担义务。宽松的政策由领导来制定，详细的程序由员工来决定。事实上，政策的目的在于表达组织、公司的意图，以概括的方式将部门的思想方针提供给员工。而员工只需彻底地了解部门的想法和理由，便可在受到较少限制的、宽松的政策中大刀阔斧地工作，充分发挥自己的创造性才能。

另外，在细节上也要让员工有一种当家做主的主人翁的感觉和意识。一位在 IBM 工作了 20 余年的老职工的名片是这样的：精致的名片上是一个蓝色镶金边的盾牌，印着烫金的压纹字，那个盾牌是那位老职员 25 年工龄荣誉徽章的复制图样，上书“国际商用电器公司，25 年的忠实服务”。IBM 公司用这种不引人注意的方式向员工传递了公司的感激之情，实在是“礼轻情义重”。

2. “自主管理”增强员工的责任心

如果员工不是在被动、消极、受到指示和命令的情况下工作，而是积极、主动、自发、自觉地工作，他就会把工作当成是自己的事情，就会以极大的责任心和使命感去面对工作，就会全力以赴、尽职尽责，整个团队的凝聚力和战斗力也会因此而大大提高，工作效率和团队业绩也会随之提升。

海尔在树立员工的主人翁意识，增强集体主义精神，推动员工实现“自我管理”方面，堪称典范。

为了让不同层次的员工更多地运用自己的才能和智慧，在班前会等制度的基础上，海尔发起了“自主管理班组”的活动。这一活动改变了人际关系的性质，创造出了管理部门和员工间的信任。有趣的是，引入“自主管理班组”后，对原来工作场所正式规章的更新要求并不如想象的那么多。小组概念与工作规章并没有什么冲突，它只是取代了工作规章。管理者们不但没有失去多少权力和控制，而且享有更多的“权力”，因为他们发掘利用全体员工的思想，而不仅仅是一小部分管理人员的思想。

在新的自主管理制度有机运行的过程中，员工们学会了交流、批评、互助互学，并由此形成了相互尊重的关系。同时，监督人员和员工之间的界限也不那么明显了，因为员工基本上实行自我监督。员工们的生活在新制度下也发生了变化，他们不再不加思考地机械执行命令，把所有问题都留在工作岗位上，而是开始承担更广泛的职责。现在，实现生产目标的压力直接落在小组成员身上，他们必须学会接受小组内其他成员的批评，并以积极的态度作出反应。

同旧的工作模式相比，海尔的“自主管理班组”活动预示了一种新的责任制的产生。在旧的模式下存在很多弊端，具体表现在以下几方面：

(1) 员工工作所包含的内容很狭窄，他们一直干这些工作，除非工作调动或得到提升；

(2) 他们的报酬取决于工作种类，有时也根据个人的工作绩效付酬；

(3) 员工在仔细的监督下工作，其工作绩效由直属的监督人员评定。而一个专业面很窄的员工，一旦技术或市场发生变化，他就会束手无策。

而在新的模式中，员工工作涉及的范围较广，小组成员们被指派去干一项工作，并从一项工作轮换到另一项工作；小组有自己的业务，对库存、材料规划、人事安排、生产目标、成本目标和产品质量负责，员工的报酬取决于他们所掌握的工作种类数目；该模式对员工没有直接监督，而是由小组对员工进行监督和评估，每个员工根据其同事的要求而不是某位监督人员的命令行事，而同事们的要求或许比监督人员的命令更有力量；一个员工的职业生涯从掌握一项技能开始，为了满足小组的要求，他还要继续学习其他各种技能，由于工作任务的范围广泛，一个具有技术或管理才能、有发展前途的员工就能脱颖而出。

海尔总裁张瑞敏认为，缺乏自我控制、自主管理的员工绝不是好员工，员工不自觉的行为往往会导致失败。管理者的职责就是创造条件使员工和组织的目标融为一体，把个人和企业的利益紧密相连，树立“厂兴我荣，厂衰我耻”的主人翁意识，让员工感觉到自己就是企业的主人。

3. “开动脑筋”激发员工的创新精神

充分发动和利用员工的智慧，对企业的一些重要项目、技术、决策产生积极、正面的影响和作用，不仅有利于激发员工的工作热情和创造精神，而且能够为企业创造更大的业绩和价值。

美国通用电器公司拥有 29.8 万名员工，如何调动他们的积极性，使他们为公司带来更多的利润，是该公司总裁约翰经常思考的问题。他认为，作为一名企业高层经理人才，对人的管理应该以思想教育取胜，因此，他于 1989 年创办了一项称为“开动大家的脑筋”的活动。

最初开展这一活动时，100 名由各个部门推选出来的代表分成若干小组，各自提出本部门的意见和要求，并发表自己的看法，公司高层经理在现场听取每个小组的汇报。根据规定，这些高层经理对小组提出的要求只能回答“是”或“否”，而不得用“研究研究”、“以后再说”之类的话推诿或搪塞。结果，许多平时难以解决的问题都在会上顺利解决或得到满意的答复。

“开动大家的脑筋”这一活动给企业带来了明显的效益。例如，在通用公司飞机发动机修理厂的一次会上，各小组共提出建议 108 条，这些意见除了对生产本身外，还谈到了设计厂标和在厂里建小卖部等问题。员工的建议被采纳后，当年就为企业节省了 20 万美元。“开动大家的脑筋”活动不仅给通用公司带来了直接的经济效益，而且还赋予员工一种参与感和主人翁意识，从而调动了他们的积极性。员工们说："从前我们总觉得厂里想把我们赶出去，而现在我们是在为改善自己的工作环境和条件出主意。"作为总裁的约翰认为，这是一条摸清企业发展脉搏，培养未来经济人员最基本的好路子。

日本汽车巨子、曾任丰田汽车公司总经理和社长一职长达40余年的丰田英二于1951年在丰田公司实施了"动脑筋创新"的建议制度，收到了很好的效果。丰田公司的做法是首先建立动脑筋创新委员会，决定建议规章、审查方法、奖金等。其范围是，机械仪器的发明改进、作业程序的新方法、材料消耗的节减，并且围绕着车间作业程序方面的问题征集了新的办法。车间到处都设有建议箱，不论谁都可以自由地、轻松愉快地提建议。各部门（工厂）也分别设立了建议委员会、事务局，把提建议的方针贯彻到工厂的各个角落。同时，各车间组成了"动脑筋创新"小组，对提建议的人给以协助。

一个有经验的老工人曾经说过："实行'动脑筋创新'后，我们对车间眼前接触到的所有事情、东西、工作以及机器，总是抱着追求'更好'的态度。不管见到什么，我们总是在探求有没有更好的方法。"

该制度实施不久，公司根据斋藤尚一的建议，征集有代表性的口号。结果，"好产品好主意"这一条当选了。从1954年起，这一口号就用荧光指示牌悬挂在厂里。一个外国人看到这种情况后说道："在芝加哥机场，向导牌都是挂在上空，使人们看得清楚。所有的机场也都采用这个方式。你们厂的荧光指示牌也类似这种做法。"

通过提建议，领导能够听到生产现场生机勃勃的声音，也能了解到员工掌握技术能力的程度。经过不断的反复，个人和小组都被发动起来了。该制度的建立，既提高了员工的思想，增强了团结，也加强了上下级之间的联系。员工们利用这个制度，找到了创新的乐趣，从而充分发挥了自己的能力。

丰田公司的建议制度，并不单纯地作为管理手段，而是和企业与个人的不断成长紧密联系起来。该制度的审查标准划分为有形效果、无形效果、利用的程度、独创性、构想性、努力的程度、职务减分等 7 个项目，每个项目以 5～20 分的评分等级来评定分数。满分为 100 分。当然，从质量方面来说，分数没有上限。奖金最高的为 20 万日元，最低的则为 500 日元。对于特别优秀的建议，公司要向科学技术厅上报，每月的建议件数以车间为单位分别发表。同时，还以各车间、工厂、全公司为单位，分别举办规模不同的展览，在展览会上，企业最高层领导出席并进行评议。

“动脑筋创新”建议制度实施的第一年，征集建议 183 件，而到了 1955 年，则达到 1000 件，到了 1970 年，达到了 5 万件，可见员工们的参与程度呈上升趋势。这一制度大大调动了员工的主动性和积极性，同时也大大增强了员工的创新精神和创造力，使企业焕发出强大而持续的生命力，从而促使企业不断蓬勃发展。

4. “群策群力”提高组织的决策效率

要发挥组织中每一个人的作用，就要鼓励人们参与决策，发现并利用组织成员的智慧和特长，集合每一位成员的力量，最终作出正确而高效的决策。这就是所谓的“群策群力”的激励和管理员工的方法。

世界500强之一的美国通用公司就是采用“群策群力”的管理和激励方法的典型代表。“群策群力”的管理方法是通用电气公司前任总裁杰克·韦尔奇于20世纪80年代在一架直升机上发明的。之后，于1989年1月，在佛罗里达州举行一年一度的碰头会时，韦尔奇向到会的500名高级经理宣布了这一计划，即正式实行“群策群力”的管理方式，并聘请多位专家学者协助实施。

在通用公司，所谓的“群策群力”，就是指举行各阶层职员参加的讨论会，在会上，与会者必须做三件事：（1）动脑筋想办法；（2）取消各自岗位上多余的环节或程序；（3）共同作出决策，解决现有的问题。

最初的群策群力讨论会的主要目的是为了建立员工之间的信任，最基本的模式是大家随意地发表意见，后来逐渐上升为一种企业管理理念。

在通用电气的家电部，有一个专门生产洗衣机的工厂。从1956年建厂之后的30多年间，管理非常糟糕，生产出来的产品总是滞销。1992年损失了4700万美元，1993年上半年又损失了400万美元。到了1993年秋，公司决定卖掉这家企业。这时候，一个名叫博克的公司副总裁站了出来，他说：“这么多员工怎么办？请给我这个机会，我一定会想办法使公司转危为安。”博克先生首先召集了20个人，采用群策群力的方法，用20天时间向总部提交了一份改革报告。杰克·韦尔奇最终支持这个建议，马上批给7000万美元对企业进行技术改造。经过大刀阔斧的改革，这家洗衣机工厂终于走出困境，扭亏为盈。

时至今日，“群策群力”已成为通用电气公司的一种日常性的活动，随时都可以根据需要举行，参与人员也从员工扩大到顾客、用户和供应商。

“群策群力”活动把本来毫不相干的人们聚集到了一起，包括计时员工、白领阶层、经理，甚至工会领袖们。他们平时在工作中很少有机会接触，现在却可以在这种活动中畅所欲言、无所不谈，并在这个过程中建立了友谊，取得了信任。

正是这种“群策群力”活动，推动着公司的高层领导者更多地去行动，更多地去听取员工的意见和建议。他们必须信任别人，也必须被别人所信任。领导层确实有责任作出最终的决策，但同时还有责任让人相信，这些决策是正确的、科学的、合乎情理的。

领导者要善于“群策群力”，积极调动员工的参与精神，充分发挥广大员工的集体智慧，从而提高组织的决策效率，增强决策的准确率，减少决策的失误率。为此领导者应注意掌握以下几点：

首先，领导者要善于利用他人的智慧，原始构想不一定要自己独创，可以借助他人的智慧。

其次，要积极请教他人，同时虚心倾听他人的意见，采用别人的意见和建议，事后一定要告诉他结果。

第三，良策不是呼之即来的，要经过一番冥思苦想后才可得，未解决的问题要记在脑海里，时时思考。

第四，明确目标。没有明确的目标，就不会发现和利用群众的智慧。

5. “集体讨论”能够激发员工的无穷创意

如果一个人坐在某一个角落里冥思苦想，即使挖空心思，他的灵感源泉也很容易枯竭、干涸。但如果有很多人在一起，进行集体讨论，让思想在空气中自由飞舞、互相碰撞，则灵感就会源源不断地出现。

让我们来看看世界500强之一的迪斯尼公司是如何激发员工的思想和灵感的。鼓励工作人员将自己的想法、意见、建议或创意写在小卡片上，然后将卡片集中挂起来，让更多的员工来发表评论，提出不同的意见和看法，这就是迪斯尼公司的创始人沃尔特·迪斯尼创造的征集员工建议的最重要的方法之一。

显然，这种方法比每个员工冥思苦想更有效，也更有趣、更生动，这样做，不仅有助于利用和发挥员工的智慧，为公司提供有价值的点子和创意，而且还有利于员工之间的相互学习和交流，以共同提高和进步。

这种集体公开讨论的方式并不只限于艺术创作，它还可以为公司提供技术和智慧上的支持。无论是在公司的经营管理方面，还是在艺术创作方面，当员工把创意和建议张贴出来后，就可以通过交流、讨论的方式，分析问题之所在，并找出解决问题的方法。

集体公开讨论的技巧是沃尔特·迪斯尼在1928年创作动画片时想到的。当时，完整的动画故事片仍然是一个梦想。但这正是沃尔特·迪斯尼要努力实现的目标。为了这个目标，他绘制了成千上万张草图，而当时拍摄一部完美的动画片并不需要这么多草图。

完成的草图按照事先确定的解说顺序堆放成一摞，然后由摄影师来拍摄。员工们则在一间审片室里一边观看，一边讨论，互相交流各自的意见和看法。但是随着草图的大量增加，没过多长时间，这些草图就堆满了整个工作室。为了有一个良好的顺序，便于电影中故事的顺利发展，沃尔特·迪斯尼指示他的艺术家们将他们的草图展示在一个巨大的纤维板上。

后来，早期的初稿也被钉在了这块板子上。如果故事的发展有问题，或者是一个卡通人物未能按沃尔特·迪斯尼的要求完成，就可以在昂贵的动画制作开始之前进行改动。这块展示故事梗概的草图的纤维板使沃尔特·迪斯尼能够自由地实验，并且把各种草图来回调换，改变方向，插入他认为过去遗漏的东西，或是去掉一些他认为没有意思的图片。这一切都能在动画师花大量艰苦的劳动制作动画之前进行。

这种集体公开讨论的过程，是一种逻辑性的发展过程。它始于一个概念，或者是一个有待解决的问题，然后相互讨论，提出创意和建议，不断完善，直到最终找到所需的解决方案。这样一来，既调动了员工的积极性和主动性，最大限度地发挥了员工的创作力，又能够及时修正错误、弥补遗漏，从而避免了后期大量盲目、无效的工作，大大提高了员工的工作效率和整个组织的绩效。

6. “敞开大门”让员工有当家做主的感觉

在一个崇尚信息公开、透明的企业里，当信息通过各种渠道自由流通，使所有的员工都能够对企业各部门的经营运作情况了如指掌时，就会得到所有员工的无限信任和真诚回报。

敞开大门的做法是树立信任之风的最佳选择，领导者要鼓励自己的员工敢于对公司的不合理之处说出自己真实的看法。

萨姆·沃尔顿最初创办的小商店现已发展成为一个年销售额为

820 亿美元、盈利 26 亿美元的跨国集团公司。沃尔玛公司现有 1900 个连锁商店、150 家超级市场、425 个萨姆俱乐部，在国外还有 225 个零售商店。它目前已经成为全球最大的零售连锁企业。

沃尔玛公司的管理的一大特点就是信息公开、交流公开、自由沟通。此风气始于公司领导人瑟德奎斯特，他认为："人是成功的决定因素，所有的员工都起着重要作用，平凡的人可以创造出不平凡的成就。"

瑟德奎斯特深知，在一个企业里，对员工而言，需要有一个途径来了解企业的情况，体会被信任的感觉，弄明白自己在企业里所起的作用。于是，他就把公司的经营情况公开地传达给大家。瑟德奎斯特认为，传达的内容越丰富，就越容易得到直接、真实的反馈意见。

瑟德奎斯特是个诚实、豁达、平易近人的人。他不仅对自己的私事毫不保留，公司的经营状况、各种数据信息也全部对员工开放。他认为，对员工来讲，了解公司的经营情况，不仅是一项权利，更是一项义务。如果公司兴旺，员工也光荣；如果公司衰败，员工也会感到耻辱。让员工充分了解公司的情况，可以增强员工的责任感、归属感和使命感。

在沃尔玛公司所有的办公室里，甚至在店堂的储货间，都有这样的告示牌，牌子上写着："今天的股市价格是 27. 25 元，明天要想拥有更高的价格，则要靠你们去创造。"

瑟德奎斯特让员工充分了解公司的财政情况。这促使沃尔玛公司实施了一项"店中店计划"。每个连锁店都有 36 个部，各部经理要对该部的盈亏状况承担全部的责任，他要对所有数字了如指掌，其中包括销售额、赊欠情况、管理费用以及经营利润，等等。瑟德奎斯特认为，实行信息公开可以增强公司内部的信任气氛，如果下属们了解了各种情况，他们的建议也被采纳，那么，他们必定会为公司作出更大贡献，为公司的发展承担更多的责任，并想方设法地满足顾客的要求；他们还会就公司如何进行更有效的管理以及未来的发展出谋划策。

在公司里，瑟德奎斯特是以公开发表意见和接受别人的意见而著称的。瑟德奎斯特曾向公司所有的员工宣布：沃尔玛公司坚信信息公开的作用。在日常的管理工作中，在与员工的日常交往中，他都不断地强调这一理念，并不遗余力地把这种管理方式制度化。

7. 参与激励可以强化员工的主人翁意识

管理大师德鲁克说："知识是生产资料，它的所有者是知识工人，而且随时可以带走。这一特点同样适用于高级的知识工人，比如科学家、理疗师、计算机专家和律师助理。知识工人提供资本与企业主提供钱是一样的，二者彼此依赖，这使得知识工人获得了与企业主平起平坐的地位。管理知识工人要基于这样的前提，即公司对他们的需要要远远高于他们对公司的需要。他们知道自己可以走。他们既有灵活性又很自信，这就意味着必须采取非营利公司对待志愿者的方式来对待及管理他们。这些人想要知道的第一件事就是公司想要什么，目标是什么？其次，他们对个人成就和个人责任更感兴趣——也就是说必须把他们放在适合的岗位上。知识工人渴望继续教育和继续培训，毕竟他们希望获得尊敬，不是为自己而是为了自己的知识领域。在这一方面，他们比传统的工人向前迈进了好几大步，后者通常期待别人告诉他们做什么，知识工人则希望在自己的领域内自己做决定。”

日本松下电器公司以超一流的经营闻名世界。松下公司一贯重视人的作用，注意培养员工和公司“共存共荣、强存强荣”的士气。公司创建人松下幸之助说：“松下电器公司是培养人才的公司。要制造产品，先要制造松下人。”为了把全体员工的意志服务于企业所提出的目标和方针，公司采取了“提案制度”。规定的提案方式简单，限制性小，涉及范围广，职工普遍享有提案权，正式工和临时工都可以提，只要提案内容对公司有益，均可被采纳并得到奖励。提案的奖励标准也规定得十分明确，其重点包括：提案的效果；实施的可能性；构思的先进性；为实现提案所做的努力程度等。公司还设立了提案管理委员会，内设提案审查组和提案推广组，两个组之间保持着密切的联系。公司下属各单位也都设立了提案管理机构。提案制度的实施，广泛地调动了员工的积极性和创造性，每年平均每人提案 5 件以上，入选率一般在 10% ~20% 左右。这既鼓舞了士气，又改进了工作。松下幸之助的“制造松下人”的举措，培养和造就了一大批杰出的人才，使松下电器公司取得了巨大的效益。

日本富士全录公司对公司内部不足的人员，或开发新事业所需要的人才，除按惯例每年录用大学毕业生或挖墙脚寻求人才外，也在公司内部公开招考，求才层次广泛，中级干部、新事业的负责人都有。除此以外，公司还每年举办一次名曰“向新事业挑战”的活动，以“你就是总经理”为广告标题，在内部公开征求新事业企划案。凡经审核被认为具体可行的方案，就交由新事业开发部门筹划，然后以公司出资90%，原提案人出资10%的方式成立新公司，原提案人就理所当然地成为新公司的总经理。这类真正按照企划案成立的公司，极大地调动了员工们的工作积极性。目前非常出名的“富士系统顾问公司”和“机械模型制作公司”就是这样成立的，为富士全录公司带来了巨大的声誉和利润。

在德国企业里，参与管理主要通过工厂委员会的协商、董事会的共同决策、监事会的制衡及其他一些方式实现。工厂委员会由不包括管理阶层的所有员工选举代表组成，委员会定期与雇主举行联合会议。法律规定雇主有义务向工厂委员会提供各种信息和有关文件，尤其是涉及财务生产、工作流程的改变等方面。员工超过100人的企业，工厂委员会必须委任一个财务委员会，定期与管理层会面，了解公司的财务状况；1000人以上的企业，每季度雇主还必须书面报告企业各方面的情况。委员会几乎可以对企业中所有重大的决策与举措表达看法。在工作时间、工资福利等方面，委员会还具有共同决策权，特别是当发现劳动条件的改变损害了员工的人性化需要时，可以要求雇主予以改变或赔偿。

运用参与激励，可以有效地激发和培养员工的主人翁意识，增强员工对企业的归属感、认同感以及对工作的责任心和使命感，使其高效、出色地完成工作任务，并把工作当成是自己的事业，进一步满足其受尊重和自我实现的需要。

第十五章

竞争激励——促进竞争，鼓舞员工的斗志和士气

心理科学实验表明，竞争可以增加一个人50%或更多的创造力。每个人都有上进心、自尊心，耻于落后，竞争是刺激他们上进的最有效的方法，自然也是激励员工的最佳手段。有竞争才有压力，有压力才会有动力，有动力才会有活力。企业引入竞争机制，培养员工的竞争意识，能有效地激发他们的工作热情，激励员工不断进取，而企业上下也将生机勃勃、充满活力。

1. 竞争是激励员工不断进取的重要法宝

心理科学实验表明，竞争可以增加一个人 50% 或更多的创造力。每个人都有上进心、自尊心，耻于落后。竞争是刺激他们上进的最有效的方法，自然也是激励员工的最佳手段。没有竞争，就没有压力，没有压力就没有动力，组织也好、个人也好，都不能发挥出全部的潜能。

美国企业管理专家认为，没有竞争的后果，一是自己决定惟一的标准，二是没有理由追求更高的目标，三是没有失败和被他人淘汰的顾虑。

当前，我们许多企业办事效率不高、效益低下，员工不求进取、懒散松懈，从根本上说，是缺乏竞争的结果。鉴于此，要千方百计将竞争机制引入企业管理中。只有竞争，企业才能持续发展下去，才能保持员工的高昂士气。

管理者应向部属说明企业竞争力的重要性。强有力的竞争，可以促使员工发挥高效能的作用。因此，在对下属的管理中，引入竞争机制，让每个人都有竞争的意念并能投入到竞争中，组织的活力就永远不会衰竭。

日本松下电器公司每季度都要召开一次各部门经理参加的讨论会，以便了解彼此的经营成果。开会以前，把所有部门按照完成任务的情况从高到低分别划分为 A、B、C、D 四级。会上，A 级部门首先报告，然后依次是B、C、D部门。这种做法充分利用了人们争强好胜的心理，因为谁也不愿意排在最后。

美国西南航空公司的内部杂志经常以“我们的排名如何”为主题，让西南航空公司的员工知道他们的表现如何。在这里，员工可以看到运务处针对准时、行李处置、旅客投诉案等三项工作的每月例行报告和统计数字。该杂志将当月和前一个月的评估结果做比较，列出西南航空公司整体表现在业界中的排名。此外，还列出业界的平均数值，以利于员工掌握趋势，同时比较公司和平均水准的差距。西南航空公司的员工对这些数据具有十足的信心，因为他们知道，公司的成就和他们的工作表现息息相关。当某一家同行的排名连续高于西南航空公司几个月时，公司内部会在短短几天内散布这个消息。到最后，员工会加倍努力，期待赶上人家。西南航空第一线员工的消息之灵通是许多同行无法相比的。

海尔集团从斜坡上流动的小球这一极普通的生活现象中，悟出了企业人才发展的规律——斜坡球发展理论：斜坡上的球体好比一个员工个体，球周围代表员工发展的舞台，斜坡代表着企业发展规模和商场竞争程度。根据斜坡球发展理念，海尔的用人机制是“人人是人才，赛马不相马”。相马是将命运交给别人，而赛马则是将命运掌握在自己手中。具体来说，斜坡球理论表现在以下几个方面：“三工”并存，动态转换。三工即优秀工人、合格工人、试用员工。海尔用工改革的思路是，干得好可以成为优秀工人，干得不好可随时转为合格工人或试用人员。这种做法有效地解决了“铁饭碗”的问题，使企业不断激发出新的活力。

海尔非常重视在企业内部为员工创造竞争的环境。“生于忧患，死于安乐”，这是海尔总裁张瑞敏经常告诫员工的一句话，也是海尔文化的核心内容之一。在海尔企业内部，传阅着两幅主题为“适者生存”的漫画。一幅是老鹰喂食的故事：老鹰是所有鸟类中最强壮的种族，根据动物学家所做的研究，这可能与老鹰的喂食习惯有关。老鹰一次生下四五只小鹰，由于它们的巢穴很高，所以猎捕回来的食物一次只能喂食一只小鹰，而老鹰的喂食方式并不是依平等的原则，而是哪只小鹰抢得最凶就给谁吃，在此情况下，瘦弱的小鹰吃不到食物都死了，最凶狠的存活下来，代代相传，老鹰一族越来越强壮。另一幅是狮子与鹿对话的漫画，狮子说：我非常强壮，但如果我不奔跑捕食，明天就会和你一样软弱无力。鹿则对狮子说：由于有了你，才使我的生命遇到了威胁，为了不让你追上我，我必须不停地奔跑。这两幅漫画告诫我们：当今社会就是一个适者生存的社会，如果我们没有强烈的危机感和竞争意识，终将被社会所淘汰。

2. 激励员工互相成为竞争对象

作为一个企业的领导者，如果让下属被动地服从命令和执行任务，其结果可能是低效，甚至无效、负效。只有想方设法地激励他们主动去干，才能充分发挥人的主动性和创造性，获得高效益。而激励员工互相成为竞争对象，则会激发员工的工作干劲，形成你追我赶的气氛和局面，从而提高员工的工作效率和整个团队的工作绩效。

有时，竞争对象是不容易找到的，这时，你可以“设立”一个“竞争对象”。对于没干劲的部下，你只要告诉他：“你和小张两个人，成功是指日可待的。”这就等于暗示了他的竞争对手的存在。

美国某家铸造厂的经营者经营了许多工厂，但其中有一个厂的效益始终徘徊不前，从业人员也很没干劲，不是缺席，就是迟到早退，交货总是延误。该厂产品质量低劣，使消费者抱怨不迭。虽然这个经营者指责过现场管理人员，也想尽办法，想激发从业人员的工作士气，但始终不见效果。

有一天，这个经营者发现，他交代给现场管理员办的事，一直没有解决，于是他就亲自出马了。这个工厂采用昼夜两班轮流制，他在夜班要下班的时候，在工厂门口拦住一个作业员，问：“你们的铸造流程一天可做几次？”作业员答道：“6 次”。这个经营者听完一句话也不说，就用粉笔在地上写下“6”。紧接着，早班作业员进入工厂上班，他们看了这个数字后，竟改变了“6”的标准，做了 7 次铸造流程，并在地面上重新写上“7”。到了晚上，夜班的作业员为了刷新纪录，就做了 10 次铸造流程，而且也在地面上写上“10”。过了一个月，这个工厂变成了他所经营的工厂中成绩最高的。

这个经营者仅用一支粉笔，就提高了工厂的士气，而员工们突然产生的士气是从哪里来的呢？这是因为有了竞争的对手。作业员做事一向都是拖拖拉拉，毫不起劲，可在有了竞争的对象后，他们的士气就得到了激发。

每一个人都有自尊心和自信心，其潜在心理都希望“站在比别人更优越的地位上”，或“自己被当成重要的人物”，从心理学上来说，这种潜在心理就是自我优越的欲望。有了这种欲望之后，人类才会努力成长，也就是说，这种欲望构成了人类干劲的基本元素。

在德国的一家企业里，部门经理赫斯成功地运用“竞争”的方法来管理自己的职员。有一次，他对一个一向很努力的熟练工人说：“米勒，为什么我叫你做的一件工作这么久才做完呢？你为什么不能像赫尔那样快呢？”

他对赫尔却这样说：“赫尔，你为什么不以米勒为榜样，像他那样做事很快呢？”

过了不久，赫尔因公出差刚回来，赫斯便留下一张字条叫他做好一个铸件，马上送到铁道开关及信号制造厂去。

这个条子是星期六写的，但是星期日早上赫尔便把这件事办好了。星期日早晨，赫斯在厂里看见了赫尔，便问：“赫尔，你看见我留下的字条了吗？”“看见了，我已经将铸件送到制造厂里去了。”赫尔干脆利落地回答说。

赫斯听了很高兴，他亲热地拍了拍赫尔的肩膀，说：“做得不错！”对赫尔来说，看见上司赫斯那种嘉许的态度，自己也觉得非常快乐！

在有特定的竞争对象存在时，这种自我优越的欲望会特别强烈。如果能利用这种心理，并设立一个竞争的对象，让对方知道竞争对象的存在，就一定能成功地激发起一个人的干劲。

3. 公平竞争才能激发员工最大潜能

员工努力做好工作的前提是要有一个能够发挥自己的能力，展现自己的水平，从而实现自己的目标和达到自己的目的的机会和平台，并且这个机会和平台应该是公开、公正、公平的，而不是不透明、不公正的，否则员工心里就难以信服，也就没有了发挥自己最大能力的积极性和主动性。

对员工来讲，谁都想在领导面前展现自己的实力，作出最好的表现，以便让自己的工作和事业更上一个台阶，最终得到领导的认可和赏识。如果管理者发现员工有这样的需求和愿望，就不妨为他们提供一个互相竞争的机会或平台，以便让员工充分发挥自己的潜能，实现他们各自的最大价值，满足他们的需求和愿望。

作为领导者，你的任务不只是发现人才，更重要的是善于培养人才，而给每个人创造公平竞争的机会和平台，则是培养人才的一种重要和有效的方式。在培养人才的过程中，管理者的职责，或者说管理者应该做的、能够做到的也就是为员工创造竞争的场地、明确竞争的目标、制定竞争的规则，至于谁能跑在前面，谁发挥得最好，谁最终能够获胜，就看员工自己了。

在这方面，做得比较出色的，当数海尔集团了。海尔家电部门提出的“相马不如赛马”的口号，为员工提供了公平竞争的机会和平台。在“赛马”的过程中，海尔制定了一系列规则，比如：

（1）全方位监督。海尔集团建立了较为严格的监督控制机制，任何在职人员都接受三种监督，即自检、互检和专检。自检，也就是自我约束和监督；互检，则指所在团队或班组内互相约束和监督；专检，则指业绩考核部门的监督。

（2）岗位轮流更替。集团的经营在逐步实现多元化、跨领域发展，产品系列越来越大，但是海尔集团内部的发展并不平衡，企业与企业之间不仅有差距，有的差距还很大，而且集团整体高速的发展并不等于每个局部都是健康发展。那些发展缓慢的企业的领导者看不到自己与竞争对手之间的差距，头脑跟不上市场的变化。随着集团的逐步壮大，越来越需要一批具有长远眼光，能把握全局的全能型领导人才。针对这种情况，海尔集团提出届满要轮岗的管理思路，即在一定的岗位上任期满后，由集团根据总体发展目标并结合个人发展需要，调到其他岗位上任职。这样就培养出了一批多面手、综合型人才。

（3）三类工种互相转换。海尔集团实行三工并存、动态转换的制度。三工，即在全员合同制基础上把员工的身份分为优秀员工、合格员工、试用员工三种，根据工作表现，三种身份之间可以进行动态转化，并提出了“今天工作不努力，明天努力找工作”的口号。

（4）内部竞争上岗。在海尔，空缺的职务都在公告栏统一贴出来，任何员工都可以参加应聘，这样就保证了竞争的公平、公开。

海尔建立了一套较为完善的激励机制，包括责任激励、目标激励、荣誉激励、物质激励等，这对于处处感到压力的海尔员工来说，无疑是一种心理调节器。

领导者应该明白：要为员工创造公平、公开的竞争机会和平台，把“相马”变为“赛马”，把静态变为动态，充分挖掘每个人的潜质，提高员工的工作兴趣，调动员工的工作积极性，让员工树立起工作的信心和斗志，从而尽情地展现自我，实现自我价值。

领导者在为员工创造公平的竞争机会和竞争平台的时候，应注意以下几点：

首先，调查和了解企业的所有岗位和员工的具体情况，看看应该在哪些岗位和员工之间展开竞争。

其次，邀请一些相关的管理者和员工，倾听和征求他们的意见和建议，一起商量有关在员工中间展开竞争的事项，并达成一致。

第三，制定一个相对比较完善的竞争计划或方案，其中包括竞争目标、竞争对象、竞争内容、竞争规则，等等。

第四，将员工之间的竞争常态化、制度化，长期固定下来。

第五，把这种竞争机制在全公司公布，鼓励员工积极参与。

第六，竞争要严格遵循公平、公开、公正的原则，竞争不是要“帮助”哪个人，绝对不能让竞争受到任何主观人为因素的影响，不能有任何偏袒和倾斜，否则就失去了竞争的意义。

4. 通过竞争让员工充分发挥才干

作为领导者，要想得到优秀的人才，就要给员工平等的竞争机会，让员工的才能在公平的竞争中展现和发挥出来。这一切需要通过建立一系列制度来实现。索尼公司的内部竞聘制度就是一个很好的典范，值得领导者借鉴和参考。

有一天晚上，索尼董事长盛田昭夫按照惯例走进职工餐厅与职工一起就餐、聊天。他多年来一直保持着这个习惯，以培养员工的合作意识，与员工保持良好的关系。这天，盛田昭夫忽然发现一位年轻职工郁郁寡欢，满腹心事，闷头吃饭，谁也不理。于是；盛田昭夫就主动坐在这名员工对面，与他攀谈。几杯酒下肚之后，这个员工终于开口了：“我毕业于东京大学，有一份待遇十分优厚的工作。进入索尼之前，我对索尼公司崇拜得发狂。当时我认为，进入索尼是我一生的最佳选择。但是，现在我发现，我不是在为索尼工作，而是为课长干活。坦率地说，我这位科长是个无能之辈。更可悲的是，我所有的行动与建议都必须经过科长批准。我自己的一些小发明与改进，科长不仅不支持、不解释，还挖苦我是癞蛤蟆想吃天鹅肉，有野心。对我来说，这名课长就是索尼。我十分泄气，心灰意冷。这就是索尼？这就是我的索尼？我居然要放弃那份优厚的工作来到这种地方!”

这番话令盛田昭夫十分震惊，他想，类似的问题在公司内部员工中恐怕不少，管理者应该关心他们的苦恼，了解他们的处境，不能堵塞他们的上进之路，于是他产生了改革人事管理制度的想法。之后，索尼公司开始每周出版一次内部小报，刊登公司各部门的“求人广告”，员工可以自由而秘密地前去应聘，他们的上司无权阻止。另外，索尼原则上每隔两年就让员工调换一次工作，特别是对于那些精力旺盛、干劲十足的人才，公司不是让他们被动地等待工作，而是主动地给他们施展才能的机会。

在索尼公司实行内部招聘制度以后，有能力的人才大多能找到自己较中意的岗位，而且人力资源部门可以发现那些“流出”人才的上司所存在的问题。

优先从内部提拔要求组织建立一个良好的制度与规划。领导者可以采取以下的程序：

首先，发布工作公告。通过一定的方式将空缺职位信息传达给本组织内所有部门的所有人员。信息包括职位名称、所属部门、薪资等级、该职位上司姓名、工作场所、工作内容的简单描述、资格要求以及对候选人选拔的方法、技能评定的方法。组织内的人才还可向人力资源管理部门咨询，询问该职位以后的发展机会。

其次，建立人事记录。可以审阅以往的人事记录或利用申请表建立新的人事记录。通过审查这些人事记录，可以发现哪些候选人现在所从事的工作是低于他们所具有的知识水平和能力水平的；哪些人具有发展潜力，需要哪些方面的培训；哪些人已经具备了从事空缺职位的能力与背景。

第三，建立人才技能库。例如，在医院的“药剂分析师”库中，医院将所有接受过这种培训或者具备这种能力的人名都列出来。如果门诊部门急需一名药剂师，而人才技能库显示具备这种技能的赵小姐在住院部做护士，就可以由人事部门直接去找赵小姐，征求她对到门诊部做药剂师的意见。

5. 引入“鲶鱼”，让企业充满竞争活力

挪威渔民出海捕捞沙丁鱼，如果抵港时鱼仍活着，卖价要比死鱼高出许多倍。因此，渔民们千方百计地想办法让鱼活着返港，但

种种努力都失败了。而有一艘渔船却总能带着活鱼回到港内，船长因此收入丰厚，其原因一直未明。直到这艘船的船长死后，人们才揭开了这个谜底。原来这艘渔船捕了沙丁鱼，在每次返港之前，都要在鱼舱里放一条鲶鱼。鲶鱼进入鱼舱后，由于环境陌生，自然会四处游动，到处挑起摩擦，而大量沙丁鱼发现多了一个“异己分子”，自然也会紧张起来，并加速游动。这样一来，鱼儿就一条条活蹦乱跳地运回了渔港。

这就是著名的“鲶鱼效应”。在用人方面也一样，只要在组织中引进能干的人才，谁都会感到紧张，一紧张，他自然会拼搏进取，由此一来，整个团体就会生机勃勃，充满了朝气。一个公司如果人员长期固定不变，就会缺乏新鲜感和活力，容易养成惰性，缺乏竞争力。只有施加压力，存在竞争气氛，员工才会有紧迫感，才能激发进取心，企业才有活力。

日本三泽公司总经理三泽千代的用人之道是想方设法将每个人都变成人才。根据这个观点，三泽公司从 1985 年起，陆续地从丰田、松下等公司引进了一些“鲶鱼”，同时还聘用了一些精明强干、思维敏捷的年轻人，从而打破了公司内一潭死水的局面，调动了内部人员的积极性。

美国著名企业家阿尔弗雷德·斯隆接管美国最大的汽车公司——通用汽车公司时，公司由许许多多小的汽车制造商组成，是一个臃肿不堪的庞大联合体。斯隆把它改造成事业部制的组织结构。他有意地在所有的事业部门都形成重叠：一个事业部生产的车型系列与另一个事业部生产的车型系列在某些部分互相重叠，从而导致事业部之间的竞争。多年以后，通用汽车公司逐渐离开了斯隆设立的原则，事业部的经营变成各管一段，整个公司看起来更像一个协调统一的整体。然而，后来任命的董事长罗杰·史密斯却宣布，他首先要做的是恢复传统的内部竞争精神；他正式授予各事业部控制权，重新塑造各事业部的形象和特色。这也是通用汽车公司取得巨大成功的重要原因之一。

企业引进竞争机制，培养员工的竞争意识，能有效地激励员工追求进步，激发他们的学习动力，而公司上下也将生机勃勃。这是管理者做好管理工作的艺术，也是企业取得成功的关键。

6. 恶性竞争会损害团队凝聚力

曾经有这样一个故事。一个犹太商人移民到了澳洲，在墨尔本街上做起老本行生意，开了一家食品店。对街正好有一家意大利人开的食品店，显然，双方免不了相互竞争。

首先，意大利人沉不住气了，他在店门口的黑板上写了几个大字：火腿，每磅只卖五角。对街犹太人看了立即响应，竖个牌子：一磅四角。意大利人看到后又赶紧降价：火腿，一磅三角五分钱。犹太人也跟着换招牌：一磅三角钱。

意大利人忍无可忍，冲到犹太人店里，说："哪有你这样做生意的？这样下去我们都会破产。"

犹太人说："我看只有你才会破产，不是'我们'。我的店里根本不卖火腿，连我也不知道一磅三角钱卖的是什么东西。"

通过这样一个小故事，我们可以吸取这样的经验教训：虽然竞争是无情的甚至是残酷的，但绝不能“杀红眼”。竞争不能和赌博相提并论，正当的、公平的竞争是基于理性的竞争，而不是不择手段的非理性竞争。否则，“两虎相争，必有一伤”，甚至是“两败俱伤”。

企业内部引进一定形式的竞争，往往可以激发人与人之间、团体与团体之间的求胜欲望，而这些欲望在某种程度上又可以提高部门组织的效率和效益。但是，竞争必须是合理合法地进行的，领导者在引入竞争机制时，必须考虑到竞争的双重作用。

凡是竞争激烈的地方，经常发生不正当竞争。比如：不再对同事工作给予支持，背后互相攻击、互相拆台；封锁消息、技术、资料；在任何事情上都成为水火不相容的“我们和你们”；采取损害公司整体利益的方法竞争；等等。这些竞争势必破坏团队精神。企业的成功依赖于全体员工的团结、目标一致，而不正当的竞争足以毁掉一个组织。

为了避免不正当竞争的弊端，管理者应注意做到以下几点：

第一，对竞争的内容、形式进行改革，剔除产生彼此对抗、直接影响对方利益的竞争项目。

第二，找出一个共同的“敌人”，如另一家同行业的公司，以此淡化、转移员工间的对抗情绪。

第三，进行团队精神塑造，让大家明白竞争的目标是团队的发展，“内耗”不是竞争的目标，同时，创造一个附有奖励的共同目标，只有团结合作才能实现这个目标。

第四，进行调解和说服教育，立即召见相关方面把问题讲明白，批评彼此暗算、不合作的行为，表扬正当竞争者。

竞争的形式多种多样，例如，进行各种竞赛，包括销售竞赛、服务竞赛、技术竞赛等；公开招投标；进行各种职位竞选；用几组人员研究相同的课题，看谁的解决方式最好；等等。还有一些“隐形”的竞争，如定期公布员工工作成绩，定期评选先进分子等。你可以根据本企业的具体情况，不断推出新的竞争方法。

竞争中要注意的问题是竞争的规则要科学、合理，执行规则要公正；要防止不正当竞争，培养团队精神。有些竞争不但不能激励员工，反而挫伤了员工士气。如果优秀者受到揶揄，就是规则出了问题，不足以使人信服。

竞争中任何一点不公正都会使竞争的光环消失，如同一场裁判偏袒一方的足球赛。如企业竞选某一职位，员工知道领导早已内定，还会对竞选感兴趣吗？如进行销售比赛，对完不成任务的员工也给奖，能不挫伤先进员工的积极性吗？失去了公正，竞争就失去了意义，只有公正才能达到竞争的目的。

7.“优胜劣汰”才能提高组织的战斗力

作为领导者，不能把员工当做一群羊，赶到山坡上，任其自由散漫，最终导致羊群的体质下降，病的病、老的老、伤的伤、死的死。领导者要拿起“鞭子”在后面督促，给予一定的压力和紧迫感，甚至可以考虑在团队中放入几只“狼”，让员工产生危机感，这样，每位员工就会比以前跑得更快，体质就会大大增强，整个团队就会保持旺盛的生命力。

有这样一家外资企业，它全部由年轻人组成，从事电脑及软件业务。由于他们正确的市场方向选择、合理的管理方式、艰苦奋斗的精神等，公司发展很快，在短短两三年时间里，公司就从十来个人发展到一百多人，生意也红红火火。因为公司里都是年轻人，公司管理层特别强调团队精神，以各种方式加强员工之间的交流，每个人工作得都很愉快。

然而有一天，这家企业的老板发现，他的员工的工作积极性不像以前那么高了。于是，他请有关专家分析了公司员工的分工、收入结构、员工关系，最终发现了这样一个问题：在他们强调公司内部和谐气氛的时候，忘记了建立内部竞争机制，或者说公司管理层有点担心，如果引进内部竞争机制，会不会影响到现在的气氛。结果，销售人员很容易完成自己的销售定额，市场人员和技术人员觉得销售的多少和自己关系不大，在出了问题的时候不是想办法解决问题，而是掩盖和逃避。这当然是一个危险的信号。所以，引进内部竞争机制势在必行。

在一个企业里，如果没有竞争，就没有效率，员工就没有上进心，久而久之，就会养成懒散的习惯，最终丧失战斗力，导致整个团队堕落，将企业拖垮。美国通用电气公司是全球500强之一，具有一百年的发展历史。通用在经营管理中有许许多多十分先进的理念和经验，备受全球企业管理界的推崇，其中，通用重视企业内部竞争的管理经验尤其值得当今管理者学习和借鉴。

通用前任总裁杰克·韦尔奇被称做是20世纪的企业激励管理奇才，他非常重视企业内部的竞争，并建立了一整套关于内部竞争的制度和规则：

首先，像体育比赛一样在企业内展开竞争。韦尔奇崇尚竞争，他将体育的竞争精神带入企业竞争。他说："奖赏那些最好的人才，同时剔除那些效率低下的。严格执行、区别对待确实可以产生真正的明星，这些明星可以创建伟大的事业。……有些人说区别对待的做法会严重影响团队精神。但在我看来这是不可能的。你可以通过区别对待每个人而建立一支强有力的团队。"正像体育比赛一样，谁能够最合理地配置运动员，谁就会成功。"成功的团队来自区别对待，即保留最好的，剔除最弱的，而且总是力争提高标准。"

其次，实行严格的"末位淘汰制"。韦尔奇创造了一种类似于"末位淘汰"的业绩考核制度，即被称为"活力曲线"的业绩考核办法，具体是在每一个评估和奖励机制中都把员工分成三大类：顶尖的20%，具有良好业绩的70%以及底层的10%。通用电气的领导们认为，有必要鼓励、激励并奖励顶尖的20%的员工，并且确保激励具有良好业绩的70%的员工能更上一层楼，但领导们也同时决心以人道的方式每一年换掉底层的10%。

在这种绩效文化里，人们可以在任何层次上进行坦率的沟通和回馈，公司的每个人都能从你的业绩中判断出你的升势和颓势。正像韦尔奇的一位高级助手所说："杰克和我已经是八年的老朋友了，我们的妻子几乎天天见面。但如果我开始走下坡路，作了四个令人难以置信的错误决定，我知道他一定会炒我鱿鱼。"

最后，打破"铁饭碗"式的终身雇佣制。在韦尔奇看来，商业社会是一个充满竞争的领域。企业并不是慈善机构，也不是养老院，没有任何一家企业会成为就业的天堂。对于终身雇佣制，他甚至有些辛辣地说："任何一个公司如果认为它可以提供终身的工作保证，那么它就走进了一个死胡同。只有满意的客户，而不是公司，才能给人们提供工作保证。现实会无情地撕毁公司与它的员工之间曾经存在的隐性契约。这些‘契约’意味着企业对员工终身雇佣，意味着父爱般的、封建性的、难以名状的忠诚，意味着如果你把时间交给企业并努力工作，那么企业将照顾你的一生。”

第十六章

精神激励——重视创新，激发员工的创造力

激励功能是一门领导艺术。领导者要想使自己的员工发展更好，就应该给他传递积极的期望。上司对下级给予赞美，是对其工作成绩的肯定，能鼓励下级充分发挥主观能动性和聪明才智，再接再厉地取得更大成果。赞美员工的同时也是领导者与员工沟通情感、表示理解支持的最好方式，更是一种有效的推动力量。领导者只要常常巧妙地运用激励，就可以带领一支常战常胜的团队，达到任何想达到的彼岸。

1. 用恰当的表扬为员工注入能量

在现代社会，要想让员工尽心竭力为公司服务，金钱奖励是一种办法，但收服人心，善于表扬，常会收到意想不到的结果。对于员工来说，有两件东西比金钱更为重要——认可和表扬。金钱可能是调动员工积极性的有力工具，但表扬更有力。俄国文豪托尔斯泰说得深刻：“称赞不但对人的感情，而且对人的理智也起着巨大作用。”

上司对下级给予赞美，是对其工作成绩的肯定，能鼓励下级充分发挥主观能动性和聪明才智，再接再厉地取得更大成果。作为一名领导者，对你的下属进行真诚的赞美，对于创造一种融洽的人际关系，提升员工的工作主动性，都将起到积极的作用。

威尔逊在美国加州经营着多家超市，每个月都会和不同分店的经理开会。一年夏天，由于市场疲软，威尔逊的几家超市业绩持续低迷。某日，威尔逊收到了最近一期的业绩报告。从业绩报告上威尔逊发现，虽然业绩改善不是很显著，但的的确确已有了进步。于是威尔逊在会议开始，便极力表扬业绩有进步的超市经理。

威尔逊表扬的话还未说完，受肯定的效应便产生了。威尔逊的话音刚落，一位超市经理便主动站起来发言。他向威尔逊表示，他也打算在超市实行一些新政策，力求让下一个季度获得更多利润。随后，其他的超市经理也相继发言，表明自己的决心和解决方法。这在以前是从来没有的现象。以前开会，都是威尔逊在讲话，每个经理安静得像一尊尊雕塑。而今天对工作成绩的小小肯定，使威尔逊不需要提问，他们便主动让问题浮出水面，并想方设法去解决它。这一良好结果是威尔逊始料不及的。

对于管理者来说，表扬员工的同时也是管理者与员工沟通情感、表示理解与支持的最好方式，更是一种有效的推动力量，是鼓励员工士气，激励员工进取的有效手段。

赞美、表扬下属是一小笔投资，只需片刻思索找到别人的优点，就能得到意想不到的回报。表扬员工，不仅要符合赞美的基本要求，而且需要中层领导掌握具体的赞美方法和艺术。只有赞美方法运用得当，才会起到事半功倍的效果。

（1）表扬要真诚

表扬要真诚，是指领导表扬的态度要诚恳热情，发自内心，不要冷漠无情，应付差事。领导只有以真诚的态度去表扬，才能唤起下属的温暖感、信任感和友谊感，并愉快地接受表扬。因此，对于下属的成绩和优点，领导应满腔热情地赞扬，并热切地希望他能够把这些成绩和优点发扬光大。只有表扬在感情上很“热”，被表扬者才会受到感染，心里也才热得起来。

（2）表扬要具体

表扬只有言之有物，有血有肉，道出了被表扬者的心血和精力所在，才能使人感受到表扬者的观察细致入微，从而激发被表扬者的工作热情，产生精神动力。

领导如果使表扬具体化，就能收到良好的效果。比如，表扬某一下属很能干，不如说他某件具体事办得漂亮更实在些；对某个有才干的下属，领导空洞地说他知识丰富，专业能力强，不如说在某件事中他的建议和主张对解决问题起了什么作用更合适。社会心理学家海伦曾用大量的实验证明，表扬用语越具体，其有效性就越高。这是因为，表扬越具体，说明你对对方越了解，你对他的长处和成绩越敬重。这样，对方才感到你的表扬是诚实的，不是在吹捧，从而才有积极的效果。

（3）表扬要及时

一个人工作表现好，取得好成绩，提出好建议等，领导都应及时给予肯定。每一个人在干完一件事后，都希望尽快了解它的价值和社会反应，如果得到及时肯定，会给他带来愉快，使他的行为得以保持和再现。许多有经验的管理专家都重视及时表扬，提倡“一分钟表扬”，这种方法产生的效果是良好的。如果领导对好人好事漫不经心、视而不见，或认为这是理所当然的，不作任何表示，那么员工的好行为就难以持续下去，甚至会感到自己的好行为没有得到认可，产生“干好干坏一个样”的想法，导致消极因素的产生。

（4）表扬要适度

表扬要适度，是指领导表扬的人数、次数要恰当，表扬的标准要适中。

实践告诉我们，领导一次表扬的人数必须掌握在一定数量范围内，过多或过少都不利于鼓励先进，调动积极性。

领导表扬的标准过高，容易使下属感到高不可攀，望而生畏，从而失去争取表扬的动力；表扬的标准过低，容易使下属感到唾手可得，易如反掌，同样会失去调动积极性的作用。

确定表扬的次数标准，要由当时当地的具体情况而定。事实表明，领导在特定时间内表扬同一个人的次数越频繁，表扬的作用也就越低。怎样才算次数得当呢？这要依这个下属的进步快慢而定。他进步快，表现较突出，对其表扬的频率可以高一些；反之，则应低一些。

2. 赞赏会使人向好的方向发展

在企业里，员工工作的目的是为了更好地生存和发展，除了满足金钱和物质方面的需求和愿望之外，员工还希望得到精神上的满足，比如：工作得到肯定和认可、得到别人的赞美和表扬、获得一定的荣誉，等等。一份民意测验结果表明：98% 的人希望自己的领导给予自己好的评价，只有 2% 的人对领导的赞扬无所谓；当被问及为什么工作时，92% 的人选择了个人发展的需要。科学研究表明：人的本性中最深层的渴望就是得到赏识。

赞美是对一个人的工作、能力、才干及其他积极因素的肯定。每一个人都有自尊心、荣誉感，当领导赞扬员工时，不仅使他感到他的价值得到承认和重视，同时也使他的自尊心和荣誉感得到了满足，从而使员工产生一种积极进取的精神。他们会以加倍的热情努力工作。这也正是公司和企业所梦寐以求的效应。

美国“化妆品皇后”玫琳凯很善于用赞美来激励自己的员工。玫琳凯公司里的一位推销员虽然很有能力，但由于她经验不足，因此两次展销会上都没有卖出什么东西。在第三次展销会上，她终于卖出了 35 美元的东西。虽然在大多数人眼中，这数目少得可怜，但玫琳凯反而表扬她说：“你卖出了 35 美元，比前两次强多了，真是了不起！”

老板诚恳的赞扬，令这位推销员心里热乎乎的。通过自己的努力，她终于成为了一名著名的推销员，财富与名望都不断地增加。

适时的、恰当的表扬和赞赏，会使一个人的潜能得到最大程度的发挥。因此，作为上司，在看到下属的每一个进步和出色的表现时，应及时予以表扬和肯定。每次小小的进步都能使他们心里多一些自信心、自豪感、成就感，激励他们再接再厉，作出更好的表现，取得更大的进步。

巴顿将军在幼年时患上了“阅读失常症”，因此学习非常吃力。最终，他用了五年时间学完了四年的课程，以优异的成绩从西点军校毕了业。

1915年，美国与墨西哥发生了战争。在这场战争中，美军的指挥官是潘兴将军。正是由于他，才使巴顿在这场战场中得到了崛起的机会。

那时的巴顿只是一名上尉，由于他脾气火暴，所以得罪了不少人。但是，潘兴将军总是不断鼓励他，即使是一些小小的成绩，潘兴也会兴高采烈地说：“巴顿，好样的！”这让巴顿备受感动，他决定要寻找机会来回报潘兴将军。

一次，巴顿奉命向部队驻地附近的农民收购玉米送往司令部。他只带了15名士兵，分乘3辆卡车前去执行任务。不料，途中他们却遭遇了五十多名匪徒的围攻。巴顿临危不惧，沉着指挥，将匪首击毙后，指挥美军士兵撤退。

于是，潘兴将军决定要重奖巴顿。他先通令全军嘉奖巴顿，然后，又召集新闻记者，将巴顿的英勇事迹讲述给他们。

从小就受尽冷落、歧视的巴顿，第一次享受到英雄般的礼遇，他内心狂热的求胜信念终于爆发了。在以后的战斗中，以及二战时期他都以勇往直前著称，最终成为美军中优秀的将领之一。

潘兴将军无疑是成功的。这便是领导的艺术。当一个人取得成绩时，他渴望得到别人，尤其是上司的承认。领导者要想让员工心甘情愿地为企业带来利润，往往只需做一件很简单的事，那就是及时对员工的工作给予正面表扬和评价。

让“正面表扬和评价”产生效果，并非一定要针对出色的成绩。哪怕员工的成绩是微不足道的，给予正面表扬的评价，同样也可以让员工产生被肯定和被重视的感觉，而且其效果丝毫不亚于前者。正如著名行为学家赫茨伯格所指出的那样：“对一些小成就的及时肯定，会激励着人们试着达到更大的成就。”因此，不论员工的成绩有多么小，优秀的领导者，都会大方地给予正面表扬和评价，肯定他们的努力。

3. 将“要我干”变成“我要干”

著名的企业家艾柯卡曾说过：“一个经理人能够有效地激励他人，便是很大的成绩。要使一个公司有活力、有生气，激励就是一切。”大师的话可谓字字珠玑，道出了激励的重要性。

每个人都有一定的荣誉感和满足感，所以，领导者要根据员工的心理特点，通过激励来发挥员工的积极性和创造性。有位著名的企业家说过：“人都希望活在掌声之中，当部下被上司肯定、受到表扬和奖赏时，他一定会更加卖力地工作。”成功的企业家都懂得这个道理，从不吝惜用掌声来激励员工的士气。

一位著名的企业家给员工讲述了这样一件事情。在他还是一名见习服务员的时候，常常对生活不满意。特别是上班的第一天，他在杂货店里忙活了整整一天，累得筋疲力尽。他的帽子歪向了一边，工作服上沾满了点点污渍，双脚越来越疼。他感到疲倦和泄气，似乎觉得自己什么也干不好。好不容易为一位顾客列完了一张烦琐的账单，但是这位顾客的孩子们却三番五次地更换冰激凌的订单，他这时已经到了忍耐的极点。这时候，孩子的父亲一边给他小费，一边笑着对他说："干得不错，你对我们照顾得真是太周到了！"突然之间，他感觉到疲倦消失得无影无踪了。后来，当经理问到他对头一天的工作感觉如何时，他回答说："挺好！那几句话似乎把一切都改变了。"

人人都渴望自己所做的事情得到认可和肯定，哪怕只是一句简单的赞美的话语，而这种表扬和赞美没有比鼓掌更容易产生效果了。当员工出色地完成了一项复杂、艰巨的任务，并为此耗费了很多精力和付出了很大努力的时候，身为管理者的你如果能够为他鼓掌以示祝贺，那么无论这个员工多么疲惫，多么劳累，也会重新积聚起力量，以更加饱满的精神状态去面对新的工作。

对于领导来说，赞美员工也是一门艺术，恰当的赞扬，能够调动员工的工作积极性，能够使彼此的关系更加和谐。一个人的热情不可能永远保持，它需经常激发，一次动员后，当下属的干劲又涣散了的时候，你应该给他们动员、再动员。每一次都是新形式，每一次都给他们新的刺激、新的感觉，使他们在奋力拼搏的路上永不疲倦。

1926 年，日本松下电器公司首次在金泽市设立了营业所。有能力去主持这个新营业所的高级主管为数不少。但是，这些老资格的人如果有谁离开总公司，那么总公司的业务势必受到影响。

这时候松下忽然想起了一个年轻的业务员，这个人的年纪，刚满20岁。于是松下把他找来，对他说："公司决定在金泽设立一个营业所，我希望你去主持工作。"

听了这番话，这个年轻的业务员大吃一惊。他惊讶地盯着松下说："这么重要的职务，我恐怕不能胜任。我进入公司还不到两年，也没有什么经验……"这也难怪，刚进入公司的一个小职员，突然奉命去金泽设立一个营业所，也难怪他会感到困惑。

不过，松下总觉得，这个年轻职员必定能够做到。当然，不做做看还不知道，可是松下基本上对他有信赖感。所以，松下以近乎命令的口吻对他说：

"没有做不到的事，你一定能够做到的！想想看，像加藤清正、福岛正则这些武将，都是在十几岁的时候，就非常活跃了。他们都在年轻的时候，就拥有自己的城堡，统率部下，治理领地老百姓。明治维新的志士们，不都也是年轻人吗？你已经超过20岁了，不可能做不到。放心，你可以做到的！"

松下说了很多这类鼓励他的话。这个年轻职员最后坚定地说："我明白了，让我去做吧。承蒙您给我这个机会，我会好好去干！"他脸上的神色和刚才判若两人，显出感激的样子。所以松下也高兴地说："好，那就请你好好去做！"

这个职员一到金泽，立即展开活动。他几乎每天都写信给松下。他在信中告诉松下，他正在寻找可以做生意的房子，之后又写信说房子已经找到。没多久，筹备工作都已经就绪，于是松下从大阪派去两三个职员，开设了营业所。

即使年纪轻经验较少，只要好好去做，还是会成功的。松下电器公司后来在日本各地陆续设立了营业所，大致上都是以这种方式开设的。松下相信，一个优秀的员工在恰当的激励下，是可以完成任务的，而肯定下属能力的激励也真的使“经营之神”获得了成功。

除了业绩奖励之外，人性化的细小激励有时候会事半功倍。人们通常不习惯被人要求，但是没有人不喜欢被人真诚地赞美。如果能把要求和赞美有效地结合起来，效果就微妙了，这些事情可以从平时的行为上着手。

4. 满足员工的荣誉感和自豪感

从古至今，凡是大政治家或事业上的成功者，无不把精神奖励当做激励属下的重要手段。给能干的下属配备值得炫耀的装备，也是一种激励的方式，它能给下属带来极大的荣誉感和自豪感，当他们得到这种奖赏后，会感到极有面子，为了维持这种面子，同时也为了回报给他面子的人，他们必定要像以前一样甚至是比以前更加勤奋地工作。这也正是奖赏的本意。

现代社会中也有许多这样的事。老板给自己的下属配备手机，给他们一辆轿车，这都是为了给下属足够的面子，让他们认为值得炫耀，从而达到激励下属的目的。有的领导会授予员工各种头衔和称号。这种做法可以让下属认识到自己在企业中的位置、作用、价值以及在领导心中的形象。

清朝后期的封疆大吏曾国藩也曾经用这种方法激励过自己的将士。

那是曾国藩初练湘军，从太平天国军手中夺回了岳州、武昌和汉阳后，取得了建军以来第二次大胜利。为此，曾国藩上书朝廷，为自己的属下邀功请赏，朝廷对此也给予了恩准，给这些人都封了官。

但是，曾国藩并不认为这样做就够了，还必须给那些最勇敢的下属配备值得炫耀的物件，鼓励他们在作战时更加勇敢。

给下属们配备什么样的物件他们才会引以为豪呢？思来想去，曾国藩决定以个人名义赠送有功的将士一把腰刀，这既表达了自己与对方的特殊感情，又鼓舞了湘军的尚武精神。于是他派人锻造了50把非常精致美观的腰刀。

这一天，曾国藩召集湘军中哨长以上的军官在湖北巡抚衙门内的空阔土坪上听令，这些军官都穿着刚刚被赐予的官服，早早等候在那里，不知道曾国藩要发布什么命令。

正在大家胡乱猜疑的时候，曾国藩迈着稳重的步伐从厅堂里走了出来，他开口说："诸位将士辛苦了，你们在讨伐叛贼的过程中英勇奋战，近日屡战屡胜，皇帝也封赏了大家。今天召集这次大会，是要以我个人名义来为有功的将士授奖。"

到这时，湘军军官才知道自己的最高统帅要为他们发奖，奖什么呢？谁能得奖呢？大家都在暗自思忖。

只听曾国藩大喊一声："抬上来。"两个士兵抬着一个木箱上来，几百双眼睛同时盯住了那个木箱，士兵把木箱打开，只见里面装着精致美观的腰刀。曾国藩抽出了一把腰刀，刀锋刃利，刀面正中端正刻着"殄灭丑类、尽忠王事"八个字，旁边是一行小楷"涤生（曾国藩的字）曾国藩赠"。旁边还有几个小字是编号。

曾国藩说："今天我要为有功的将士赠送腰刀。"接着一一亲自送给功勋卓著的军官。

顿时，在场的人们心中涌动着不同的心情，有的为得到腰刀而欣喜；有的为腰刀的精致而赞叹；有的嫉妒那些得到腰刀的人；然而更多的人则在暗下决心，在以后的战争中一定要冲锋陷阵，争取也得到这样一把腰刀。

就这样，曾国藩给他能干的下属配备了值得炫耀的腰刀，这使受刀者受到了激励，同时，没有接受腰刀的将士就会向这些受刀者看齐，在以后的战斗中奋不顾身，为的就是得到这把值得炫耀的腰刀。曾国藩用腰刀达到了他激励将士的目的。

领导者满足员工的荣誉感，能消除员工对管理者的疑虑与隔阂，密切两者的关系，有利于企业内部的团结。

心理学试验表明：在不被重视和激励，甚至充满负面评价的环境中，人往往会受到负面信息的左右，对自己做比较低的评价。而在充满信任和赞赏的环境中，人则容易受到启发和鼓励，往更好的方向努力，随着心态的改变，行动也越来越积极，最终能作出更好的成绩。

赞赏的确能够鼓励他人前进。心理学家马斯洛认为，荣誉感和成就感是人的高层次的需要。一个人具有某些长处或取得了某些成就，他还需要得到社会的承认。赞赏的作用，就是承认他人的长处和成就。当他的行为受到称赞，就会受到鼓舞，发挥更大的积极性，继续努力前进。

5. “反向激励”能够激发下属的热情

反向激励法，顾名思义就是指领导通过向下属的心理施加反向的刺激，来激发他们的自尊心和荣誉感的方法。其通常做法是，领导针对下属争强好胜的心理状态，有意识地直接或间接地向下属表达诸如怀疑、否定之类的信息，适度触动他们的自尊心，使他们从内心产生保持自尊的强烈意念，驱动他们用自己的富有积极性和创造性的行动来否定外来的负面信息。

反向激励法类似于通常所说的激将法。两者的相同之处都是用否定的言行去激发他人的自尊心和争强好胜心。领导使用反向激励法的目的是为了激励，使下属产生奋发向上的力量。

《三国演义》中有这样一个例子：

马超率兵攻打葭萌关的时候，诸葛亮对刘备说：“只有张飞、赵云二位将军，方可对敌马超。”

这时，张飞听说马超前来攻关，主动请求出战。

诸葛亮佯装没听见，对刘备说：“马超智勇双全，无人可敌，除非往荆州唤云长来，方能对敌。”

张飞说：“军师为什么小瞧我！我曾单独抗拒曹操百万大军，难道还怕马超这个匹夫！”

诸葛亮说：“你在当阳拒水桥，是因为曹操不知道虚实，若知虚实，你怎能安然无事？马超英勇无比，天下的人都知道，他渭桥六战，把曹操杀得割须弃袍，差一点丧命，绝非等闲之辈，就是云长来也未必战胜他。”

张飞说：“我今天就去，如战胜不了马超，甘当军令！”

诸葛亮看“激将法”起了作用，便顺水推舟地说：“既然你肯立军令状，便可以为先锋！”

在《三国演义》中，诸葛亮针对张飞脾气暴躁的性格，常常采用“激将法”来说服他。每当遇到重要战事，先说他担当不了此任，或说怕他贪杯酒后误事，激他立下军令状，增强他的责任感和紧迫感，激发他的斗志和勇气，扫除轻敌思想。

作为领导者，要使下属产生责任感。假如领导对下属提出：“这件工作太难了，我看算了！”然后询问他的意见，此时若对方是一位自尊心强的人，相信他会拍胸脯保证说：“什么？那种工作我完全可以干好！”

这些方法都是为激起下属的意志力而使其听命于上司的策略。领导者可以认同对方的立场、想法，并且给予高度的评价，这与激将法有着异曲同工之妙。一个优秀的中层领导者往往运用以下几种手段激发下属的自尊心，达到激励的目的。

（1）煽情激将法

煽情激将法需要用具体的、有感染力的描述，用富有煽动性的语言激起人们心中的激情、热情。所用的可以是严酷的现实，也可以是轻松的远景，不拘一格。

（2）对比激将法

对比激将法是要借用与第三者对比的反差来激发人的自尊心、好胜心、进取心。用对比法激人，选择对比的对象很重要。一般来说，最好选择被激对象所比较熟悉的人，过去各方面条件与他差不多。而且对比的反差越大，效果越好。

作为领导者，有时，你会发现某位工作杰出的员工因为多次出色地完成任务而沾沾自喜，甚至有点飘飘然了，无论对上司，还是对同事都不甚礼貌……这时，你就应该适当地给他泼一盆冷水，对他说："我觉得和你一起工作的小周挺出色的，上次你完成的计划也有他的一份功劳吧。你可得加紧努力啊……"这样，他会感觉到身边的压力，从而收敛自己的得意情绪，并且会更加投入地工作。

当然，"泼冷水"的程度可以视员工的态度和他的心理承受能力而定。否则，如果员工的心理承受能力较差，你泼的冷水会让他一蹶不振，那时结果可就适得其反了。

（3）绝路激将法

军事家都懂得一个道理，人到了没有退路的时候，往往特别勇敢。如果领导者懂得这个道理，在濒临绝境的时候激励员工背水一战，也可以大获全胜。

俗话说，"置之死地而后生"。所以，一个企业领导人若想让一个临死的企业"活"起来，就要想办法让员工们知道自身企业处于"绝地"的处境。

反向激励法有智愚高下之分，领导者应掌握好其分寸尺度，灵活发挥，机智应用。这可以让领导者在需要员工拼死效力时，发挥奇妙的作用。

6. 用“企业愿景”激发员工的潜能

领导者要十分清楚团队的愿景是什么，然后将愿景告知部下。愿景是潜藏在人们心中的一股感召他人的力量，提供愿景是领导者的一项重要职责。未来的领导应该主张以愿景为导向的团队合作，强调领导者应为组织成员提供一个清晰而明确的愿景，并倡导组织成员应为实现愿景而实施变革。

在进攻意大利之前，拿破仑还不忘鼓舞全军的士气：“我将带领大家到世界上最肥美的平原去，那儿有名誉、光荣、富贵在等着大家。”拿破仑很准确地抓住了士兵们的期待，并将之具体地展现在他们的面前，以美丽的梦想来鼓舞他们。

抓住了人们的期待，领导者就要为团体规划愿景。一个吸引人的愿景是成功的一半，它能够充分激发组织成员的热情，形成一股势不可挡的力量。领导必须在愿景和愿景实现的可信度之间建立明确的联系，使组织成员相信这个愿景是可行的，并且使组织中的每个成员都承担起应有的责任，组织目标才能实现。

松下的重要经营谋略之一就是不断提出适合企业发展的目标，让员工对未来充满梦想。松下担任社长时，常找机会向员工畅谈自己对未来的设想，1955 年他宣布了他的“五年计划”，计划用五年的时间，使松下电器公司的效益从 220 亿元增加至 800 亿元。这种做法不但让员工看到了光明的前景，也震惊了整个企业界，同行纷纷改变政策，向松下电器公司看齐。

松下之所以这样做，一方面是为了让员工有坚定的目标与期待，另一方面，是由于他确信这是经营者的必备素质和应有做法。此后，他又陆续向员工提出采用每周五天工作制，并把工资提高到西方发达国家的水平的目标，同时请大家共同努力去实现。从经营策略上说，这些做法可能遭遇很多批评，在推动事业发展的同时，也多少有不利的一面。但松下认为，让员工彻底了解经营者的经营方针和信念，完全可以超越这种不利。5 年后，松下在员工面前发表的“五年计划”以及实现与西方发达国家相等的薪资劳动条件的承诺，都一一得到实现，从此员工士气大振，他们与松下一起，筑起松下电器王国。

有些人也可能这样认为，松下电器之所以能够把梦想变为现实，完全是因为松下电器公司的经营一直都很顺利的缘故，如果经营状态不那么理想，松下先生的目标不可能实现。其实不然。企业经营顺利时，需要制定远景目标，把企业做大做强；经营出现困难时，更需要制定改进目标，凝聚人气，走出困境。战后的松下电器正处于惨淡经营之中，但松下却不曾因此而放弃为公司制定目标。由于目标明确，松下电器在很短的时间内就走出困境，续写昔日辉煌。

愿景最有价值的特色之一，就是它像一块坚固的磁石，具有吸纳和联合他人的强大作用。愿景越宏伟，就越能激发自身的内在潜能；愿景越具有挑战性，就越能激发参与者的拼搏。珀拉罗伊德公司的创始人艾德恩·蓝迪就此说过：“你的首要任务就是使人们感受到远见的重要性及不可或缺性，这将把每个胜利者内心的无穷动力激发出来。”

如何描绘团队愿景，并无一定之规。一般来说，它分为三个阶段：告知、宣传、共同创造。

(1) 将愿景告知下属

所谓“告知”，首先要求领导十分清楚团队的愿景是什么，然后将愿景告知下属。在这个过程中，传达信息的方式要直接、清晰和一致；领导者对于公司的现状一定要说实话；可以描述细节，但不要描述太多的细节。因为愿景只是一幅想象的图景，需要人们根据各自的偏好进行想象。

(2) 多进行正面宣传

在宣传阶段，领导应随时保持与组织成员的沟通，帮助他们自发地投入，而不要操纵他们；不仅要较具体地勾画出愿景，而且要把重心放在愿景所能够为组织及其成员带来的好处上。简言之，要多进行正面宣传，反馈积极的信息。

(3) 推动共同愿景的实施

所谓“共同创造”，已经是具体实施的阶段，也就是每个人开始为他们想塑造的愿景而工作的阶段了。一个组织的改革，若没有领导者的参与和推动，根本无法完成。而领导者在推动建立共同愿景时，也应注意一些方法与技巧。

共同愿景应是组织发展的远大目标，应能反映组织中各个成员的个人愿景。但情况往往是，如果共同愿景的目标过高，与现实之间的距离过大，就有可能使组织成员认为目标高不可攀而失去信心。因此，作为组织的领导，一方面应将共同愿景具体化；另一方面，可将共同愿景“阶段化”，即设定一些过渡性的阶段目标，以便让员工们看到未来发展的可能性及实现远大目标的可行性。

7. 要善于激发出员工的创造力

管理的真谛就是如何激发出员工的最大潜力为企业的目标服务。员工潜力的最佳表现就是他的创造力。杰克·韦尔奇曾说过：“领导者必须想尽办法，挖掘出员工的最大潜能。要相信，员工的潜质绝对超乎你的想象，只要你肯去挖掘，你就会得到一笔惊人的财富。在追求卓越的过程中，挖掘员工潜能，永远是所有工作的重中之重。记住，鼓励你的员工永远追求卓越的目标。”

在日本，位居鳌头的“花王”化妆品公司提出了“依靠独创技术求生存”的经营战略，并把劳动工资的改革与开发职工的创造力紧密结合，以在高度饱和的化妆品市场和激烈的竞争中求得发展。

“花王”公司要求每个员工都要“发奇想”、“闯新路”，千方百计创新，任何人在晋升、提薪和奖励时都要看他们的创新精神和创造力如何，这个创造力包括能力和成果两个方面。人事部门还建立了一套对创造力的评分制度，由专家、领导和顾客对员工的思维、行动和成果进行综合评分。

在这种全公司重视创新的氛围中，有很多员工都取得了一定的创新成果，从而获得了巨大的成功，也满足了自我实现的心理需求，拥有了一定的成就感，同时也为企业创造了巨大的价值和业绩。“花王”公司先后推出了“高效洗涤剂”、“生物技术洗衣粉”等前所未有的新产品，在竞争中占据了主动地位。

承认创新者的创新成就，能激发创新者产生不同寻常的创造力。创造性人才对自我实现的需要具有强烈的愿望，在大多数情况下喜欢从事挑战性工作。让创新人才在挑战性岗位上工作，可以激发他们的工作热情和创造精神，这是企业进行各种创新都特别需要的。

美国的 IBM 公司是世界上最大的计算机制造公司，该公司为了激励科技人员的创新欲望，促进创新成功的进程，在公司内部采取了一系列的别出心裁的激励创新人员的制度。该制度规定：对创新成功者，不仅授予“IBM 会员资格”，而且对获有这种资格的人，还提供五年的时间和必要的物质支持，从而使其有足够的时间和奖金进行创新活动。

作为企业的管理者，要想有效发挥创新激励的作用，激发员工的创新精神，增强员工的创造力，从而提升组织的整体业绩，就必须遵循以下几个方面的原则。

(1) 鼓励下属敢于幻想

在工作中，当员工向你提出意见和想法时，一定要认真地分析，并尽快作出反应，因为只有这样，才能使员工们知道你一直在重视着他们，明白你是真正地鼓励他们尝试自己的看法，而不是仅仅停留在口头上。

作为领导者，你应该为身边有一些满脑子怪念头的员工而感到高兴，要告诉他们你很欣赏他们的这种幻想精神，并鼓励他们做更多的实际工作来完善他们的构想。同时，你还要感谢这些员工将这种爱幻想的风气带到了你的部门和其他员工身边。最后，在部门大会上肯定这种精神，说明有价值的幻想并不是白日做梦，并希望员工们都拥有自己的幻想。

（2）给予员工一个创新的空间

一个人再有能力，如果被一些客观上不可能实现的条件束缚住手脚，那么也只能是无能为力了。这就要求你为员工们提供创新的空间，在合理的情况下对既成的规矩予以变通，仔细分析来自一线那些最有发言权的员工们的意见，减少条文的细节，不要墨守成规。另外，不要以领导者的身份时时处处对员工们“指导”，而是给他们一些自主权，任由他们创造性地完成任务。

（3）给创新者相应的奖励

为了使员工保持创新的积极性，应该提高奖金额，让创新成果大小与奖金的多少成正比例增长。更实在地说，只要创意可以赚钱或省钱，就要把赚来的钱奖励给有贡献的员工。虽然不能说“重赏之下必有勇夫”，但适当的激励更能有效地挖掘员工的创新潜能。

（4）给予创新者自由弹性的工作时间

创新工作具有自身的特性，需要在时间和事务上不受过多的约束，即在时间和工作安排上要有弹性。时间上的弹性和一定的自由，能消除心理上的紧张而使灵感和创新火花产生。对于创造性工作的员工来说，不能更多地指望他们在规定的时间就能完成预定的工作，而要尊重个别的创新工作习惯。有的可能需要先休息然后再工作，有的可能是喜欢在深夜思考，有的可能需要特别安静的环境，有的可能边听音乐边工作效果更好。因此，要允许创造性人才在家中工作，或在晚上工作白天休息，或去他愿意去的任何地方工作，使其超脱于常规运行规则，这有助于激励创新员工最大限度地释放创新潜力。

第十七章

情感激励——给予关怀，使员工得到无形的精神力量

一家企业成功的关键在于能否得到员工的支持。因此，企业一定要爱护自己的员工，并帮助他们。领导者对待员工一定要诚实，政策要有一致性，不能朝令夕改，只有在这种情况下，他们才会跟着你走。领导者在激励员工时，不要把目光只盯在员工本人身上，更要把目光放在员工的家庭和家人身上。只有家人平安幸福了，员工才没有了后顾之忧；只有得到了家人的支持，员工才会卖力地工作。

1. 温馨的环境能够激发员工的工作热情

试想一下，员工在一个局促的、沉闷的、压抑的，或者是紧张的气氛和环境中工作，会是一种怎样的情绪和心境？肯定不利于一个人思维的活跃、灵感的激发，也不利于积极、主动、高效地工作。

相反，如果员工在一个温馨、阳光、和谐的环境和气氛中工作，又会是一种什么样的感觉、情绪和状态？给员工提供良好的工作环境、营造良好的工作氛围，是管理者的工作职责，也是一种有效的激励员工的方式方法。

许多酒店以宾至如归为理念，让客人有回到家的舒服感，这就是营造温馨氛围的一种体现。一些企业在入口处摆一面明镜。明镜既可看清自己，又可使他人自鉴，凡是员工来上班，一定要先照一下镜子，看看自己的脸色如何。要是愁眉苦脸，就建议他不要来上班；若要来上班，就先在镜子前调整好自己的心情。因为愁眉苦脸是会传染的，大家心情都不好，自然容易动肝火，一动肝火讲话就会带刺，更会戴有色眼镜看人，这样，办公室就别想安宁。

反之，你以笑脸迎人，给人如沐春风之感，加上一句“早安”，或者其他问候语，再冰冷的气氛也会暖和起来，紧绷着脸的同事也会绽开笑颜。此时，要发脾气的上司也会见风转舵。这样，不但能消除“沉闷”的气氛，而且可带来一片轻松的欢快景象。

这种温馨、阳光、积极的气氛所带来的生产力，绝不会比硬件技术差，更何况这种良性循环可不断发挥它的作用，其效果大得惊人。

阿尔米公司是美国钢铁公司和国民制酒公司的一家子公司，是一家生产钛产品的联合企业。几年前它的经营成绩低于一般水平，生产效率和利润都很低。但最近五年来，阿尔米公司却获得了引人注目的成功，究其原因，原来它采取了一项积极注重人的生产效率的计划。

“大块头”吉姆·丹尼尔出任总经理的时候实施了这项计划。吉姆·丹尼尔原先是一名职业橄榄球队员，当过克利夫兰的“布朗队”队长。《华尔街日报》把这项计划形容为“一个由感人肺腑的口号、相互交流和满脸堆笑组成的大拼盘”。丹尼尔的工厂里到处贴着告示，上面写着：“倘若你看到有谁脸无笑容，那就请对他报以微笑吧。”“要是员工们不喜欢，那将一事无成。”

阿尔米公司的标志就是一张笑脸，信笺上、厂门口、厂徽、工人的安全帽上……这张笑脸真是无处不在。“大块头”吉姆·丹尼尔花费大量的时间用于骑车巡视工厂，他和工人们打招呼，开玩笑，倾听他们的意见，彼此称兄道弟。此外，他也投入大量的时间关心工会方面的工作。当地的工会主席无不敬意地说：“他让我们出席各种会议，让我们了解工作的进展，这在别的行业是前所未闻。”

这样做的结果是，在近 3 年的时间里，公司几乎未增加任何投资，生产率却差不多提高了 80%。这就是“笑脸”的力量。一声问候、一面镜子可以产生意想不到的效果，同样，一束鲜花也会令人心情舒畅，三分钟的喝茶闲聊更会增进管理者与员工之间的感情，这同样是创造佳绩的有效方式，且投资少、收效大。

工作时彼此聊天、交谈，很可能被误认为不专心工作，实际上，谈话表示气氛良好，不说话表示阴沉，偶尔说几句笑话或哼几首歌能够调节气氛，个人的不愉快情绪也会随之抛到脑后。

在工作期间心无旁骛、专心致志地工作，仅能维持短时间，一般人多多少少总会有杂念，枯燥的工作更易使人心绪神游他处。上司若一再要求专心工作，很容易使下属产生疲倦与厌恶感，因此，下属偶尔谈天说笑也无需过分干涉。短暂的说笑可化解紧张气氛，维持良好的精神状态。

有位主管曾询问一位管理专家："我这个部门的员工在上班时间寂静无声，似乎很专心工作，但业绩却不见起色，这到底是怎么回事？"后经实地调查发现，所谓寂静无声，不说半句话，是因为这个部门的员工慑于这位主管的严酷监视的态度，双手虽在做事，两眼却暗中盯着主管转。试想，这种表面专心的工作态度怎能创造佳绩呢？

在气氛不佳的公司做事，易使人有厌恶的感觉。这种感觉会使员工越来越紧张、厌倦，最后导致士气低落。

作为企业的管理者，应该为员工创造和谐、温馨、阳光、活泼、积极的工作环境和工作氛围，这无疑会使员工感到心情舒畅、精神振奋，从而干劲十足、效率提高、业绩增加。

2. 像爱护家人一样爱护员工

以前，在好莱坞电影里出现的猛兽，如狮子、老虎，大多是通过鞭打、电击等很残酷的方法训练的。驯兽师海夫尔是最早放弃这种方法的人，他提出驯兽应该用“慈善诱导法”，可很多人不以为然，觉得野兽就是野兽，人只能用暴力来制服它们。

海夫尔和他的理论不久就在好莱坞的高速公路上经受了一场严峻的考验。

这一天，海夫尔开着拖车，带着他几年来用慈善诱导法精心训练的狮子泰米去片场拍戏。没想到，在高速公路上行驶时，旁边一辆卡车的方向盘突然失灵，把海夫尔的拖车撞翻了！海夫尔被甩出很远，拖车也散了架。受伤的狮子泰米从破车里摇晃着挣扎出来，头上和身上都是血，眼睛也受伤看不见了。它不知该往哪里走，挪了几步后便扬起硕大的头颅，发出一声嘶哑的咆哮！高速公路上原本疾驶的车流顿时静止下来，大家惊恐地注视着这头受伤后依然雄风不减的百兽之王。

泰米的叫声使海夫尔从昏迷中醒来，他距泰米有五十多米。如果问海夫尔的慈善诱导法是否有效，现在是验证的时候了。

海夫尔坐了起来，冲着泰米吹了声口哨，然后用亲切、镇定的声音一遍遍地呼唤它的名字。既受惊又瞎了眼的泰米正焦躁不安地原地打转，听到海夫尔的声音，它猛地转过头。在这个混乱、陌生的环境里，只有这个声音是熟悉的！它迟疑了片刻，终于慢慢地、一瘸一拐地朝着海夫尔走去。与此同时，警察已闻讯赶到。如果抓不到泰米，为防止它伤人，就必须把它击毙。

大家都紧张地看着。只见泰米一步一滴血地走向海夫尔，喉咙里发出一阵阵友好的呼噜声。海夫尔不禁泪如泉涌，多年的努力没有白费！他继续呼唤着，并伸开双臂迎接这个对他无限信任的朋友。

作为领导者，你不是高高在上的，而是应该俯下身来感谢员工的鼎力配合。不是你“赏”大家饭吃，大家也在帮你实现野心。这是一种很普通的境界，但很多企业家达不到，他们只会一味地要求员工对企业忠诚再忠诚。正如世上单相思的爱情会打水漂儿，企业家对员工不忠诚，就别想让员工对企业忠诚。事实上，越成功的企业家越懂得“爱兵才能带好兵”的道理。松下电器的创始人松下幸之助说：“当我的员工有100名时，我要站在员工最前面指挥部属；当员工增加到1000人时，我必须站在员工的中间，恳求员工鼎力相助；当员工达万人时，我只需站在员工后面，心存感激即可。”

土光敏夫使东芝企业获得成功的秘诀就是“热爱员工”。他在70多岁的高龄时，走遍了东芝在全国各地的分公司和企业，有时甚至乘夜间火车亲临企业现场视察，即使是星期天，他也会到工厂转一转，与保卫人员和值班人员亲切交谈，和职工建立了深厚的感情。他曾经说过：“我非常喜欢和我的职工交往，无论哪种人，我都喜欢和他交谈，因为从中我可以听到许多创造性的语言，获得巨大的收益。”

有一次，他在前往工厂的途中遇上了倾盆大雨，他赶到工厂，不打雨伞和站在雨中的职工们谈话，激励他们，并反复地讲述“人是最宝贵的”这个道理。职工们很感动，他们把土光敏夫围住，认真倾听他的每一句话。讲完话，土光敏夫的身上早已湿透。当他要乘车离去时，激动的女工们一下子把他的车围住，她们一边拍车窗一边高喊：“社长，当心！别感冒！保重好身体，更好地工作！你放心吧，我们一定拼命工作！”面对这一切，土光敏夫热泪满面，在今后的工作中，更加热爱自己的员工了。

关心和爱护员工是一种潜移默化的力量，有“润物细无声”的效果。尤其是在东方，饱含人情味的关切话语能营造一个良好的工作氛围。如果能够做到这一点，在员工们的心中，你就不是一个“野心勃勃、为达目的不择手段”的独裁者，而是带领他们干事业、为他们谋利益的好领导。

3. 以仁慈之心换取感恩之心

要真正获得员工的心，公司首先要了解员工的所思所想、他们内心的需求。从某种角度来说，员工的心是“驿动的心”。员工的需求也随着人力资源市场情况的涨落和自身条件的改变在不断变化。

安利公司有这样一个故事：一个研究生应聘被录取，学校要他交1.5万元的培养费，而该学生家境贫寒。安利得知后，决定资助他1万元，另外的5000元采取借款方式，以后从他的工资中逐月扣除，从而解决了这个学生的困难。

一个毕业于斯坦福大学的年轻人，一直想找一个既可以赚大钱，又不耽误他白天打高尔夫球的工作。当硅谷一家计算机系统集成公司了解到他真的很有才华和能力以后，决定满足他的要求。于是，此人白天打高尔夫球，晚上工作，而且工作质量和效率很高。该公司和这个年轻人都感到很满意。人们将这种工作时间称为“超弹性工作时间”。

关爱员工，员工才会更忠诚、更懂得回报和感恩。给员工关爱，是一种柔性的激励法。看似平常的一句话，最是润物细无声，因为它最真实、最具有人情味，因为它说到了员工的心坎里。因此，管理者要多关心员工的生活，对他们遇到的事业挫折、感情波折、病痛烦恼等给予及时的关心和照顾，让员工建立起正常、良好、健康的人际关系，同时，增强员工对公司的归属感，赢得员工对公司的忠诚，使企业成为一个具有强大向心力和凝聚力的大家庭。

孔子曾经说过：“仁者爱人。”真正的管理者要做一个仁者，不仅要关心员工的工作情况，更要关心员工的个人生活，让员工感受到人情，感受到温暖，感受到被重视，从而对工作产生激情，对领导产生信任，对企业产生忠诚，这样的激励往往也最容易取得显著的效果。

世界著名企业摩托罗拉的总裁保罗·高尔文就是一位很懂得关心和照顾员工个人生活的领导者。保罗·高尔文对他手下的员工十分关怀，以诚相待，因而许多极具才华的人对他怀有深厚的感恩之情，死心塌地、心甘情愿地长期追随于他的左右。

保罗·高尔文之所以能取得下属的信赖、拥戴、尊重和支持，就是因为他最重视人的情感和尊严。有关保罗·高尔文无微不至地关怀下属的故事在摩托罗拉的工厂中大量流传。

一个女员工的父亲身患癌症，在家养病；保罗·高尔文叫这个女孩回家照看他的父亲，并照发全部工资。他还从自己的腰包中拿出钱来，替一个员工的子女交纳大学的学费，为一个员工的妻子交纳分娩费。

他对下属员工的关怀扩展和延伸到他们的雇佣关系之外，当他听到他的员工家人生病时，他就打电话探询：“你真的找到最好的医生了？如果有问题，我可以向你推荐这里治疗这种病的最好医生。”

保罗·高尔文还曾经亲自干预和帮助解决员工的酗酒问题。他打电话把酗酒人召来，同他谈话，试图说服他接受适当的治疗，以摆脱酗酒的恶习。

除此之外，保罗·高尔文还乐于将自己的好运同别人共享。经过头几年的艰苦奋斗，企业开始发展壮大，取得了一些成就和成果，这时，保罗·高尔文告诉和他共同创业的人，他们在工资之外，应分到公司增加的财富。他要他们知道，他们在公司未来的岁月中会受到公平对待，他要送给他们每人一些股票。他告诉自己的下属："我不希望你们跟我一辈子却只靠工资为生。我希望你们和你们的家庭在公司中也是股东，因此，一直到退休，你们都有奔头。"

这就为员工解决了后顾之忧，使得员工对工作和企业更有信心和热情，工作起来也更加卖力和努力了。

4. 要给予员工充分的心理关怀

随着社会的进步和时代的发展，人们的生活和工作节奏日益加快，人际关系日益变得复杂多变，人们的精神压力日益增大，无论是各界精英还是普通职员，心情压抑、性情多变、情绪不稳、烦躁郁闷是一种普遍存在的现象。

在企业里，造成员工情绪不稳，产生心理和精神问题的原因有很多种。首先是受到工作本身的影响，比如过度加班、经常出差、人际关系问题、工作上的挫折，以及工作过于重复单调等，都会给员工带来心理上的问题。

除了与工作有关的因素外，还有员工自身的原因，诸如来自婚姻、感情、家庭的不幸，以及来自酗酒和吸烟等威胁自身健康状况的不良嗜好等，也会对员工的心理健康造成恶劣的影响。这两种压力会造成诸如注意力不集中、三心二意、缺勤、离职、体力衰竭、精神恍惚等后果，这样，不仅会导致企业整体工作效率下降，严重者还会威胁到企业的生存发展。

据英国电信公司进行的一项调查表明，在其10.4万名全球雇员中，每天有多达500名员工因精神问题请病假。员工的心理健康问题越来越影响到企业的发展，成为企业不得不关注的一个问题。

一些著名企业很早以前就通过为员工聘请心理医生的方式来解决员工不健康的心理问题。1998年9月，惠普公司每个楼层的公告栏和食堂前贴出一张公告，如果哪位员工需要进行心理咨询，就在周四前同有关部门联系，看是做心理测试还是心理咨询，需要男医生还是女医生，以便让医院做好安排。这就是该公司特意为员工提供的心理健康服务。这项服务在公司里先试行了3个月，调查后发现，90%的员工认为效果还不错。公司里有些员工平时工作努力，表现出色，但和部门的其他同事不太容易沟通和相处，彼此之间的关系总是不和谐，导致精神压力很大，他们在找了心理医生谈了四五次后，感觉效果都很不错。由此可见，作为企业的管理者，应该对员工的心理健康问题给予高度重视。

如果能够为员工聘请一位专业的心理医生，为员工提供心理咨询或者心理治疗服务，帮助员工恢复正常的心理健康，那么，对领导者而言，这是对员工的一项有效的激励措施，体现了领导对员工的一种关爱、重视和鼓励；而对员工来讲，则排除了心理障碍，身心得到了恢复，从而能够继续以积极、主动的态度和饱满的精神状态投入到新的工作中去。

5. 让爱情成为激励员工的无穷力量

前苏联一位学者曾这样说过：“爱情应该是崇高而美丽的，它鼓舞人们去建立功勋，它能激发人们的创造力和崇高的感情。”爱情的力量是伟大的、无穷的，它能够使人们充满了极大的热情和信心，发挥出前所未有的潜能，创造出超乎想象的价值。

由此可见，如果领导者能够利用这种力量，以此激励员工，必定会取得意想不到的激励效果。

当你发现员工已经到了谈婚论嫁的年龄，却还没有找到一个可以陪伴他终身的伴侣的时候，你就可以动用自己手中的人脉，充当一回“月下老”，帮助员工找到他的另一半，充分达到认可和奖励员工的目的。

在把公司看做大家庭的日本，老板很重视员工的婚姻大事。例如，日立公司内就设立了一个专门为员工架设“鹊桥”的“婚姻介绍所”。一个新员工进入公司，可以把自己的学历、爱好、家庭背景、身高、体重等资料输入“鹊桥”电脑网络。当某名员工递上求偶申请书，他（或她）便有权调阅电脑档案，申请者往往利用休息日坐在沙发上慢慢地、仔细地查阅这些档案，直到找到满意的对象为止。一旦他选中了合适的对象，联系人会将挑选方的一切资料寄给被选方，被选方如果同意见面，公司就安排双方约会。约会后双方都必须向联系人报告对对方的看法。

日立公司人力资源部门的管理人员说：由于日本人工作紧张，职员很少有时间寻找合适的生活伴侣。我们很乐意为他们帮这个忙。

另一方面，这样做还能起到稳定员工、增强企业凝聚力的作用。

爱情生活是人类生活中的一个重要的组成部分，而自己的伴侣则是自己努力拼搏的精神寄托和精神支柱。当员工没有爱情作为寄托的时候，内心无疑是空虚、孤独的，长期下去，必定会影响员工的心理健康，进而影响到员工的工作情绪，使得员工对工作缺乏自信心、积极性和主动性，造成工作效率的下降。

另外，管理者在采取和实施这种激励措施的时候，也就是为员工充当“月下老”的时候，也要在积极主动的同时采取小心、严肃、谨慎的态度和方式。首先，要尊重员工双方的意愿，切勿乱点鸳鸯谱，不要搞“拉郎配”，否则会使员工产生反感或者抵触情绪，最终导致“好心办坏事”，适得其反，产生了负面效果。

领导者应当明白：你为员工做媒有着便利的条件，因为你对手中的人力资源了如指掌，可以根据员工的性格和要求寻找适合员工的伴侣。俗话说：“君子好成人之美。”当你成功地为员工找到“另一半”时，员工自然会感受到来自领导的关怀和重视，并存感恩之心。他势必会在今后的工作中更加勤奋努力、积极进取，从而取得更加优秀和出色的成绩。

6. 关心员工更要关心员工的家人

关心员工，也可以通过关心员工家人这种间接的方式来表现，这种方式看似绕了很大的圈子，但在激励员工时，往往最有效。

母子、父子之情是人世间最珍贵的感情，而父母的教导也是孩子们最乐意听的，因此，公司可以通过给员工父母写信或者寄礼物，体现公司对他们的尊敬和关心，从而感动员工父母。员工的父母会将这份感动转化为夸奖员工所在的公司，教导员工努力工作；而员工也会从父母的欣慰和教导中得到激励，从而更加努力、忠诚地为公司工作。

1995 年的冬天，广东特别冷。杜邦公司那时生产了一种无纺布，这种布很薄，但是很保暖。杜邦公司的客户就用这种材料做成手套，戴上后感觉非常好。杜邦公司的领导从这个客户那里买了一箱手套，然后，由经理给公司内部所有员工的家长寄了一双，并且附上一封信，感谢他们培养了优秀的子女。一开始员工并不知道，但是，当员工回到家之后，就听到了父母对公司的称赞和叮嘱："这个公司不错，一定要好好地干。"

显然，这是一种很好的激励方式，也会取得不错的激励效果，特别是对于刚刚毕业的学生。公司通过员工的父母教育了自己的员工要遵守纪律，要好好地工作。

近几年，山东海化公司每年都拿出 20 万元为员工进行家庭财产和医疗保险，使员工能在财产受损和生病住院后额外得到经济赔偿。每年春季，公司都组织先进分子外出旅游。逢年过节，企业派专人携带慰问品挨家走访，慰问离退休老员工，探望病人，使他们真正感受到组织的关怀和温暖。

三车间有一名工人叫董侃，是一个所谓"三进宫"的青年。刚开始工作时，他产生了破罐子破摔的思想，工作想干就干，不想干就不干，谁拿他也没办法。企业针对他的情况，首先从关心他的家庭生活入手，经常派人到他家看望他的妻子和孩子。久而久之，董侃那颗冰冷的心开始融化，他的思想开始转化，工作积极性也有了。有一次他的孩子生病，组织派人带着慰问品去他家看望，他被深深地感动了，从此以后，董侃像换了一个人，干起活来一个人顶两个人，只要工作需要，哪怕家中有事他也照样加班加点，直到完成生产任务。后来董侃担任了值班长，成了车间生产骨干。如今，在海化公司，干部职工心往一处想，劲往一处使，生产经营一年一个新台阶，焕发出勃勃生机和活力。

李嘉诚曾经说过："我不是一个聪明的人，我激励我的员工只有一个简单的办法：一是给他们相当满意的薪金花红，二是你要想到他将来要有能力养育他的儿女。所以，我们的员工到退休的前一天还在为公司工作，他们会设身处地地为公司着想，因为公司真心为我们的员工着想。"

领导者在激励员工时，不要把目光只盯在员工本人身上，更要把目光放在员工的家庭和家人身上，只有家人平安幸福了，员工才没有了后顾之忧；只有得到了家人的支持，员工才会卖力工作。

7. 小恩小惠可以赢得大忠大勇

古人云：勿以善小而不为，勿以恶小而为之。有些领导者在对待员工时，往往看不起小恩小惠，要么特别吝啬、小气，像铁公鸡一样一毛不拔，要么特别慷慨，不顾企业的实际情况，一掷千金，滥发奖金。其实，这两种做法都是不可取的比较极端的方法，前者很难调动员工的积极性和主动性，员工不会使出十分的干劲，而后者则会导致员工过于看重物质利益，助长员工的贪婪之心，为了奖金而不择手段，同时也会造成企业财政负担过重。

《战国策》记载了这样一个故事：中山国君宴请都城里的军士，有个大夫司马子期在座，只有他未分得羊羹。司马子期一怒之下跑到楚国，劝说楚王攻打中山国。中山君被迫逃走。逃亡时他发现有两个人拿着戈跟在他后面，寸步不离地保护他。中山君回头问这两个人说："你们是干什么的?"两人回答说："我们的父亲有一次快要饿死了，你把一碗饭给他吃，救活了他。父亲临终时嘱咐我们，中山君如果有难，一定要尽全力报效之，所以我们决心以死来保护你。"中山君感慨地仰天而叹："给予，不在于多少，而在于正当别人困难时；怨恨，不在于深浅，而在于恰恰损害了别人的心。我因为一杯羊羹而逃亡国外，也因为一碗饭而得到两个愿意为自己效力的勇士"。

一个小小的疏忽，引来覆国之恨；一个小小的恩惠，得到以死相报之心，可见尊者"礼贤下士"的作用。领导者要想得人心，就要注意在点点滴滴的日常工作中，尊重公司或公司的员工，真诚地关心他们，爱护他们，让他们时刻感受到领导的关怀。

领导者不要以事务繁琐而无暇顾及为由，忽略了员工。你应该多花时间观察你的下属，接近他们，了解他们，尊重他们。要了解他们的喜好，记住他们的名字，知悉他们的性格，甚至尊重他们的行为习惯，在他们的生日时，在他们喜庆的日子，在他们烦恼时，在他们处境困难时，不失时机地送上一束鲜花、一份贺卡、一条领带、一支笔和一杯热茶，或者为他点上一首歌，献上祝福的话。

作为领导者，实现对员工的激励，其目的和意义就是让员工感受到领导的重视和关怀，继而对工作产生信心和热情，更加积极主动、勤奋努力地工作，创造出更加出色的成绩。这种过程在一定程度上也可以看做是领导者争取民心的表现，因为这是领导工作中不

可缺少的一项重要任务。

领导者必须考虑全面，抓住一切机会让员工感受到领导的重视和企业的温暖。比如，当员工生病入院时，无论这名员工是多么普通、工作职位是多么低微，也无论领导者多么繁忙，也要抽出时间到医院去看望那名生病的员工。当领导者走进病房的那一刻，员工自然也就感受到了领导者带给他的关怀、重视、鼓励和温暖，这是一种十分有效的激励方式。

可以肯定地说，员工的能力大小与领导对他们的感情投资的多少是成正比的。

首先，会使员工产生归属感和忠诚心，而这种归属感和忠诚心正是员工愿意充分发挥自己能力的重要源泉之一。人人都不希望被排斥在领导的视线之外，更不希望自己有朝一日会成为被炒的对象，如果得到了来自领导的感情投资，员工的心理无疑会安稳、平静得多，更愿意付出自己的力量与智慧。

其次，可以有效地激发员工的潜能，使员工产生强大的使命感与奉献精神。得到了领导感情投资的员工，在内心深处会对领导心存感激，认为领导对自己有知遇之恩，因而“知恩图报”，更加愿意尽心尽力地工作。

第三，可以有效激发员工的创新精神。人的创新精神的发挥是有条件的，当人们心中存有疑虑时，便不敢创新，而是抱着“宁可不做，也不可做错”的心理，只求把分内的工作做好就行了。如果领导能够对员工进行感情投资，建立充分的信任感和亲密感，就会有效地消除员工心中的各种疑虑和担心，从而更愿意把自己各方面的潜能都发挥出来。

第十八章

培训激励——加强培训，员工只有在学习中才能不断成长

在崇尚学习型组织的今天，只有对员工进行不断的培训，让员工不断地学习，才能激励员工不断进步，才能实现人才价值的最大化。海尔认为：没有培训过的员工，是负债；惟有培训过的员工，才是资产。为此，海尔为员工创造各种学习机会，进行以市场拓展为目标的各种形式的培训，以提高员工的能力和素质。通过培训，能够使员工在思想上和行为上与公司的战略发展高度统一；通过培训，能够让员工认同企业文化，处处以企业的核心价值观为导向。

1. 培训的关键在于激发员工的潜能

海尔认为：没有培训过的员工，是负债；惟有培训过的员工，才是资产。为此，海尔为员工创造各种学习机会，进行以市场拓展为目标的各种形式的培训，以提高员工的能力和素质。

通过培训，能够使员工在思想上和行为上与公司的战略发展高度统一；通过培训，能够让员工认同企业文化，处处以企业的核心价值观为导向。例如，部队的军事化训练从行为入手，新兵入伍后，一切生活方式和行为都要按照部队的标准，当行为达到高度统一时，思想上也就形成了统一。而企业的培训是先让员工在思想上与企业的思想达成统一，进而实现工作行为与企业的战略目标相一致。

一些企业只注重员工专业技能的培训，这充其量只能把员工培养成在一线生产的技术工人，而在今天这个以知识为标志的经济时代，企业更需要的是复合型人才。所以，企业不但要为员工提供专业知识的培训，还要告诉员工今天的时代发生了什么样的变化，要时刻有危机感，有“永远战战兢兢，永远如履薄冰”的心态。

一个企业纵然有雄厚的资金做后盾，有具备市场竞争的高新技术，但如果不能充分地调动员工的积极性和创造性，把员工看做只会工作不会思考创新的机器，在管理过程中对员工进行“高压式管理”，从而使员工机械地、被动地为了完成工作而工作，这是根本不可能实现效益最大化的。企业惟有通过为员工营造积极向上、富有激情的工作环境，并且设立具有实际意义的激励机制，才能使员工在工作过程中变被动服从为主动创新。

除此之外，企业要让团队有激情。只在企业内部设立激励机制，创造激情的工作氛围，这是不够的，还要有愿意接受挑战，对工作满腔热忱、富有激情的员工。这就要求企业在选人时，要考虑到应聘者自身的品质。否则，即使公司文化氛围再浓，如果一个员工本身不具备这一品质，仅凭企业对员工的培训，肯定是不行的。一个人工作的激情更多地来自于自身的潜质，自我成就感、自我创新、自我超越等内在心态最为重要，后天培养充其量是锦上添花。

现实世界中，无论是国内企业还是跨国公司，他们在选人时，更看重被招聘人员综合素质的高低和个人未来发展潜能的大小，例如良好的职业操守、诚实正直、创新精神、积极主动性、工作的韧性和工作激情、良好的领导才能和团队合作精神等。美国西南航空公司就认为，要培养富有激情、能够融入公司以客户为中心的文化的员工，从招聘时就必须严格，该公司的用人哲学是“态度最重要，本事靠培训”。隶属于英国翠丰集团的百安居在雇佣员工时，非常关注员工是否有潜质成为部门经理或商店总经理，是否有能力和激情承担起更大的挑战。比尔·盖茨就说过这样的话：在我的公司里，我愿意雇佣有潜质和激情的人，而不是那些有经验的人，经验可以从后天所进行的培训和实践中获得，而从长远来看，潜质更有价值。

企业要建立有效的激励机制，不是一朝一夕就能完成的事，而是在不断的成功与失败中摸索经验、逐步完善的过程，是企业实现战略性发展的基石。

2. 外部培训必不可少

企业通常都采用内部培训的方式对员工进行培训，内部培训大都是理论性、职业性、技能型的培训，专业性相对较强，但如果培训的时间长了，就会使员工觉得乏味、沉闷，影响培训的效果。

因此，管理者不妨尝试一下外部培训的方式，换一种形式，让员工有一种新鲜的感觉，也让员工到外面开阔眼界，增长见识，放松身心，获得乐趣，提高自身的修养，这对员工来讲也是一种很好的奖励方式，也容易取得明显的效果。员工必定会以更加饱满的精神状态和轻松愉快的心情投入新的工作中。

把参加外部培训作为团队个别成员的竞赛奖励，可起到非常明显的激励效果。但一定要给外部培训的参加者制定一个结构性的计划，让其在培训回来后为其他员工做一个简要的介绍。这样就可以使每个人都能以极小的代价获得很大的收获。

组织员工到企业外部进行培训时，要充分了解企业的实际情况和员工自身的需求，明白培训的内容、目的以及可能达到的效果。外部培训可以采取员工自由、主动报名的方式，报名由各部门采取申请制，只有申请的员工才能参加，如果不申请，就证明一些员工没有这方面的需求，而管理者要了解这方面的原因。同时，要求参加培训的员工一定要带着问题去，并在申请表的特定位置写出自己的问题。

在进行外部培训的时候，要考虑时间和季节的合适性，每个季度的时间和地点都应该是不同的，比如春季、秋季可以安排在北京，而冬季则适合安排在深圳或上海这样的地方。

培训的时间根据企业的实际情况，可长可短，其中一部分时间用于专业培训、集中培训，另外一部分时间则可以去参观当地的名胜古迹或去著名旅游景点观光，并在游玩的同时，让员工主动思考一些与培训有关的问题。这样，把培训学习和旅游休闲结合起来，既增长了知识，又开阔了视野，愉悦了身心。

培训期间，领导者应要求负责培训的讲师务必给参加培训的每个学员按特定的标准打分，给予一定的评价，并将结果及时反馈给公司有关管理人员。培训结束后，员工回到公司后要在规定的时间内写出培训心得，包括回答当初在申请表上所写的问题，然后，在部门内部会议上向没有参加外部培训的员工进行讲解说明，并就相关问题一起讨论。

最后，公司高层有关领导应召集所有参加培训的员工开一次大会，会上由参加外部培训的员工代表发言，讲述自己参加企业组织的外部培训的心得、感受和体会。

这样，就能够让企业全体员工对外部培训有一个全面、客观的了解和认识，从而将外部培训的效果扩大化，对未参加外部培训的员工形成一定的影响，以此推动和促使更多的员工产生参加外部培训的愿望。

3. 戴尔的“太太式培训”

新员工是公司的新鲜血液，直接关系着公司的未来。为了让新员工能尽快地进入状态，熟悉他们的工作，作为领导者的你必须加强对新员工的培养。

雇用到合格优秀的人才并不等于拥有了优秀的员工。身为公司的管理者，新员工的教育是你的重点工作之一。你应该确保你的员工掌握了帮助公司获得成功的信息和技能。你应该为此做好如下必要的准备：一个完整的新员工预备培训计划——以此保证新鲜血液能够被原有的身体组织接受；一个系统的员工再培训体制——以此保证你的员工始终都掌握最为先进的竞争武器，而不会被淘汰。

动物园的管理人员发现，如果在小鹰刚出生后不久把它们和小鸡混在一起养育，这些小鹰长大之后，虽然它们的羽毛已经足够丰富，肌肉已经足够强健，但是它们依然不能飞上天空，原因就在于缺少老鹰对它们的培训。

员工们需要培训，一方面是因为他们必须学会使用新技术，更新旧技术；另一方面是他们需要接受一些时代的新气息、新观念。商业行为在不断变化，那些故步自封、墨守成规的员工，将逐渐失去原有的工作技能。

作为世界500强企业之一的戴尔公司，其在员工培训激励方面有一套与众不同的方式，这种方式就是著名的“太太式培训”，其效果非常惊人，用数字可以说明：戴尔销售代表每季度的平均销售额是80万美元；没有“太太式培训”的时候，新人第一季度的平均销售额为20万美元，经过这样的培训，新人在第一季度的平均业绩达到56万美元，远远高于以前的销售额。

那么，戴尔公司是如何采取“太太式培训”的方式培训销售人员的？戴尔公司把销售经理比喻为销售新人的“太太”，销售经理像太太一样不断地在新人耳边唠叨、鼓励，才能让新人形成良好的销售习惯，从而让销售培训最终发挥作用。培训由培训经理和销售经理一起完成。销售新人不仅要向销售经理汇报，还要向培训经理汇报。培训经理承担技能培训和跟踪、考核职能：每周给销售新人排名，用e-mail把排名情况通知他们。没有压力，就没有动力！

销售经理承担教练和管理职能，通过新人的最终执行，达到提高业绩的目的。先是为期三周的集中培训，由专家讲解销售的过程和技巧，邀请有经验的销售人员来分享经验。然后每周末召开会议，销售经理与培训经理都参加，检查新人上周进度，讨论分享工作心得，分析新的销售机会，制定下周的销售计划。销售经理与培训经理、新人们一起讨论新人的成长、下一步的走向。最终，“太太”在工作中能够自觉指导新人运用销售技巧，及时鼓励新人、激励新人不断成长和进步。

4. 授之以渔，实现员工自我成长

在日益讲究建设学习型组织的今天，把人才招聘过来，这只是人事管理的第一步，而更重要的是如何培养员工，不断让员工学习进步，增加自己的知识储备，拓展视野，以适应这个时代不断发展的需要，适应企业不断发展的需要，让员工随着组织的不断发展壮大而发展壮大。

“培训员工，领导有责。”但在现实生活中，许多领导并没有下大力气去培养下属。这主要是观念上的偏差和错误，主要体现在如下两个方面：

首先，培训员工是为他人做嫁衣。一些领导者认为，“员工培训之后反而造成人才流失，既花了钱，耽误了工作，还增加了竞争对手，岂不得不偿失？”特别是一些中小企业，由于在自身实力、企业文化方面存在不足，所以特别担心培训会使员工“翅膀硬了就想飞”。事实上，如果员工缺乏培训，低质量、低效率是自然而然的结果——这同样会使企业花冤枉钱，而且往往花得更多，只不过花得不那么显山露水而已。另一方面，不培训员工并不能阻碍员工跳槽。对员工怀有戒心，不舍得在人才发展上投入，会导致员工更快地离开。当然，培养人才必须同时考虑到此人的忠诚度、人格特质、可信赖程度以及公司的留才策略，方能达到综合效果。

其次，培训员工等于自找麻烦。一些领导者认为“下属懂得多了，见得广了，自己的权威就没有了，甚至自己的饭碗也要被抢了。”现代化的社会进步迅速，环境复杂，不是任何一个人单打独斗便能成功。如果不培训员工，手下是一帮庸才，部门的业绩肯定要受到影响，可能连自己的饭碗都不保。这是因为，无法发挥组织的效能，部门绩效不好，领导便要下台。下属的才能不但不会掩盖领导的才能，只会让上级信服你的管理才能。

因此，作为一个领导者，要想提高员工的工作能力和工作效率，提高团队和组织的整体绩效，就应该改变错误的认识和观念，大胆地、有计划有组织地对员工展开培训。

作为领导者，应如何制定并实施相应的培训计划呢？以下三个步骤可以参考：

步骤一：首先要明确培训的目的。一般说来，不外乎有以下几种：提高专门业务能力；培养经营管理能力；扩大视野和形成良好人格。

步骤二：要确定培训的对象。管理者在对下属进行培训的时候，别忘了自己，必要时也应该让自己充充电。可以制定一些分组计划，确定一段时间内你所管辖部门的人员的培训名单，错开工作时间，给受训者充分的时间消化、吸收所学的知识。同时，应针对每个人的不同情况，确定培训内容。所以，在制定培训计划之前最好同每一位受训者进行一次谈话，由你们一起来决定培训内容。

步骤三：实施有条不紊的培训。对员工进行培训，要坚持长期不懈，不能有头无尾。

通常，领导者应该多为员工搜集一些这方面的信息，可以准备一个文件夹，专门记录与员工所做工作有关的培训课程、研讨会以及学习班。当有培训的广告或通知时，赶快收入专门的文件夹里，让员工和你一样自由浏览里面的内容，获取相关信息。

如果没有时间和资金来保证大量员工进入学习班，可以尝试一些新方法，使员工获得信息。如定期的经验交流会，使员工们互通知识与技术；还可以鼓励员工们阅读一些专业期刊或文章，与他人进行交流；或者请一些学成而归的员工做介绍，给大多数没有机会参加培训的员工补上“落下的一课”。

5. 选择最合适的培训模式

选择恰当的培训模式很重要，只有正确的模式，才能优化员工，提高员工的素质和技能，给企业带来最大效益。

现如今，人力资源已经成为企业的黄金资源，因此，一流企业必须广泛进行职业教育和培训。培训的方式和方法多种多样，但对于一个企业来讲，没有最好的培训方式，只有最适合的培训方式。下面就为企业的领导者提供一些具有鲜明特色的培训模式，以供借鉴和参考：

方式之一：岗位轮换，也就是一个部门的员工到其他部门学习、培训上岗，使这位员工在对自己从事的工种操作熟练的基础上，又获得了另外一种职业技能，从而使这位员工在整个组织的其他系统、其他部门都能够提供或者得到同事的帮助，从而完美、快速地解决他们所面临的问题，并提高工作技能和工作效率。日本丰田公司注重培养和训练多功能作业员，采用工作轮调的方式来训练一线岗位的工人，提高工人的全面操作能力。通过工作轮换的方式，使一些资深的技术工人和生产骨干把自己的所有技能和知识传授给年轻工人。对各级管理人员，丰田采取五年调换一次工作的方式进行重点培养。每年1月1日进行组织变更，调换的幅度在5%左右，调换的工作一般以本单位相关部门为主。

方式之二：逐层选拔培养。美国柏克德公司是从事基本建设工程的一家大公司，仅职员就有3万多人，公司层层设有训练机构，并在总公司设立了一个规模很大的“管理人员训练中心”。首先，他们从2万名管理人员和工程师中，选择5000人作为基层领导的候选人，鼓励他们自学管理知识，并分批组织他们参加40小时的训练，再从中选拔出需要的基层领导人员。其次，从基层领导人中选拔1100人参加“管理工作基础”的训练和考核，从中挑选出600人，再分别给予专业训练，使他们承担专业经理的职务。最后，再从这些专业经理中选拔300人，经过训练，补充高层经理的需要。

方式之三：“企业+学校”的培训模式。德国的职业教育“双元制”即学校与企业结合，以企业为主；理论与实践相结合，以实践为主。学生从6年制小学毕业后进入主体中学。其中部分学生经过5年修业期满后与工厂或企业签订合同，成为工厂或企业的学徒，同时进入相应的职业学校学习3年后成为技术工人。在职业培训期间，学徒每周3~4天在工厂或企业按照工商行会颁发的培训规章进行培训，1~2天在学校按教学计划进行学习，实践与理论课之比约为7：3或8：2，学习费用绝大部分由企业支付。

方式之四：职业生涯规划。在新员工刚进入企业时，就可以安排职业生涯设计的教育。草原兴发集团是安排5～7天的职业生涯规划，请专家讲职业生涯规划的重要性和规划的要点，包括职业生涯道路选择、个人成长与组织发展的关系、系统学习与终身学习的必要性以及如何根据自己的特长和兴趣规划自己的人生等，使员工一进企业就产生强烈的意识：找准方向，找准位置，尽快知道“我该在哪里”、“我该怎样往前走”。

草原兴发在1998年推出面向每位员工的职业生涯规划。起步期的年轻员工通过一段时间的实践后，如对现有工作环境不满意，或觉得现有岗位不能充分发挥其个人才能，可以不经过主管领导，直接向集团分管人事工作的最高权力机构——人事部提出相关要求，人事部负责在一个月内给予满意答复。

6. 丰田公司的全员全程培训模式

日本丰田公司的员工培训是全员全过程的，从新员工被录用直到退休。每个人，无论是领导还是工人，都要不断接受培训，公司已经形成一套完整的培训体系。

丰田公司的培训体系是由公司、分厂、车间组成的三级培训网络。公司培训由人才开发部和国际人力资源部组织，分厂培训由工务部或质量保证部牵头管理，车间培训由实习工厂组织实施。公司除对员工进行在职教育培训外，还培训与公司有密切关系的外部人员，如全国各地的销售点经理、推销员等。

丰田公司把“具有独立思考信念”作为人才培养的首要目标，并把研究与创造精神贯穿于企业活动的各个方面，提出了“一流的产品，一流的信念”的口号。另外，通过培训造就有朝气、有作为的人，并注重培养员工热爱本企业的情感。

在具体的培训内容方面，主要体现在以下几点：

第一，重视对员工实践技能的培训。公司把员工的实践能力作为选拔和任用的基本标准，并为员工创造实践条件，努力开发、培养人才资源。做法如下：对于进入公司的新员工，经过短期入厂教育后，均分配到车间生产一线工作，在实践中锻炼，培养员工最基本的生产技能。即使是新毕业的大学生或招聘来的管理人员，也要到实践中锻炼两个月到半年，使其在工作中了解、体会丰田的经营思想，并在工作中发现每个人的特长，以便量才使用。

第二，向员工灌输企业经营理念和文化价值。公司有一条人人皆知的经营观念，那就是“将更好的东西，以更便宜的价格，提供给更多的人，对社会有所贡献”。该公司自创业以来始终以此理念作为经营和思想教育的基础。这些思想不仅教育经营者，也教育工人。车间标语牌到处可见，如“站在买方立场上，从心里想着用户来用心制造”，“好的产品，好的思考”。新工人一入厂，为期五天的入厂教育第一课就是这种精神的教育，使之从入厂第一天起就牢记这些要求，为企业的发展而努力工作。

第三，培养员工的主人翁精神。公司还鼓励员工积极进行研究探索和创新，并推行了合理化建议制度，以培养员工的高度使命感和责任感，发挥每个员工的积极性和创造性。这种企业主人翁精神的教育不仅是丰田公司发展的原动力，而且也是造就和培养员工的基础。

第四，鼓励员工自我学习和互相帮助。公司要求员工通过日常的业务工作，不断更新知识和技能，实现自我提高，并做好传帮带工作。在丰田公司，对每个员工来讲，既要当学生，又要当先生，既要在工作中学习前辈的经验，也有义务向后辈进行传授。这已在公司中形成一种风气。这种日常业务中的指导教育，使每个人能感到自己身上的不足，从而产生一种知识和技能的危机感、紧迫感，促使员工进行自我学习，不断提高。

第十九章

荣誉激励——赋予荣誉，使员工不断追求卓越

荣誉是激励员工奋进的一个重要手段，是社会或组织为表彰个人或单位作出的优异成绩而授予的各种光荣称号，它表明一个人的社会存在价值在人的精神生活中占有非常重要的地位。荣誉激励是一种终极的激励手段，它主要是把工作成绩与晋级、提升、选模范、评先进联系起来，以一定的形式或名义确定下来，主要的方法是表扬、奖励、经验介绍等。荣誉可以成为不断鞭策荣誉获得者保持和发扬成绩的力量，还可以对其他人产生感召力，激发比、学、赶、超的动力，从而产生较好的激励效果。

1. 运用荣誉激励的几个技巧

荣誉激励是一种终极的激励手段，它主要是把工作成绩与晋级、提升、选模范、评先进联系起来，以一定的形式或名义确定下来，主要的方法是表扬、奖励、经验介绍等。荣誉可以成为不断鞭策荣誉获得者保持和发扬成绩的力量，还可以对其他人产生感召力，激发比、学、赶、超的动力，从而产生较好的激励效果。

荣誉是激励员工奋进的一个重要手段，是社会或组织为表彰个人或单位作出的优异成绩而授予的各种光荣称号。它表明一个人的社会存在价值在人的精神生活中占有非常重要的地位。

领导者在运用荣誉对员工进行激励的时候，应注意掌握以下几个方面的技巧。

技巧一：设置荣誉要避免平均主义。荣誉的设置是为了奖励先进，表扬贡献，鼓舞士气，是一种激励。既然是奖励先进，就不能搞平均主义。不幸的是，很多企业的荣誉设置常常是“轮班制”——这月你当，下月我当，为了团结，轮流坐庄。“荣誉轮流坐，本月到我家”。这种荣誉设置几乎毫无意义，顶多展示一下企业在管理上的规范性。

技巧二：授予荣誉不能论资排辈。荣誉是奖励贡献的，不是奖励资历的，不能论资排辈。许多企业都有这样的固定思维，只要评选，必定先要考虑资深员工，否则就认为对不起他们。

技巧三：奖项设置要避免华而不实。一些企业的评比存在着项目少、内容笼统、针对性不强、个性化较弱的问题，奖项大多数是诸如优秀管理者、优秀员工、先进单位、先进企业、员工满意单位等，给人“华而不实”的感觉，所产生的激励效果也并不理想。

技巧四：不要吝啬各种头衔和称号。用荣誉激励员工，最好不要太吝啬头衔、名号，因为名号、头衔可以换来员工的认可感，从而激起员工的干劲。日本电气公司在一部分管理职务中实行“自由职衔制”，就是说可以自由加职衔，取消“代部长、代理”“准”等一般管理职务中的辅助头衔，代之以“项目专任部长”“产品经理”等与业务内容相关的头衔。

技巧五：要举行隆重的荣誉授予仪式。荣誉需要郑重其事地授予，不能简单草率从事。颁布荣誉需要隆重的仪式，仪式越隆重，激励的作用越大。美国 IBM 公司有一个“百分之百俱乐部”，当公司员工完成他的年度任务后，他就被批准为该俱乐部会员，他和他的家人被邀请参加隆重的集会。结果，公司的雇员都将获得“百分之百俱乐部”会员资格作为第一目标，以获取那份光荣。IBM、玫琳凯等著名企业每一次授予荣誉都兴师动众，极度招摇，恨不得让功臣们成为全世界的焦点，因而让员工的自尊心理得到满足。

总之，设置荣誉、奖励先进，是企业常采取的激励员工的方式。荣誉的授予需要精心设计、精心执行，需要高超的技巧。但技巧只是枝节，对员工最根本的激励是企业有没有真正尊重他们，以人为本。这就需要建设良好的企业文化，荣誉也只有在“以人为本”的企业文化中才能长盛不衰，偏离了“以人为本”，荣誉就成了收买人心的“胡萝卜”，虽然短期能刺激员工的积极性，时间一长，员工必然产生逆反心理，荣誉就失去作用，甚至让员工集体反胃，引起更多的负面效应。

2. 设立销售奖项来激励员工的干劲

在企业里，销售人员是奋斗在最前线的员工，也是最辛苦的员工，这些人是企业利润和效益的直接创造者，因此，管理者要表现出对销售人员的重视，要对在销售方面作出了重大贡献的员工进行奖励。

那么如何实现对销售人员的奖励呢？方法可能有很多，但管理者不妨根据销售人员的业绩，设立一些奖项，比如：根据销售人员在一定时期内的销售业绩设立销售冠军奖、亚军奖、季军奖，这个期限和周期可以是月度、季度和年度。

你可以事先设计和制作奖杯，上面刻上企业销售冠军、亚军、季军奖的字样以及企业的形象标识，然后把获奖员工的名字也刻在上面，并为这些员工举行一个颁奖仪式，由领导者亲自把奖杯颁发给获奖员工，并授予其销售冠军、销售亚军、销售季军的称号，以表示你对员工出色成绩的认可和肯定。

在授予员工冠军、亚军、季军称号的同时，也应该向员工发放一些现金或者其他物质方面的奖赏，表达企业对员工的感谢和鼓励，让员工感觉到不只是徒有虚名的精神奖励，同时也有实实在在的物质奖励。

在物质奖励方面，有很多奖励员工的办法，形式和内容多种多样，但不管怎么样，在实施非现金奖励措施时，关键在于是否能够满足奖励对象的实际需求，是不是员工们心里所想要的。

在一些企业里，为此提出了很多种可供获奖者自由选择的形式，比如：旅游、商品、购物券、兑换券、电影院或者美容院的消费卡，等等。

在奖品的设计和选择上，作为管理者，首先要了解员工到底真正需要什么、对什么感兴趣、最喜欢什么。然后根据他们的兴趣爱好、实际需求，再考虑应该奖励给他们什么样的东西，以及应该选择和购买什么样的奖品，比如：有些员工可能喜欢更多的时间与家人在一起，有些员工则喜欢到别的城市观看自己喜爱的球队比赛，有些员工喜欢看一场自己偶像的演唱会，等等。

在针对销售人员设立这样的奖项，并进行相应的奖励的同时，管理者应当科学、合理地预计和评估这样的措施是否像其他销售策略一样，对公司、对团队产生良好的、积极的效果，比如：组织的销售业绩是否因此而得到了提高，企业的凝聚力是否因此而得到了增强，团队的战斗力是否因此而得到了加强？

加拿大的一家公司的副总裁在新年伊始请来一群战斗机飞行员对自己的销售队伍进行培训，帮助销售员们树立战斗、拼搏、竞争的意识，学习如何执行计划，如何提高战斗力以及如何提高销售业绩等。

之后，他对销售员们发表了极具鼓动性的演讲，并宣布了非现金奖励计划。半年后，数十位表现最佳的销售代表被送到夏威夷享受荣誉度假，在那儿不仅能打高尔夫球、坐游艇，还能参加公司的管理层讨论会。

到了年末，表现最佳的销售代表们可以与公司、总裁和董事长一起，参加总裁俱乐部旅行。采取和实施这些措施的结果就是提高了员工的投入程度，增强了员工的战斗力，公司在随后的一个季度里，销售量增长15%。

另外，为配合“商场就是战场”的主题活动，该公司的领导者每个月、每个季度都会对销售业绩突出的代表进行表彰，比如，表现稳定的代表获得“老A奖”，总是超过目标的代表获得“先锋奖”，帮助、支持别人的代表获得“伯乐奖”等。

为了鼓励销售代表能认真倾听顾客的意见和建议，以便了解客户是否需要其他的个性化服务，一些管理者还特意设计了一种特别的奖励措施，即：销售代表不仅因为签订销售合同而得到奖励，还能从促进跨部门销售和提高对原有客户的服务质量上获得回报。

领导者应当明白：针对销售人员设立冠军、亚军、季军的奖项，不仅是对作出突出贡献的销售人员的奖赏，也是为其他销售人员树立一个榜样，以此激励其他销售人员努力工作，从而实现提升团队整体绩效的目标。

3. 让命名成为某种荣誉象征

用人名命名某项事物，在科学界已经成为惯例，这是公认的对科学家的最好的纪念，比如：鲁班奖、诺贝尔奖、鲁迅文学奖等。在社会历史事件中，这种做法也很多，我们经常看到用人名命名的地方或者道路，比如张自忠路、左权县等，就是以此纪念为国家、为社会作出贡献的革命家。

在企业中，如果能够以一个员工的名字来对企业的某项事务、某项工作、某个工程、某个产品进行命名的话，则就是对这位员工的极大奖赏和荣誉。能够获得这种荣誉和奖赏的员工，一定为企业作出了突出和特殊的贡献，创造了巨大的价值。如果是已经退休或去世的员工，则是对其最好的纪念；如果是在职的员工，则会对其形成极大的激励，在这种奖赏和荣誉的照耀下，员工必然会再接再厉，更上一层楼，创造更大的辉煌和成就。

到目前为止，许多著名的企业已经开展了以员工名字命名企业事项的行为和活动。在知名的皮鞋制造企业——奥康公司，该公司制定了《专利基金会章程》，其中规定，员工在生产开发、市场营销、行政管理等方面提出良好建议或发明创新，一经采纳，此项建议或成果以该员工姓名进行命名，实行特殊的奥康专利管理。比如，一位叫陈启焕的员工，通过业余时间的钻研，自己买工具研发出了后跟包带。实践证明，该项技术的确能大大改进工艺，为公司节约不少成本。经专利委员会审核后，特召开公司员工干部大会给予表彰，由王振滔总裁亲自颁发“奥康专利奖证书”和5000元奖金。这种荣誉和奖励，大大激发了员工的创造热情和创造潜能，使员工的创造革新和发明专利层出不穷，企业因此获得了巨大的效益。

以一个人的名字来命名某种奖项，可以达到充分肯定和认可这个人所作出的贡献和所创造的价值的作用。这种方法虽然非常简单，但其所产生的效果和影响却十分巨大，不仅能够影响获得此项荣誉的员工的一生，而且还会影响到企业全体员工以及企业本身，促使员工积极进取、发愤图强，向先进学习，从而为企业创造更大的价值，作出更大的贡献。

4. 企业“突击队”是一种特殊的荣誉

当企业遇到前所未有的困难和挑战，而普通员工又无法应对时，领导者往往希望有一些勇于接受挑战、敢于面对危险局面、具有超越常人能力和精神的员工出现在面前，以帮助领导者和企业应对挑战，克服困难，转危为安，化险为夷，最终取得突破和胜利。

能够应对这样复杂和严峻局面的人绝非是单个员工，而应该是一个具有超强凝聚力、执行力和战斗力的团队。企业中虽没有什么棘手的暴力犯罪或者恐怖活动等重大问题，但也有令领导者头痛不止的棘手问题，比如欠款总是收不回来，生产材料供货商总是不能向企业提供充足的原料用于生产，销售网络遇到瓶颈，一项关键技术总是无法取得突破，等等。这些小问题往往“结伴而行”，导致“祸不单行”，最终造成连锁反应，令管理者难以应对、无可奈何，如果得不到及时、有效的解决，小则影响企业的正常生产经营秩序，大则就有可能危及企业的生存和发展。

这时，领导者不妨组建一个专业团队，一方面可以充分挖掘和发挥员工的超常潜力和才干，为员工提供一个实现自我价值的舞台，同时为企业解决特殊的困难，完成艰巨复杂的任务，从而为企业作出巨大的贡献，创造巨大的价值。

让员工成为突击队的一员，这本身就是一种难得的和特殊的荣誉，是对员工出色表现和工作能力的一种肯定和认可，也是对员工技术水平的信任，这样，不仅可以有效激励员工发挥自身最大的效能，锻炼员工分析问题、解决问题的能力，丰富员工的实践，达到多方面的进步，而且也是锻炼一个团队的好机会。随着团队的组建并投入工作，成员间的协调能力以及配合能力将得到显著提高，团队的凝聚力、执行力和战斗力得以加强，团队成员树立起强烈的责任感和使命感，从而高效、优质、迅速地完成企业和领导交给的艰巨、复杂的任务。

参考文献

[1] 周伟光．总经理奖励员工的 3 大法宝［M］．北京：中共党史出版社，2010

[2] 吕叔春．最有效的员工激励法［M］．北京：中国经济出版社，2010

[3] 丁子予，汪建民．总经理管人用的 21 种手段［M］．北京：中国物资出版社，2008

[4] 王刚．这样管理最有效［M］．北京：九州出版社，2003

[5] 张越宏．怎样激励员工留住人才［M］．北京：科学出版社，2006